U0584056

南昌大学青年学者经管论丛

金融风险与创新

FINANCIAL RISK
AND FINANCIAL INNOVATION

刘 健 著

社会科学文献出版社
SOCIAL SCIENCES ACADEMIC PRESS (CHINA)

本书是作者主持的江西省社会科学规划项目"基于P2P行业的互联网金融衍生品风险评价及测度分析"（17YJ05）成果之一

摘　要

　　从世界各国金融体系的发展历史看，创新是一把双刃剑，不创新会导致效率低下，而过度创新则会带来风险，风险的积累可能为更大范围的金融和经济危机埋下种子。因此，如何在鼓励金融创新的同时有效管理金融风险是值得大家研究的课题。马克思主义政治经济学原理告诉我们，经济决定金融，金融反作用于经济。金融风险指的是与金融有关的风险，如金融市场风险、金融产品风险、金融机构风险等。金融机构在具体的金融交易活动中出现的风险，有可能对该金融机构的生存构成威胁，进而有可能对整个金融体系的稳健运行构成威胁；一旦发生系统风险，金融体系运转失灵，必然会导致全社会经济秩序的混乱，甚至引发严重的政治危机。金融创新概念是由熊彼特观点衍生而来的，具体来讲，创新包括五种情形：①新产品的出现；②新工艺的应用；③新资源的开发；④新市场的开拓；⑤新的生产组织与管理方式的确立，也称为组织创新。金融创新正是循着这一思路提出的。

　　本书以金融风险与金融创新为研究对象，从货币和黄金开始阐述，然后对当前传统的商业银行现状及面临的风险与创新的情况进行分析，再扩大到整个大金融环境下的金融风险和金融创新，包括传统意义上的金融风险和新的互联网技术带来的潜在风险，深入探讨了互联网金融时代面临的新的风险和新的金融形式，并就金融衍生品的诞生及监管等问题分章节进行了阐述。

全书分为六章，第一章是货币与黄金，简述货币的发展、货币体系的演变过程、黄金的作用及黄金产品的创新；第二章是商业银行债务风险与产品创新，主要介绍银行债务风险，分别从银行债务风险形成的原因、金融资产管理公司的背景和定义、我国银行的创新三个方向来讲述；第三章是金融创新，简述金融创新基础理论和金融创新工具及我国金融创新的现状；第四章是金融风险，阐述金融风险的产生及种类和金融风险的相关估值模型；第五章是金融衍生品，主要针对期货、期权、远期合约、互换合约、信用违约互换等金融衍生品形式进行了阐述和分析；第六章是互联网金融风险及监管，从互联网金融的发展历史背景出发，对互联网金融发展模式进行研究，以中美发展互联网金融的异同为切入点，对互联网金融未来发展趋势进行深入探讨，探讨了互联网金融发展的预期前景，最后，分析欧美国家对于互联网金融的监管模式，得出对中国互联网金融监管方式的启示。

第一章

货币与黄金

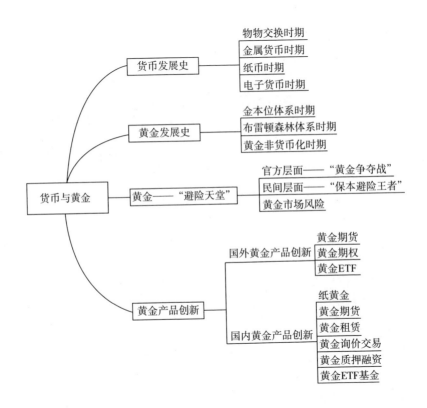

一　货币发展史

货币，是人们无法回避而且回避不了的一个话题。随着生产力的不断发展，货币大致经历物物交换时期、金属货币时期、纸币时期和现在处于风口浪尖的电子货币时期。

1. 物物交换时期

人类使用货币的历史最早产生于物物交换时期。

在原始社会，人类的生产活动处于极其原始的萌芽阶段，靠使用木棒、石块等简单的工具，在大自然中采摘果实，狩猎动物或捕捞鱼蚌以获取食物。采集与狩猎、洞居或巢居是当时人类典型的生活特点。随着生产力的发展和劳动水平的提高，人们开始根据个人特长进行不同的工作、生活分工，有的长于畜牧，有的擅于耕织。于是有一天，人们希望用自己的牛羊来换隔壁的布匹、用粮食来换棉布等，这就是最初的商品交换。举个例子：甲牵着一头羊去换五把斧子，乙拿着五把斧子去换一头羊。两个人正好碰见了，彼此愉快地交易。当然这种交易是偶然发生的，如果甲、乙两个人没有碰到，或者说两个人交换的东西不对口，交换就不可能完成。在这种原始社会偶然的物物交换中，人们慢慢体会到这样的交换开始不方便起来，存在交换物不等价、携带不方便、不通用等诸多不便。

后来，随着社会生产和分工的进一步发展，交换的产品增多了，交换的范围扩大了，而且人们交换的次数也频繁了。一种产品不是偶然地只和一种产品交换，而是同多种产品交换，这种交换被称为扩大的物物交换。

举个例子，假设一头牛，可以分别同一个奴隶、两坛酒、三块青铜、四块铁、五张牛皮来进行交换。这种扩大的物物交换比起偶然的物物交换是一种进步，是扩大的物物交换。但是也具有一些缺点，第一个缺点就是牛的主人需要换的不是酒、铜、铁、牛皮和奴隶，而是别的什么东西，交换就做不成了。第二个缺点就是牛的主人要换的是一个奴隶，他们交换成功后，其余四种商品的主人还是交换不成，只得望物兴叹。第三个缺点是奴隶的主人要换的不是牛而是酒，酒的主人要换的既不是牛也不是奴隶，而是青铜，青铜的主人需要换的是铁，铁的主人要换的是牛皮，牛皮的主人要换的又是别的东西。如果想把这些交换都做成功，那么，奴隶的主人为了换酒，则先要换青铜，要换青铜又要先换铁、先换牛皮……以此交换，非常麻烦。

随着时间的推移，交换的范围不断扩大，就出现了一个叫作一般等价物的东西，这种一般等价物是从一般商品中分离出来。之所以称为一般等价物，是指它可以同任何商品计算成等价而交换。历史上，贝壳是一个重要的一般等价物。与猪、牛、羊等庞大而难以携带的商品相较，贝壳不仅便于携带，而且因为其获取困难而兼具物以稀为贵的属性。作为货币的贝壳也是量化的，相当于一块钱、五块钱、十块钱。我国古代贝壳币的计算单位为"朋"，十个贝壳为一朋，有些地方二十个或者一吊为一朋。

2. 金属货币时期

> 金银天然不是货币，但货币天然是金银。
>
> ——马克思

金银天然不是货币，从另一个角度来讲，货币可以由任何物体来充当。随着生产力的不断提高，人类的锻造技术上升一个台阶，就出现了金属货币。顾名思义，金属货币就是指以金属作为货币材料，充当一般等价物的货币，比如铜、白银、黄金等。与猪、牛等大小不一、属性不一、容易变质等劣势相比，金属货币价值稳定、易于分割、方便保存、便于携带等特点使其成为最能体现"等价交换"的金融工具。

金属货币大体出现了两次演化。其一，由贱金属到贵金属的演变。货币金属最初是贱金属，多数国家和地区使用的是铜。贱金属与初步发展起来的商品经济是相适应的，但后来存在货币材料与生产资料、生活资料争夺原材料的问题，而且由于价值量的降低，不适应大宗交易。随着贵金属的开采和冶炼技术的提高，币材由铜向银和金过渡。到19世纪上半期，世界上大多数国家处于金银复本位货币制度时期。其二，金属货币经历了从称量货币到铸币的演变。金属货币最初是以条块状流通的，每次交易时要称其重量、估其成色，这时的货币称作称量货币。英镑的"镑"、五铢钱的"铢"都是重量单位，从中可以看出称量货币的踪迹。称量货币在交易中很不方便，难以适应商品生产和交换发展的需要。随着社会第三次大分工，商人阶层的出现，一些信誉好的商人就在货币金属块上打上印记，标明其重量和成色，进行流通，于是出现了最初的铸币，即私人铸币。当商品交换突破区域市场的范围后，金属块的重量和成色就要求有更具权威的证明，国家便开始管理货币，并凭借其政治权力开始铸造货币，于是经国家证明的、具有规定重量和成色的、铸成一定形状的国家铸币出现了。

随着人类社会的政治经济高速发展，金属货币逐渐发展成以"黄金"为主的货币形式，而黄金作为一种稀有的、不可再生、金光灿灿，甚至可以按照"盎司""克"等标准称量的金属货币，使欧洲进入了著名的"金本位"时期。

但这些贵金属货币（铜币、银锭、黄金）一方面铸造成本高，另一方面在流通中会磨损，变得不足值。这时候的人们就在想，有没有其他物品可以代替货币进行流通，于是就有纸币的出现。

3. 纸币时期

所谓纸币是指执行货币流通手段的由国家（或某些地区）发行的强制使用的价值符号。通过纸币的含义，我们可以知道纸币具有三个特征。其一，纸币是价值符号，它不是商品，不具有价值。其二，纸币是由国家强制使用的。其三，纸币是由国家发行的，它以国家的信用为保障。

纸币与货币既有区别，又有联系。其联系与区别如表 1 – 1 所示。

表 1 – 1　纸币与货币的区别与联系

		货币	纸币
区别	含义不同	货币是从商品中分离出来的、固定地充当一般等价物的商品	纸币是由国家发行的、强制使用的货币符号
	产生不同	货币是在商品交换发展过程中，从一般商品中分离出来的	纸币是在货币充当流通手段的职能中产生，由国家发行并强制使用的
	属性不同	货币是商品，具有使用价值和价值	纸币是货币符号，只具有使用价值，而无价值
	职能不同	货币具有价值尺度、流通手段、支付手段、贮藏手段、世界货币的职能	纸币一般只能代表金属货币执行流通手段和支付手段的职能
	发行数量不同	从实际数量上讲，纸币的发行量与流通中所需要的货币量往往不一致	
联系	1. 纸币是在货币充当流通手段的职能中，由金属货币演变而来，没有金属货币，就没有纸币。2. 纸币只按照它所代替的金属货币的价值执行流通手段的职能。3. 纸币的发行量必须以流通中实际需要的货币量为限度		

纸币由于制作成本低，更易于保管、携带和运输，避免了铸币在流通中的磨损等特点进而取代了金属货币。纸币是当今世界各国

普遍使用的货币形式，而世界上最早出现的纸币，是中国北宋时期四川成都的"交子"。我国现有的纸币是人民币，由国家授权中国人民银行负责发行。其主币单位是元，辅币是角、分，采用十进制。

早期，纸币一般在本国范围内使用。但是随着生产力的发展，经济全球化不断深入，纸币就迈出了国门，走向国际化。

下面以人民币国际化来阐述。

人民币国际化的含义包括三个方面：第一，是人民币现金在境外享有一定的流通度；第二，也是最重要的，是以人民币计价的金融产品成为国际各主要金融机构包括中央银行的投资工具，为此，以人民币计价的金融市场规模不断扩大；第三，是国际贸易中以人民币结算的交易要达到一定的比重。

人民币国际化是一个长期的战略。人民币作为支付和结算货币已被许多国家接受，事实上，人民币在东南亚的许多国家或地区已经成为硬通货。当前随着中国经济的快速发展和对外开放程度的提高，人民币作为交易媒介、贮藏手段和支付手段，在中国周边国家和港澳地区的使用越来越广泛，国际化进程逐步加快。

人民币国际化之所以不断加快，是因为以下原因。其一，我国经济实力和综合国力的不断增强使人民币的国际地位不断提高。其二，中国政府高度重视，使人民币国际化迈出积极的步伐。其三，中国—东盟自由贸易区的建立为人民币境外流通提供了广阔空间。其四，人民币币值的稳定为推进人民币国际化创造了前提条件。其五，人民币在香港地区的广泛流通和使用为人民币国际化提供了有益经验。其六，世界性的金融危机给了人民币国际化的机会。

在经济金融日益全球化的今天，掌握一种国际货币的发行权对于一国经济的发展具有十分重要的意义。一国货币充当国际货币，不仅可以取得铸币税的收入，还可以部分地参与国际金融资源的配置。人民币成为国际货币，既能获得巨大的经济利益，又可以增强中国在国际事务中的影响力和发言权，提高中国的国际地位。中国要想在全球金融资源的竞争与博弈中占据一席之地，就必须加入货币国际化的角逐中。同时也应该认识到，货币国际化也将为本国经济带来不确定因素。如何在推进货币国际化的进程中，发挥其对本国经济有利影响的同时将不利因素降至最低，是一国政府必须认真考虑的事情。可以相信，只要我们创造条件，坚定信心，发展经济，增强国力，在不远的将来，人民币就一定能够成为世界人民欢迎和接受的货币。

4. 电子货币时期

在今天，许多商品只是以一个图片的形式被放在某个网站里，你想要购买的话，点击一下鼠标即可。这种高科技的不断发展催生了电子货币的发展。

电子货币，顾名思义就是将现金从银行或者其他发行者处兑换成相同金额的数据，或者通过银行及第三方推出的快捷支付服务，通过使用某些电子化途径将银行中的余额转移，从而能够进行交易的一种支付工具。现在几乎所有新型电子支付工具和支付方式都被纳入电子货币的定义范围，如信用卡、储蓄卡、借记卡、IC卡、消费卡、电话卡、煤气卡、电子支票、电子钱包、网络货币、智能卡等。电子货币的主要功能包括以下四点：①转账结算功能，可直接消费结算，代替现金转账；②储蓄功能，可使用电子货币存款和取款；③兑现功能，异地使用货币时可进行货币兑换；④消费贷款功能，消费者可先向银行贷款，提前使用货币。

电子货币虽然可以行使货币的部分职能，但是电子货币不是真正的货币。这是因为以下两点。其一，电子货币目前还不是国家法律规定的法定货币。各国法律都对货币实行严格管制，对货币形态都以法律形式作明确规定，如《中华人民共和国人民币管理条例》规定：中华人民共和国的法定货币是人民币。人民币由中国人民银行统一发行。任何单位和个人不得印制、发售代币票券，以代替人民币在市场上流通。也就是说，在我国，除人民币之外的任何支付工具都不是法定货币。中国人民银行是唯一的货币发行机关，人民币是我国唯一的合法货币。其二，电子货币不具有法偿效力。法偿效力是货币的本质特征。所谓法偿效力，是指货币是法定的支付工具，具有法定的、强制通用的效力，受支付者不得拒绝接收货币，否则就会产生一定的法律后果。电子货币的最终取得者，最后仍然需要用法定货币结算，否则无法向订约范围以外的第三者支付。虽然电子货币还不能取得法定货币的地位，但作为一种支付结算工具，其存在与发展的合理性是毋庸置疑的。

　　相应地，电子货币的风险可以分为主观因素性风险和客观因素性风险，包括信用风险和安全风险。信用风险主要是来自发行电子货币的法人机构及其信用等级，不同的发行主体所表现出的信用等级参差不齐，加之电子货币发行无须资质审查、无须申报。所以，发行主体的实际信用状况无从考察，使主观意识层面潜在的风险系数加大。电子货币在传统媒介和网络媒体的宣传下，产生大规模的传播效应，其信用风险呈群体性直线上升。安全风险是指电子货币依附于网络计算机，留给犯罪分子以新的犯罪空间，无论是自身系统出现技术失误还是安全保障技术薄弱被恶意攻击都会给用户、发行机构带来巨大的损失。不完善的程序、管理容易发生操作风险。客观性因素主要来自经济市场的相关配套性建设层面，如相关法律法规建设上的客观因素，管理模糊的客观因素等，这些风险主要是法律法规以及管理方面的滞后性和监管空白引起的。

　　事物总是处在不断发展之中，新的货币形态取代旧的货币形态是历史发展的必然趋势。随着时间的推移，电子货币在未来也终将被另一个替代者替代。

二 黄金发展史

世界上没有永恒不变的事物，只有客观变化的事物，黄金发展史和货币体系的变化是相辅相成的，从金本位到布雷顿森林体系时代仅仅只有 120 年的历史，而后转入黄金非货币化阶段。在这种发展史中，没有任何一种货币能够像黄金那样有魅力。

1. 金本位体系时期

早在新石器时代人类就已识别了黄金。公元前 6 世纪出现了世界上第一枚金币，而一般平民很难拥有黄金。黄金矿山也属皇家所有，当时黄金是由奴隶、犯人在极其艰苦恶劣的条件下开采出来的。正是在这样的基础上，黄金培植起了古埃及及古罗马的文明。自此就与人类的发展形影不离地交织在一起。黄金凭借其耀眼的光彩，成为人们用于装饰的首选材料。随着人类的发展，人类逐渐告别自给自足的年代，迈向商品经济时代。当人类需要钱币来作为交易的媒介，使买卖进行得更简便时，黄金自然成了最优的选择。

15 世纪末的地理大发现可以算得上金本位制的一个契机。在地理大发现之前，美洲的金矿银矿并没有被开发利用，世界上的货币量也达到瓶颈，特别是随着世界科技的进步，生产力不断提高，根据数量方程式，货币数量等于物价水平与产品数量的乘积再除以货币流通速度，当基础货币供给数量远远少于生产力所能提供的产品数量的价格之和时（如果货币流通速度是一个长期稳定的值），必然导致物价水平的下跌，而人民群众也必将产生物价水平下跌的预期，一旦有了这种预期，人民群众自然而然地就会抑制自己当期的消费，以便在未来获得更好的补偿，这样一来又必将导致目前的需求不足，而需求不足、产量过剩又必然影响经济的正常健康发展，严重的可能会导致经济的大幅衰退。因此，提高金银货币的供给便是当时迫在眉睫的挑战。这也解释了为什么当时的贵族会这么渴望到传说中的东方去寻找那"遍地的黄金"。

自此，黄金产量不断增加，人类增加黄金需求才有了现实的物质条件，以黄金生产力的发展为前提，人类进入了一个金本位时期。货币金本位的建立意味着黄金从帝王专有走向了广阔的社会，从狭窄的宫廷范畴进入了平常的经济生活，从特权华贵的象征演变为资产富有的象征。金本位制即黄金就是货币，在国际上是硬通货，可自由进出口，当国际贸易出现赤字时，可以用黄金支付；在国内，黄金可以做货币流通。金本位制具有自由铸造、自由兑换、自由输出等三大特点。金本位制始于 1816 年的英国，1816 年英格兰正式通过了《金本位制度法案》，该法案认可并通过了以黄金为货币本位来发行纸币。不久，英格兰正式采用"金本位制度"，英镑成为英格兰的标准基础货币，并规定 1 英镑等于 7.32238 克黄金。踏上"金本位"之路的英格兰如同插上了一对翅膀，在国际上的地位一路飙升，坐稳了"日不落帝国"的宝座，而英镑也成为欧洲地区影响力最大的货币。除了英国，欧美其他国家也开始陆陆续续跟风似的走上了金本位的道路。1873 年，以银为本位的法国遭遇了白银价格大跳水，当它看到老邻居英国炒"黄金"炒得很红火后，开始限制银币的铸造数量，逐渐引入金本位。由于黄金价格持续坚挺，最终法国也开始实行金本位制度。19 世纪中后期的美国刚刚经历了南北战争的阵痛，迫切需要一场货币变革及时"止损"。因此 1873 年，美国也开始限制银币铸造数量，以保持国会政府的声誉。但是此举严重损害了南部农场主的利益，并直接导致共和党惨败给农场主一方的民主党……经过无数次波折后，1890 年 3 月 14 日，美国终于通过了金本位制法案。金本位后的美国经济也开始复苏，资本市场也渐入佳境。除此之外，日本也在 19 世纪末走上了金本位的道路。而中国由于长期受制于闭关锁国以及银本位的影响，并未真正走上金本位的道路，痛失了经济腾飞的机遇。

随着金本位制的形成，黄金承担了商品交换的一般等价物功能，成为商品交换过程中的媒介，黄金的社会流动性增加。黄金市场的发展有了客观的社会条件和经济需求。在"金本位"时期，各国中央银行虽都可以按各国货币平价规定的金价无限制地买卖黄金，但实际上仍是通过市场吞吐黄金，因此黄金市场得到一定程度的发展。必须指出，这是一个受到严格控制的官方市场，黄金市场不能得到自由发展。因此，直到第一次世界大战之前，世界上只有唯一的英国伦敦黄金市场是国际性市场。

20 世纪初，第一次世界大战爆发严重地冲击了"金本位制"；到 20 世纪 30 年代又爆发了世界性的经济危机，使"金本位制"彻底崩溃，各国纷纷加强了贸易管制，禁止黄金自由买卖和进出口，公开的黄金市场失去了存在的基础，伦敦黄金市场关闭。一关便是 15 年，直至 1954 年方重新开张。在此期间一些国家实行"金块本位"或"金汇兑本位制"，大大压缩了黄金的货币功能，使之退出了国内流通支付领域，但在国际储备资产中，黄金仍是最后的支付手段，充当世界货币的职能，黄金仍受到国家的严格管理。1914 ～ 1938 年，西方的矿产金绝大部分被各国中央银行吸收，黄金市场的活动有限。此后对黄金的管理虽有所松动，但长期人为地确定官价，而且国与国之间贸易森严，所以黄金的流动性很差，市场机制被严重抑制，黄金市场发育受到了严重阻碍。

2. 布雷顿森林体系时期

1942 年起，有关国家特别是英、美的一些专家就在考虑重新构建国际货币体系。凯恩斯计划与怀特计划皆是应对金本位制瓦解、建立统一国际货币制度的产物。两者的共同之处是仍然对于黄金这一金本位时期的国际货币存在依赖，通过与黄金相联系或挂钩，来建立一种新的用于国际结算的货币单位，借以弥补国际货币的缺失，完善金本位之后的国际货币体系，其实质仍然是利用黄金这一世人普遍接受的国际货币的惯性，来构造一种新的金汇兑的国际货币制度。最终，怀特计划因美国雄厚的经济实力做后盾而占据上风，并以其为基础开始了战后国际货币制度的布雷顿森林体系时期。

其内容是：各国货币确立对美元的固定汇率，而美元确立以 35 美元兑换一盎司黄金的固定兑换价格。各国的官方储备既可以是黄金，也可以是美元资产。美国承诺各国以美元兑换黄金的权利。同时建立了国际货币基金组织（IMF）和世界银行两大机构以促进国际合作。国际货币基金组织负责调控短期国际收支失衡，而世界银行则向国际社会提供长期发展资金。不过布雷顿森林体系有一个艰巨任务，这个任务就是帮助战后国家恢复战前水平。起初美国人还是很仗义的，向世界各地挥洒着大量的钞票。在美国的帮助下，欧洲的各个国家、亚洲的日本等走上了快速发展的道路。许多资本大鳄也纷纷走出美国，来到人生地不熟的地方进行疯狂投资，同时，又将"土特产"大量运抵国内，表面看上去十分繁荣。不仅如此，在冷战时期，美国还承担了对抗苏联的大部分费用，并拉拢日本、欧洲诸国一起对抗苏联。

布雷顿森林体系实际执行中的效果是美元借着黄金主导世界金融。作为储备货币的发行国，美国需要确保美元与黄金的固定兑换平价，并保证外国央行以固定价格用美元兑换黄金的权利。理论上这些要求给美国的货币政策施加了约束。而实际上进入 20 世纪 60 年代后美国对内实施福利主义的"伟大社会"，对外实施军事侵略与扩张，使美国政府不得不实施高度扩张的财政和货币政策，货币供应量大大超过了黄金储备，一方面导致美国黄金外流，另一方面导致伦敦黄金市场上金价屡屡冲破 35 美元官价。为了维持伦敦市场黄金官价而在 1961 年建立的"黄金互助池"，也在 1968 年因难以为继而解体。

1968 年，危机再次出现。经过又一轮疯狂的"抢黄金"的游戏，美国有些撑不住了。同年 3 月，美国黄金储备继续疯狂流失，于是，美国不得不强行关闭黄金交易市场，甚至有些官员说："再这么下去半个月，恐怕美国积攒下来的百年基业将彻底垮塌。"不久，美国在华盛顿举行十国会议，这个会议的目的就是减少黄金流失、稳定美元汇率。但是这一年，美国的外汇储备又下降了一半。1971 年，美国又与其他 9 个国家签订了一个《史密森协定》，然后又把美元兑换黄金的比率提高了一些，达到 38 美元兑换 1 盎司黄金——不过这时的美元已经严重缩水！恰如大江之水东流去，美元的时代似乎永远不会再回来……布雷顿森林体系也如同一个羸弱的病人开始进入慢性衰亡期。表面上看是战争拖了美国的后腿，但实际上许多崛起的国家不愿意遭受美国的控制才是最根本的。这些国家，比如日本、法国、联邦德国等宁可撕破脸皮也要大量购买黄金，不肯再买美国的账了。

俗话说，乱世黄金。震荡期，大多数人通过购买黄金避免通货膨胀。在那个特殊时期，似乎也是如此。人们不断地购买黄金，与黄金挂钩的美元迅速贬值。1972 年，伦敦黄金交易市场的黄金交易价格翻了接近一倍，交易价格达到 64 美元兑换 1 盎司黄金。美元即将变成一堆废纸，美国已经无法掌控局面了。就连美国总统尼克松也是焦头烂额，先是水门事件，而后又要想办法从越南撤兵……什么首访中国、乒乓外交也没能让布雷顿森林体系起死回生。

> 黄金也好，美元也罢，或是股票、债券、房地产，玩到最高境界，都是玩信心！
>
> ——宋鸿兵《货币战争》

1973年，美元兑换黄金又翻了一倍，如此下去，美元就要分文不值了。美国的黄金储备也由"二战"结束后的245亿美元下降到110亿美元。屋漏偏逢连夜雨，又是这一年，一场席卷全球的"石油危机"开始了。作为"国家生命线"的原油价格由每桶3美元狂涨到每桶13美元！这个危机给了货币贬值、经济衰退的美国一记致命重拳，让美国彻底放弃了布雷顿森林体系，彻底放弃了美元按照固定汇率兑换黄金的政策。

3. 黄金非货币化时期

布雷顿森林体系完全崩溃，从此也开始了黄金非货币化的改革进程。但从法律的角度看，国际货币体系的黄金非货币化到1976年才正式明确。国际货币基金组织在1976年以多数票通过了修改后的《国际货币基金协定》。该协定删除了以前有关黄金的所有规定，宣布黄金不再作为货币定值标准，废除黄金官价，可在市场上自由买卖黄金；取消对国际货币基金组织必须用黄金支付的规定；出售国际货币基金组织1/6的黄金，所得利润用于帮助低收入国家建立优惠贷款基金；设立特别提款权代替黄金用于会员国与IMF之间的某些支付等。根据1976年国际货币基金组织与各国成员签订的《牙买加协议》，1978年黄金正式让位于信用货币，从此国际货币体系采用了完全信用本位制度，黄金成了一种商品。各国政府摆脱了黄金产量限制于经济发展的束缚，可以根据实际经济的需要决定基础货币的供应量。

在黄金非货币化的过程中，形成了以美元为代表，日元、欧元、英镑等为补充的全球信用货币体系，这个过程也是经济全球化、金融自由化相辅相成的阶段，其背后的主要推手是美国。与此同时，黄金在国际货币体系中的地位迅速跌落，一些国家央行开始不断地抛售黄金储备，导致黄金持续低迷，投资者也开始疏远黄金，黄金仅作为一般的大宗商品在首饰和工业领域发挥作用。•

但信用货币的致命缺陷在欧美国家不断量化宽松下愈发严重，国际政治、经济形势动荡一次又一次把黄金从边缘推向前台。例如在1997年亚洲金融危机中，东亚新兴市场国家的货币受到欧美游资的强烈冲击，尤其是韩国在清偿国际债务的压力下，号召国民捐献黄金为国解困。亚洲金融危机后，新兴市场国家对外汇储备的多元化发展给予了相当的重视，黄金储备作为一种备选方案进入央行的视野。

2007年次贷危机以来，发达国家面对作为外汇储备的美元和欧元不断贬值的严峻现实，不得不重新审视黄金在特殊时期所具有的避险功能。鉴于全球金融系统在次贷危机中所暴露出来的严重问题，20国集团决定重塑全球银行的监管体系。

2010年9月，全球主要国家和经济体的银行监管部门代表就《巴塞尔协议Ⅲ》的内容达成一致。根据该协议，全球各商业银行的一级资本充足率下限从4%上调至6%，提升了银行吸收经济衰退时期损失的能力。黄金所具备的货币属性在国际储备中得到了充分体现，根据国际货币基金组织和世界黄金协会的统计数据，在经历了长达21年的净减持后，2010年起全球央行成为黄金的净买家，黄金重新发挥其作为金融稳定"锚"的作用。

当今的黄金分为商品性黄金和金融性黄金。国家放开黄金管制不仅使商品黄金市场得以发展，同时也促使金融黄金市场迅速发展起来，并且由于交易工具的不断创新，几十倍、上百倍地扩大了黄金市场的规模。现在商品实物黄金交易额不足总交易额的3%，90%以上的市场份额是黄金金融衍生物，而且世界各国央行仍保留了高达3.4万吨的黄金储备。在1999年9月26日欧洲15国央行的声明中，再次确认黄金仍是公认的金融资产。因此，我们不能单纯地将黄金市场的发展原因归结为黄金非货币化的结果，也不能把黄金市场视为单纯的商品市场，客观的评价是：在国际货币体制黄金非货币化的条件下，黄金开始由货币属性主导的阶段向商品属性回归的阶段发展，国家放开了黄金管制，使市场机制在黄金流通及黄金资源配置方面发挥了日益增强的作用。但目前黄金仍是一种具有金融属性的特殊商品。所以不论是商品黄金市场，还是金融性黄金市场都得到了发展。商品性黄金交易与金融性黄金交易在不同地区、不同市场中的表现和活跃程度有所不同。

三 黄金——"避险天堂"

1. 官方层面——"黄金争夺战"

（1）黄金定价权

定价权的争斗恰似帝位争夺一般激烈，充满着权谋和狡诈，价格鲜有在平等自由合理的市场运作过程中自然产生，拥有优势的一方从来就是以无所不用其极的手段来确保自己的利益，这和战争没有任何本质区别。讨论价格问题必须用研究战争和战例的思路才能接近事情的真相。制定价格、推翻价格、扭曲价格、操纵价格都是各路人马反复、激烈较量的结果，没有人的因素作为参照背景，就不可能明白价格形成的轨迹。

人们比较容易理解的是为什么有人坐在老板的位置上发号施令，而多数人只能服从，因为一切都有切肤之感。但老板的老板通过控制老板来间接控制众人，就不是那么明了和直观了，顺着这个权力链条越往上人数越少。定价权的取得也是如此，控制一种商品的价格从来就是自上而下的行为。

就黄金而言，谁控制了世界最大的黄金交易商，谁就控制了黄金的价格。所谓控制，就是交易商们为了利益或迫于威势，主动或被动地接受权力上层的安排。

罗斯柴尔德家族从 1815 年拿破仑战争中一举夺取黄金定价权至今已有 200 多年的历史。现代的黄金定价体制建立于 1919 年 9 月 12 日，当 5 名各大财团的代表聚集在罗斯柴尔德银行时，金价被定在 4 镑 18 先令 9 便士的价位上，约合 7.5 美元。尽管 1968 年改为以美元报价，但其运作模式基本未变。参加第一次金价制定的代表除了罗斯柴尔德家族，还有 Mocatta & Goldsmid，Pixley & Abell，Samuel Montagu & Co.，Sharps Wilkins。罗斯柴尔德家族随后成为固定的主席和召集人。从这一天开始，5 位代表每天在罗斯柴尔德银行会面两次讨论实物黄金的交割价。由主席建议一个开盘价，这个价格立即通过电话传到交易室，然后主席询问谁想买卖多少 400 盎司的标准金条，数量是多少，根据双方出价和最终达成交易的价格，主席这时宣布金价被"敲定"了。

> 只要我能控制一个国家的货币发行，我不在乎谁制定法律。
>
> ——梅耶·罗斯柴尔德

这个黄金定价制度一直运作到 2004 年。

2004 年 4 月 14 日，罗斯柴尔德家族突然宣布退出伦敦黄金定价体系，这一石破天惊的消息立刻震撼了全世界的投资者。戴维·罗斯柴尔德解释道："我们在伦敦商品市场（包括黄金）交易的收入在过去 5 年中已经下降到不足我们业务总收入的 1%，从战略的角度看，（黄金交易）已经不是我们的核心业务，所以我们选择退出这个市场。"

2014年，美国彭博社率先发难，指出伦敦黄金定价遭相关银行操纵长达10年。接着，美国黄金期货和期权交易商向美国起诉，并且详细地披露了操纵的手法和证据。最后迫于压力，这个有百年历史的黄金定盘价被ICE（即伦敦洲际交易所）取代。美国以此和英国一起控制黄金价格。

迄今为止，伦敦黄金市场仍是全球最大的场外黄金现货交易市场。2012年伦敦黄金市场现货交易量约为15.4万吨，约占全球黄金成交量的80%以上。然而，2014年伦敦黄金定盘价爆出了内幕交易和价格操纵的丑闻，暴露了伦敦黄金定盘价由个别欧洲大型商业银行决定的弊端，使得伦敦黄金定盘价的影响力有所下降。在监管和市场的外部压力之下，2015年3月伦敦黄金现货定价机制进行了一定的改革，LBMA黄金价格取代了伦敦黄金定盘价，由洲际交易所基准管理机构（IBA）对LBMA黄金价格进行专门的管理。每天两次的报价机制由原来的少数商业银行报价改为电子化的集中竞价，新的定价机制更加市场化、更加透明，能够较好地避免少数做市商对国际黄金现货价格的操纵。

当前美国纽约商业交易所（NYMEX）的COMEX分部是全球最重要的场内黄金衍生品交易市场，交易品种主要包括黄金期货、迷你黄金期货、黄金期权和ETF基金，其中COMEX黄金期货和期权交易量居世界首位。COMEX黄金期货采取先进的电子化竞价交易制度，每天接近24小时连续交易，拥有领先的清算及交割制度。COMEX黄金期货价格是全球黄金期货和现货最重要的基准价格。

然而，随着美元信用的不断降低，恢复多国掌握黄金定价权的声音则在近期此起彼伏。

据中国黄金协会会长宋鑫介绍，截至 2017 年，中国已在国际黄金产业中囊括三个"第一"，分别是：全球第一大黄金生产国、第一大黄金消费国、第一大黄金加工国。但是，中国却只是全球第三大黄金交易市场，排在中国之前的是英国和美国，全球拥有国际黄金定价权的也只有伦敦黄金交易所和纽约黄金交易所两家。目前中国政府正在通过一系列的措施积极推动中国黄金定价权战略，力争在"西金东移"趋势下实现"西价东移"，将上海打造成为和纽约、伦敦并列的世界黄金定价第三极和亚洲中心。

伦敦金银市场协会在 2015 年 6 月 16 日宣布，中国银行成为首家参与黄金定价的中资银行，也成为伦敦黄金市场的直接定价会员，为国内投资者的黄金需求直接传达国际黄金市场、集中反映中国黄金市场的供求关系构建了一条通道。

上海黄金交易所在 2016 年 4 月推出的以人民币计价的"上海金"，可谓让中国向夺得黄金定价权的路上又迈进一步。报道指出，这不仅为黄金租赁、抵押等资金融通业务及黄金衍生产品奠定了价格基础，也为亚洲时段国际黄金市场提供了价格风向标。

2017 年 4 月 9 日，"上海金"扬帆出海。"上海金"期货合约产品在迪拜黄金与商品交易所正式挂牌交易。业内人士认为，随着人民币国际化的逐步推进，"上海金"也将在国际黄金市场中大放光彩。

随着人民币国际化进程的不断深入，人民币必然对当下的国际货币体系构成冲击。人民币在黄金定价权上作用不断增强，会极大地推动人民币国际化的进程。

在金属货币时代，货币因有价值而流通，在纸币时代，纸币是因为流通才有价值。目前，世界各国发行的货币几乎都不是以任何贵金属为基础的。一旦某个经济体出现经济动荡、超级通胀或政府信用危机等情况，这些发行的纸币将一文不值。因此，任何纸币都无法等于黄金，任何人也都无法拒绝黄金。

美国黄金储备约为 8133.5 吨，是世界上黄金储备量最多的国家。值得一提的是，其纽约黄金交易所和伦敦黄金交易所一起掌控着国际黄金定价权。而中国作为全球第一大黄金生产国、第一大黄金消费国、第一大黄金加工国，却不掌握国际黄金定价权。不过，中国已经开始争夺国际黄金市场定价权和话语权。

现在，中国上海黄金交易所已经成为全球第三大黄金交易市场。此外，中国新的原油期货合约将允许交易者用黄金支付，且正在逐渐演变成为东方的黄金货币标准。国外媒体称，中国或将在三年内将人民币连接"黄金标准"。

中国、俄罗斯、印度等金砖五国正在进行商讨，以建立自己的世界货币黄金交易系统和东方的黄金定价权基准，新建立的交易系统将通过金砖国家之间的双边联系实现演化。目前，全世界黄金储备量为 16 万吨，如果将中俄印三国的官方和民间黄金加起来，约占世界黄金总量的 35%。对于中俄印来说，黄金是唯一可以提供不依附于美元独立性的货币资产。由于许多渠道可以购买黄金，双方可以持有数倍于他们官方储备的黄金，这将对美元和美国的全球经济地位构成严重打击。

（2）黄金储备

经济学家凯恩斯认为，黄金作为最后的卫兵和紧急需求时的储备金，还没有任何其他更好的东西可以替代。黄金一直被认为是世界金融舞台上的经济权力筹码，更在一个国家的经济和货币信用中具有重要的战略作用。特朗普曾自豪地说到："我们曾经是一个非常非常稳固的国家，建立在金本位的基础上。"

现代社会中，黄金储备作为构成各国国际储备多元化的一个重要板块，大多数央行的国际储备中都有黄金。作为一种特殊的资产，黄金有货币与商品的多重属性，也是现如今公认的避险保值相对最优的储备手段。尽管黄金非货币化，但由于其相对独立且内在价值稳定，所以一直受各国热捧，在其资产储备中占有十分重要的地位。

黄金是最可靠的保值手段，本身具有价值，故购买力相对稳定，在通货膨胀的环境下，金价同步上涨。此外，在通货紧缩时，金价不会下跌，因为历史上每逢政治和金融局势动荡，就会出现抢购黄金的浪潮。黄金储备完全属于国家自主的权力，一国拥有黄金可以自主控制不受外来干预。黄金相对纸币，具有相对的内在稳定性，而纸币则受发行国家或金融机构的信用和偿付能力的影响，债权处于被动地位，不如黄金可靠。

而全球黄金的产量是有限的，黄金是一国重要的国际储备，又是一国非常重要的战略资源。因此各国纷纷掀起了黄金争夺战的浪潮。

欧洲经济目前正处于牵一发而动全身的境地，2010 年希腊诱发了欧债危机，而 2018 年，另一个成员意大利再次困于债务陷阱，导致稍有复苏迹象的欧洲，有可能重返危机。

但希腊是得到了欧元区和国际货币基金组织提供的 2500 亿欧元（2890 亿美元）才摆脱了困境。然而，与希腊不同的是，意大利经济总量在欧元区内排名第三，国债规模达到 2.3 万亿欧元，也就是说，拯救意大利的经济规模至少要达到希腊的 10 倍，这样庞大的资金，欧盟成员国中最具实力的德国央行或都不敢过多施以援手，因为在美元不断加息扩张的今天，稍有不慎，各大央行的资金就有可能被另一个负债累累的经济体拖垮。

有些专家认为，意大利债务危机或正在加剧欧元瓦解的进程。欧元区各成员国经济此时或已到了自扫门前雪的境地，即使努力摆脱，但在同一个经济体内，都难以逃脱被波及的可能。事实上，或许是对今天这一幕债务及金融危机传导景象早有预期，欧洲多国近年一直致力于通过极力保护本国黄金的做法，来防范这一风险。

到目前为止，德国、奥地利、荷兰、瑞士、匈牙利五国相继运回或宣布陆续运回此前储存在美国、英国、法国等海外金库中的黄金。值得注意的是，即便是瑞士这样不在欧盟和欧元区的国家，或也无法置身事外。不过，几乎可以确信的是，德国、奥地利、荷兰运回黄金的目的之一就是为本国布局可替代欧元的实物黄金储备做准备，甚至存在的一种可能是，在担心金融危机等事的时间节点，先发制人，发行本国自主的货币取代欧元。

以德国为例，德国曾经一直坚持在海外储存黄金的观点，德国央行曾表示，把金条存放在外国比存在本国要合算。比如，英国央行每年向德国收取 50 万欧元的金条保管费，但如果把金条运回德国，修建固若金汤的金库，派专人看守，其费用更高。2012 年德国央行首次公布德国黄金储备详细数据，其中 45% 在美国，13% 在英国，11% 在法国，只有 31% 在德国的法兰克福。

然而，几乎就在公布黄金储备库的同一年份，德国就展开了运回黄金的计划，请注意，2012 年刚好是上一轮欧债危机爆发后的脱困期，德国央行宣布已成功将价值 279 亿美元的金条从美国纽约及法国巴黎运回德国。德国预计于 2020 年完成全部海外黄金的运回。对此，德国央行一位官员一语道破玄机，他说："一旦遭遇货币危机，德国可以立马发行自己的新货币。"不难理解，为什么目前欧洲多国央行面对意大利债务危机时，并不急于施救。看来，意大利人只有将希望寄托在欧洲央行和国际货币基金组织身上了。但是，欧洲央行目前还没有拿出实质性拯救意大利债务困局的举措，欧洲央行前市场操作主管 Francesco Papadia 认为，除非意大利做出可信的保证，称其绝不会退出欧元区，否则市场不会平静。另有资料显示，国际货币基金组织的救助资金加起来也只有大约 5000 亿欧元，即便加上欧洲稳定机制（European Stability Mechanism，ESM）可能筹集到的 4000 亿欧元，也还是不能完全满足意大利的需要。

中国和俄罗斯也在大力加强黄金储备，对黄金爱好者的好消息是，中国和俄罗斯——世界第一和第三黄金生产大国，他们的官方储备数量正追赶老牌工业大国的黄金储备。

按照目前"稳定的"每月购金数量计算，全球黄金储备居世界第六位和第七位的中国和俄罗斯大约需要 6 年时间才能赶上第四位和第五位的法国和意大利。

中国和俄罗斯建立黄金储备有各种各样的原因，包括对过度依赖美元的不安——俄罗斯的情况尤为严重，因为克里米亚问题受到以美国为首的西方国家的联合制裁——以及厌恶持有低利率或负利率的欧洲货币，特别是欧元。

中国似乎更具战略性地来对抗美元的权重，经过多年努力，使人民币成功地进入国际货币基金组织的特别提款权。中国试图加强SDR，目前是一种人为的货币，并不用于私人交易，只是作为一种多边储备货币。

中国揭开其黄金储备面纱的一角，打破了 6 年的沉默，2015 年6 月宣布其黄金储备从原先的 1054 吨增加到 1658 吨。中国也按照黄金市场进行了估值，最新的数据显示其价值为 705 亿美元，虽然这只占中国总外汇储备的 2.1%，主要工业国家的黄金储备份额为60%～70%。

全球最大的官方黄金持有者是美国，有 8134 吨黄金，是中国（1808 吨）的 4 倍多，是俄罗斯 1499 吨的 5 倍多；其次是德国 3380吨、国际货币基金组织 2814 吨、意大利 2452 吨和法国 2436 吨。

到目前为止，按 2018 年公开的信息，美国依旧是全球官方黄金储备最多的国家，截至 2018 年底达到了 8133.46 吨，约为全球各国官方黄金储备总量的24%。据悉，美国手握如此多的黄金，目的之一依然是维持货币稳定。欧洲的官方黄金储备不能和美国相提并论，但总体储备量十分巨大。其中，德国黄金储量为最高，约为3369.7吨，排名全球第二；其次是意大利的2451.8吨，居于全球第三名；法国的2436吨，居于全球第四名。在2018年上半年，中国的官方黄金储备（一直维持在1842.6吨）还在俄罗斯之上，但后来俄罗斯大肆抛弃美债，将部分外汇储备购买了黄金，使得其官方黄金储备已经达到了2066.2吨，排名升到全球第五。中国黄金储量为全球第六位。

其他各国的官方黄金储备：日本约为765.2吨、印度约为592吨、哈萨克斯坦约为345.4吨、沙特阿拉伯约为323.1吨、土耳其约为253.1吨、菲律宾约为197.9吨、泰国约为154吨、新加坡约为127.4吨、南非约为125.3吨、墨西哥约为120.1吨、韩国约为104.4吨。

此外，中国工商银行旗下的工商银行标准银行，已同意收购巴克莱的金库，包括其在伦敦的现代化设施。这显示中国的兴趣不仅是作为黄金交易商，而且将对其他官方和私人持有者开放第三方存贷。

根据世界黄金协会编制的统计数据和其他来源的数据（见表1-2），世界官方黄金持有量在2015年增加了702.5吨，在2014年增加了176.7吨，在12月达到32733吨，是自2002年央行，特别是发达国家央行，大举抛售黄金以来的最高水平。大部分的增加是由于2015年中国的黄金储备数量增长。

在官方货币与金融机构论坛发布的《全球公共投资2016年报告》中，对黄金进行了深入回顾："黄金成为替代储备货币已经越来越有吸引力，因为在2015年，欧元、日元、瑞士法郎对美元汇率都在下跌，而新兴市场经济体也一直热衷于实行储备多样化，从美国资产中离开。2016年6月，大约有10万亿美元主权债务为负收益，这对投资者形成了挑战并且会增加我国在实行汇率政策上的难度。在许多发达国家和发展中经济体，通货紧缩压力上升，提高了黄金作为价值储藏和防范金融市场的不稳定的对冲重要性。"

据《福布斯》网站文章，从 2010 年开始，全球的央行已经从黄金净卖出者转变为黄金净买入者。2017 年央行黄金购买量增加了 36%，增加至 366 吨，与 2016 年相比增加的幅度很大。

表 1-2　2018 年全球持有黄金储备量前十国家及其规模

单位：吨，%

排名	国家	官方黄金储备	黄金储备占外汇储备总额之比
1	美国	8133.5	75.2
2	德国	3371.0	70.6
3	意大利	2451.8	63.9
4	法国	2436.0	63.9
5	俄罗斯	1909.8	17.6
6	中国	1842.6	2.4
7	瑞士	1040.0	5.3
8	日本	765.2	2.5
9	荷兰	612.5	68.2
10	印度	560.3	5.5

资料来源：世界黄金协会（WGC）。

其实过去数年间全球黄金储备量最大的 10 个国家的黄金储备量基本处于没有变化的状态。美国的现货黄金储备量达到 8000 吨，基本上是第二到第四名 3 个国家央行黄金储备量的总和。但是俄罗斯在过去 6 年间一直在增加黄金储备量，据 GFMS Gold Survey 的数据，在 2017 年增加了 224 吨黄金，这让俄罗斯的黄金储备量超过了中国，居全球第五位。

当然，也并不是所有的国家都是黄金净购买者。委内瑞拉已经连续两年抛售黄金，为了偿还债务，委内瑞拉 2017 年抛售了 25 吨黄金。但是，所有央行的黄金出售量 2017 年下降的幅度达到了 55%，降至 2014 年以来的最低水平。这说明各国央行更愿意持有黄金，黄金已经被看作一种避险资产。

2018 年全球央行的黄金储备需求量出现了较大的上涨，根据世界黄金协会（WGC）公布的数据，2018 年第一季度央行的黄金需求量同比上涨了 42%，购买的黄金量达到了 116.5 吨，这是自 2014 年第一季度以来的最高水平。随着全球债务总量的飙升，全球央行以及个人投资者都可能倾向于买入黄金。在地缘政治充满不确定性和经济下滑的时候，黄金的表现都会比较好。

黄金储备是提高人民币含金量的基石，我国这几年大幅增加黄金储备，当人民币含金量高的时候人民币国际化将势不可当。

尽管如此，目前我国黄金储备的比例与外汇储备的本币明显不对称。在人民币加入 SDR 后，黄金的重要作用更加凸显。因此，必须要有足够的黄金储备作为基础，提高人民币的含金量和信誉度。黄金将发挥其战略使命，成为人民币国际化的重要支撑，维护中国和世界的金融安全，进而为中国成为世界经济强国、实现"中国梦"提供坚强保障。

我国要想跻身世界强国之列，必须走人民币国际化的道路，而实现人民币国际化必须有足够的黄金储备和强大的黄金控制力作为坚实基础。

2. 民间层面——"保本避险王者"

民间投资者对黄金避险需求的激增，主要来源于以下几个方面的强劲需求。一方面是黄金在资产组合中的避险作用，以美元与黄金的资产组合为例，可观察到美元既有同向也有反向的运行，但整体上美元指数和黄金价格呈现负相关关系（见图1-1）。

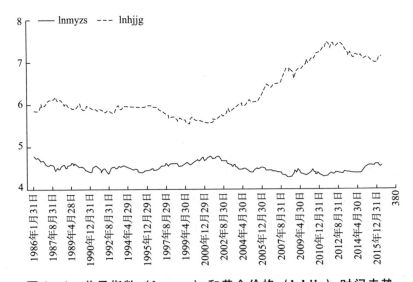

图1-1　美元指数（lnmyzs）和黄金价格（lnhjjg）时间走势

资料来源：杨丽君、张坤，2016，《关于美元指数与黄金价格联动性研究——基于适应性预期的分析》，《价格理论与实践》第11期，第94~97页。

1986~2000年，美元与黄金的相关性较低，黄金并没有很好的对冲风险的作用，因其负相关在整个时间段内并不是那么显著。但是近十几年来全球经济处于危机动荡时期，黄金对冲风险的作用得到很好的发挥。

在次贷危机、欧债危机以及美联储加息后全球经济动荡加剧时，黄金在资产组合中具有很好的对冲效果。同理，在美元加息预期下，美元走强而致使其避险属性也很快消退。因此，对黄金的避险属性要根据市场的特征进行相应调整，才能达到保值和对冲风险的作用。

对黄金避险属性需求的激增另一方面来源于黄金非货币化后蓬勃发展的黄金市场的刺激，因为黄金能满足投资者对信用货币不信任的预期所转化的避险投资需求。黄金是全球各类资产中最具流动性的资产之一，是唯一不必靠国家信用或公司承诺变现的资产。人们乐于接受黄金，对于大额交易，黄金往往比其他资产更为快捷。黄金在金融市场上不但可以进行买卖，而且已逐渐成为公认的抵押品，这使其流动性得到了进一步的增强，避险功能也得到进一步的放大。

最后也是最重要的一点，国际现货黄金市场不像股市，是一个只可以买涨的市场。完善的双边买卖机制，可做多亦可以做空（既可以买升又可以买跌），灵活的操作方法，从机制上最大限度地减轻了市场风险。如果市场处于高位，上市空间有限，那么可以反手做空，灵活交易，一样可以获取丰厚的利润（如表1－3所示）。

表1－3　黄金与股票对比

项目	股票	黄金
交易时间	9：30～11：30 13：00～15：00	一天24小时操作
交易方式	T＋1单向（买涨）	T＋0双向（买涨买跌）
交易选择	3000多只股票	品种单一
交易市场	区域性市场	国际性市场
易操纵性	容易受到庄家或集团操纵	可操纵性较弱，较为公平
日成交量	较小	较大
杠杆性	无	有

黄金市场的出现为各大央行管理风险提供了有效的渠道，同时也为投资者的资产组合提供了新的选择。黄金市场之所以能在短短40年间发展成世界第五大金融市场，根植于黄金的避险属性在新的历史条件下的重新确认，尤其是2007年后欧美等国家的金融动荡，使人们开始逐渐意识到本轮经济危机有别于过去所说的周期性危机，更多的是一种现行国际货币体系下的结构性危机，只要现行国际货币体系不变，无论什么样的货币和财政政策都无法防止失衡的反复

出现。所以对于普通投资者而言，就是要把握好黄金在政治经济动荡时期的避险功能，灵活应对达到对冲风险的目的。

总之，在尚未设计出更具权威性、更稳定的国际货币来替代信用货币之前，对黄金的避险需求无论对各国及经济体等官方层面还是民间个人及机构投资者来说，都是其资产组合中不可替代的部分，这种避险需求将一直伴随国际货币体系的缺陷而存在，时而因国际货币体系的结构性失衡加剧而不断凸显，时而因国际货币体系暂时处于平衡而沉寂。

3. 黄金市场风险

任何事物都有两面性，黄金也不例外。对于国家层面来说，一个国家掌握了黄金定价权和拥有足够的黄金储备，可以为这个国家抵抗风险。对于民间投资者来说，将黄金纳入投资组合里进而减少投资组合的相关性，可以为这些民间投资者分散投资风险。但是由于黄金特有的属性，容易被人利用从而带来风险。

下面以黄金市场洗钱风险来介绍该部分。

黄金行业易被洗钱分子利用，从而滋生洗钱风险。黄金认可度高、交易匿名难追踪，作为全球通用货币，容易成为犯罪交易的支付媒介和走私标的，黄金市场属于现金交易多、资金密集型的行业，成为洗钱风险的高发领域。近年来，国外出现的走私、虚假贸易、盗窃及虚开增值税等案件中，黄金成为贪污受贿、骗取税收的手段，"现金换黄金"提供了难以追查的黄金商品，扰乱了经济金融秩序。因此，有必要高度重视黄金行业的洗钱风险防控，切实维护国家经济金融安全。

黄金市场出现洗钱风险的原因有以下四个方面。

一是由于开采环节的行业壁垒较高（必要的环境和监管许可），存在非法采矿、窃取矿石冶炼、黑恶势力参与的可能，加之矿石含量准确评估困难，导致黄金产出难以统计，洗钱活动容易渗透到矿山开采环节。

二是精炼和回购环节潜在风险较大。世界各国均设有明确的黄金精炼质量标准，犯罪分子可能会通过异地精炼来规避税收、司法管辖和质量要求，或者把非法开采的黄金走私到冶炼地，或者伪造黄金纯度、重量、原产地和价值以掩饰犯罪所得；回收环节中，交易商通常不会特别注重识别二手金的来源、所有权以及销售人的真实身份。

三是零售贸易领域现金交易和跨境风险突出。场外柜台销售中，通常很难严格识别客户身份，犯罪分子用"现金换黄金"，再通过转移、支付、回收等手段切断与犯罪资金的联系；不法分子通过虚报黄金首饰价格、虚构身份和网上欺诈销售等方式获利；不法分子借助跨国销售、走私、虚假贸易，实现欺诈获利，或者以此获取不同国家间的税收、外汇管理的政策套利，或者为恐怖主义融资。

四是在投资交易领域，存在利用交易场所平台转移非法所得的潜在风险，采取诸如虚拟的非交割的黄金所有权转移的方式，即销售者能在不直接接触实物黄金的情况下提取现金，这形成了税务诈骗；或者通过虚构黄金销售、交易数量和价格等信息获取税收减免。

2018 年 10 月中旬，中国人民银行、银保监会、证监会联合发布《互联网金融从业机构反洗钱和反恐怖融资管理办法（试行）》，进一步建立健全反洗钱和反恐怖融资内部控制制度，强化反洗钱和反恐怖融资合规管理，完善相关风险管理机制。虽然该办法没有直接提到贵金属，但作为金融领域的重要组成部分，也同样会受到影响。在黄金领域实施更加严格的反洗钱监管是大势所趋，未来在这一领域还会出台更多的规定。

此外，除了黄金市场洗钱风险，若把黄金当作一种投资金融产品，那么黄金和其他金融产品一样也会有一些风险，这种风险主要来源于黄金的价格风险和信用风险。

黄金价格受地缘政治、全球经济、能源市场等多种因素的影响，金价上下起伏波动较大，随时影响着投资者的情绪，如果没有抵御风险的意识，没有足够的心理控制力，就会失去客观判断市场的能力。因此，心理强健、敢于承担一定风险和正确对待亏损是投资者投资黄金必备的心理因素。

四　黄金产品创新

金融创新与金融风险的关系问题是一个值得深入思考的话题。从金融发展历程来看，金融创新是金融发展的动力，没有金融上的创新就不会形成金融层次水平上的发展。但是，在金融创新的过程中时刻伴随着金融风险的发生，二者之间是一种相互促进的关系。金融创新的目的之一就是要规避金融风险，但金融创新是一把"双刃剑"，在具有规避金融风险的功能与作用的同时还会滋生新的金融风险，即不是所有的金融风险都可以用金融创新来规避。同时金融创新产生的原因也是多方面的，在市场经济条件下国家的稳定主要取决于经济发展的稳定，而经济的稳定发展很大程度上依赖于金融市场的稳定。

关于金融创新，理论界还没有一种能被大家普遍接受的定义。有关金融创新的定义，大多是由著名经济学家熊彼特的观点衍生而来。熊彼特在 *Theory of Economic Development* 一书中提出，创新就是要"建立一种新的生产函数"实现对生产要素或生产条件的"新组合"，具体包括以下五种情况：①新产品的生产；②新的生产方法的采用；③新市场的开辟；④新原料或新的供给来源的获得；⑤新的企业经营方式的实现。

由此衍生出来的金融创新定义主要分为广义和狭义两个层面。广义的金融创新是指发生在金融领域中任何形式的创新活动，包括产品创新、技术创新、制度创新和市场创新；狭义的金融创新仅指金融产品的创新，金融产品是金融创新的核心内容，也是金融机构规避利率、汇率风险，追求利润最大化的重要工具。金融产品创新不仅包括最简单的股票、债券等基础工具的创新，还包括比较复杂的期权、期货等金融产品的创新。由于黄金市场是金融市场的一个子市场，所以黄金市场创新亦是如此。本书从狭义的定义出发，即主要研究黄金市场的产品创新。

1. 国外黄金产品创新

通常而言，国际黄金市场的产品创新主要包括黄金期货、黄金期权、黄金 ETF 等。

（1）黄金期货

黄金期货亦称"黄金期货合约"。以黄金为交易对象的期货合同。同一般的期货合约一样，黄金期货合约也载有交易单位、质量等级、期限、最后到期日、报价方式、交割方法、价格变动的最小幅度、每日价格变动的限度等内容。黄金期货合约按计量单位不同，一般可分为两种规格，以芝加哥谷物交易所为例，一种是重 1000 克、纯度为 99.5% 的黄金期货，另一种是重 100 金衡盎司、纯度为 99.5% 的黄金期货。

国际黄金期货市场发展迅速。自 1947 年美国解除黄金禁令，开办了黄金期货市场以来，纽约期货交易所、芝加哥期货交易所的发展速度十分惊人。受此影响，不仅新加坡、澳大利亚相继开辟了期货市场，就连一贯以黄金现货交易著称的伦敦市场也于 1981 年开办了期货市场，使国际黄金市场的结构和布局发生了重大的变化。由于各地黄金市场对金价波动的敏感性进一步增强，黄金价格的差距也随之趋于缩小。此外，期货交易的性质也较以前有了重大变化。过去对黄金的期货交易通常是为了使买卖双方免受金价波动的影响，黄金的期货交易在很大程度上是为投机服务，期货交易双方到期后，大多数并不实际交割，而只是支付金价波动的差额。

黄金期货的优点有以下六点。

①双向交易，可以买涨，也可以买跌。

②实行 T+0 制度，在交易时间内，随时可以买卖。

③以小博大，只需要很少的资金就可以买卖全额的黄金。

④价格公开、公正，24 小时与国际联动，不容易被操纵。

⑤市场集中公平，期货买卖价格在一个地区、国家，开放条件下世界主要金融贸易中心和地区价格是基本一致的。

⑥套期保值作用，即利用买卖同样数量和价格的期货合约来抵补黄金价格波动带来的损失，也称"对冲"。

黄金期货的缺点有以下三点。

①黄金期货合约在上市运行的不同阶段，交易保证金收取标准不同。入市的时点决定保证金比例的高低，投资者在操作时如果不注意追加保证金，很容易被平仓。

②如果在到期前不选择平仓，则到期时必须交割实物黄金，这并不是一般投资者愿意选择的。

③硬性规定自然人不能进行黄金实物交割，如果在交割月份，自然人客户持仓不为 0，则由交易所在进入交割月份的第一个交易日起执行强行平仓。因强行平仓产生的盈利按照国家有关规定处理，强行平仓发生的亏损由责任人承担。

（2）黄金期权

黄金期权是买卖双方在未来约定的价位具有购买一定数量黄金的权利，而非义务。黄金期权分为看涨黄金期权和看跌黄金期权。

看涨期权的买者交付一定数量的期权费，获得在有效期内按商定价格买入数量标准化的黄金的权利，卖者收取了期权费必须承担满足买者需求，随时按商品价格卖出数量标准化的黄金的义务。看跌期权的买者交付一定数量的期权费，获得了在有效期内按商定价格卖出数量标准化的黄金的权利，卖出者收取期权费，必须承担买者要求随时按约定价格买入数量标准化的黄金的义务。

最早开办黄金期权交易的是荷兰的阿姆斯特丹交易所，1981 年4 月开始公开交易。期权以美元计价，黄金的成色为99% 的10 盎司黄金合同，一年可买卖四期。之后，加拿大的温尼伯交易所引进黄金期权交易。后来，英国、瑞士、美国都开始经营黄金或其他某些贵金属的期权交易。

黄金期权投资的优点也不少：一是具有较强的杠杆性，以少量资金进行大额的投资；二是标准合约的买卖，投资者则不必为储存和黄金成色担心；三是在市场价格下跌时保护所持有的黄金头寸（如纸黄金投资者），或者在市场价格上涨时抵消不断上升的成本（如用金企业），具有降低风险的功能等；四是作为独立工具或者与其他金融工具结合，进行投机或套利。

延伸阅读

黄金期权市场显露重大分歧 惊现市场巨大波动性

2016 - 06 - 23 17：26 FX168 财经报社（香港）讯 由于本周英国退欧公投的到来，黄金投资者们大量涌入期权市场以应对这一重大风险事件。

COMEX 七月期金的看涨期权价格和认沽期权价格较目前价格有上下 50 美元/盎司左右的差距，其隐含波动性在周三触及高点。

英国退欧的可能为市场带来了大量避险需求，但近期民调显示英国更可能留在欧洲，这使得金价在上周上行触及近两年高点后，大幅回落。

期权价格的重大分歧表明了投资者们对公投最后结果可能带来的影响有很大担忧。

周三 COMEX 七月期金涨至 1300 美元/盎司和 1325 美元/盎司的期权是当日交易量最大的期权。

此外，七月期金跌至 1200 美元/盎司和 1220 美元/盎司的期权也同样有很高的交易量。

这四个期权合约总计有约 63.8 万盎司的黄金，价值 8 亿美元。

Zaner Group 副主席 Adam Packard 表示："现在黄金市场泾渭分明，因此隐含波动性大幅增加。"

蒙特利尔银行资本市场（BMO Capital Markets）贵金属交易主管 Tai Wong 认为，避险需求将把金价推高至 1375 美元/盎司水平，这将是 2014 年 3 月以来的最高水平。

（资料来源：金融界）

（3）黄金 ETF

黄金 ETF 的创始人，世界黄金协会首席执行官 James Burton 博士对其的定义是，由国际大型黄金生产商向基金公司寄售实物黄金，随后由基金公司在证券交易所内公开发行，以依托着黄金实物的基金形式，直接销售给包括机构和个人投资人在内的各类投资者，同时由指定商业银行分别担任基金托管行和实物保管行，并且投资者可在任何时间内自由赎回的全新黄金投资品种。

世界黄金协会策划及推广的实物黄金投资品种——黄金 ETF（Exchange Traded Funds，在交易所交易的基金）于 2003 年 4 月在澳大利亚股票交易所率先上市，并在随后的 1 年中在伦敦证券交易所、纽约证券交易所和约翰内斯堡证券交易所相继推出。这是黄金投资品种首次以 ETF 的形式出现，故一经推出就引起轰动，其所代表的实物黄金投资量在一年中就增长了 60%，达到 268 吨，投资额超过 37 亿美元。可见，市场对黄金 ETF 产品投资需求量的增长远高于同期对总体黄金投资产品需求的增长。

对于黄金来说，黄金 ETF 具有很多优势。一是易操作性，黄金 ETF 在证券交易所中交易，机构或个人投资者可直接或通过经纪商购买以黄金为基础的黄金 ETF 产品，使黄金可以和股票及债券等传统资产类别在投资组合中混合。二是高安全性，黄金 ETF 代表了基金部分的、不可分割的受益权和所有权，其背后依托的实物黄金由具有优良信誉的商业银行负责保管。由于在证券交易所交易，受到交易所严格的监管，并依托交易所先进的交易系统，交易安全可靠。三是低门槛性，对于投资者，特别是个人投资者来说，买卖黄金 ETF 所产生的成本要远低于在传统指定黄金账户下，买卖、保管和保险的成本。特别是其 1/10 盎司，即 3.1 克左右的交易门槛对于个人投资者来说更具吸引力。四是高透明度，黄金在全球范围内 24 小时进行交易，黄金价格公开透明。基金托管人则每天计算净资产价值和其他相关的财务信息，并及时在其网站上向投资者披露。

黄金 ETF 的创新价值是以实金为基础，交易过程虽不进行实金交割，但每一个合约都意味一份相应的黄金存在，而非空买空卖，为人们黄金证券化交易提供了一个新的创新方向。

黄金 ETF 是 21 世纪初上市的一种创新型黄金投资产品，从 1975 年美国黄金管制解除，到 2003 年的 28 年间，黄金金融投资工具创新基本上是不断地推进黄金虚拟化，因而将实金标的交易挤压到了不足1%的空间，实现了黄金市场交易功能异化，金价开始成为美元价值变化的指示器，不再能反映真正的黄金市场供求面变化。如何挣脱这个魔咒，是一件颇为困难的事。而ETF的问世可以给我们一些创新启示：实金投资标的也可以具有和其他信用投资标的一样的流动性和一样的交易便捷性。

2. 国内黄金产品创新

目前，国际黄金市场的金融工具主要有黄金期货及期权、黄金借贷和黄金远期类产品。

近年来，我国金融机构积极引入国际黄金市场的金融创新工具，面向产金、用金企业的价格管理工具和融资工具日益丰富，纸黄金、黄金期货、黄金租赁、黄金询价交易、黄金质押融资等各类黄金产品创新不断推出。

（1）纸黄金

所谓纸黄金，就是指一种个人凭证式黄金，投资者按照银行报价在账面上买卖"虚拟"黄金，个人通过把握国际金价走势低吸高抛，赚取黄金价格的波动差价。投资者的买卖交易记录只在个人预先开立的"黄金存折账户"上体现，不发生实金提取和交割。

纸黄金交易是目前中国黄金市场上已经开展的一项交易品种。它是指对黄金的所有权，也就是拥有黄金的证明，主要有黄金存单、累计账户投资和杠杆契约投资。这3种投资方式的共同特点就是投资者通过银行或经纪商进行交易，在支付了一定款项后，获得黄金的部分或全部的所有权凭证，但不取得黄金实物。在黄金价格适当时，才进行交割或卖出凭证了结交易。纸黄金交易的优势是操作简单，规避了运费、保管费、保险费等，节约了交易成本。但是，与期货等产品相比，还有一定的差距。

（2）黄金期货

2008 年 1 月，黄金期货在上海期货交易所正式上市，为国内黄金企业提供了一个正规的价格管理工具。2013 年 7 月，上海期货交易所正式推出黄金期货夜盘交易，夜盘交易涵盖欧美市场主要交易时段，为国内黄金企业降低价格风险、保障资金安全提供了更有效的工具和手段。我国黄金期货自 2008 年推出以来，交易量逐年提高，2013 年，我国黄金期货交易量高达 4.02 万吨，位列全球第二。

（3）黄金租赁

近年来，随着国际金价的不断下跌，国内黄金加工、销售企业改变传统的"买入原料加工—销售"的运作模式，纷纷采用"租赁＋套保"的运作模式，使得国内的黄金租赁规模呈井喷式增长。与国际上进行黄金租赁的模式有所区别，我国黄金租借市场的借出方是商业银行，借入方是产金、用金企业，上海黄金交易所则承担着中介服务的职能，为租借双方办理货权转移和提供实物交收服务。截至 2013 年末，上海黄金交易所全年有 22 家商业银行、近 900 家企业客户开展黄金租借业务，通过交易所租借平台累计完成过户1103.12 吨，较 2012 年增长 177.12%，黄金租借业务日益活跃。

（4）黄金询价交易

黄金询价交易是上海黄金交易所在借鉴国外黄金远期类产品的基础上推出的一项创新业务，经交易所核准的市场参与者，可通过交易所询价系统或外汇交易中心的外汇交易系统以双边询价方式进行黄金交易，包括黄金即期交易、黄金远期交易、黄金掉期交易和黄金拆借业务。通过黄金询价交易，交易双方可以有效锁定未来黄金买卖的成交价格，实现风险对冲、套期保值、投机套利以及规避金价波动风险的目的。

（5）黄金质押融资

黄金质押融资是指借款人以银行认可的黄金做质押、从银行获得信贷资金的一种融资业务，是贵金属变现的一种新途径。例如，在中国工商银行的"贵金属质押融资"业务中，法人客户可以将能在上海黄金交易所交易交割的标准金或者中国工商银行发行且接受回购的"如意金"实物系列产品，作为质押物向中国工商银行申请办理流动资金贷款。该类融资业务对产金、用金企业有两方面的好处：一是将持有的黄金进行变现，提高资产流动性；二是融资额度高，且不占用融资主体的授信额度。

（6）黄金 ETF 基金

中国证监会于 2013 年 1 月 25 日发布《黄金交易型开放式证券投资基金暂行规定》，黄金 ETF 是指绝大部分基金财产以黄金为基础资产进行投资，紧密跟踪黄金价格，并在证券交易所上市的开放式基金。黄金 ETF 运作机制与股票 ETF 总体上类似，除实物黄金在交易、保管、交割、估值等方面有一定差异外，黄金 ETF 与股票 ETF 的区别主要在于标的指数从股票价格指数变为单一商品价格，成分股从一篮子股票组合变为单一实物商品。

近年来，我国黄金市场实现了快速发展，市场上出现了大量黄金投资品种，如商业银行推出的纸黄金和实物金条、上海期货交易所推出的黄金期货等，特别是上海黄金交易所上市交易的黄金现货合约为推出黄金 ETF 创造了条件。

在我国现有黄金投资渠道的基础上，黄金 ETF 进一步将黄金投资品种引入证券交易所具有积极意义：一是对于促进黄金市场发展，贯彻落实证监会、人民银行等六部委《关于促进黄金市场发展的若干意见》具有积极意义；二是使得广大投资者可以在证券市场买卖黄金，拓宽基金业发展空间，推动多层次资本市场建设；三是有利于增强证券经营机构服务投资者和实体经济的能力。

延伸阅读

华安基金与诺亚联手推出黄金创新产品，满足资产配置需求

路透上海2017年1月11日 中国公募基金公司华安基金管理公司与诺亚（NOAH. N）旗下诺亚正行和财富派周三宣布，合作推出黄金创新产品——藏金宝，意在满足富裕人群在资产配置大潮中日益增长的黄金投资需求。

此次双方合作的藏金宝产品，其底层资产是华安管理的国内最大黄金公募基金——华安黄金ETF的连接基金，不过双方将其打造成为一种类似银行纸黄金的理财产品，以每克金价直接报价，而ETF报价往往反映每份基金的净资产值。

诺亚是面对高净值人群的财富管理机构，而诺亚正行是其基金代销平台，管理着逾3000只公募基金的销售。财富派则是一家互联网私人银行，为诺亚公募基金业务提供运营和技术支持，目标客户为白领人群，累计管理资产规模超过240亿元人民币。

"未来3~5年是黄金投资的甜蜜期，华安希望在藏金宝的支持下，成为未来国内，甚至全球最大的黄金ETF之一"。华安基金董事长朱学华表示。

对应实物黄金的华安黄金ETF目前持仓在25吨黄金左右，市值超过68亿元人民币，是国内第一只黄金ETF，也是亚洲地区最大一只。

面对2016年黑天鹅事件频发，2017年不确定因素仍较多的形势，高净值人群以及中产阶级的理财观念正向多元配置资产、分散投资组合风险转变，黄金成为他们重要的配置资产之一。由于

相当多人士对于公募基金仍不熟悉，黄金投资仍停留在实物金或纸黄金等投资品类上，但这些投资品类的手续费相对稍高。

"任何一种好的产品都需要好的载体"。华安基金指数与量化事业部总经理许之彦表示，相对基金产品，藏金宝直接以每克为单位报价，更为直观，而且购买黄金的费用较低。

一些互联网巨头或独立财富管理机构近年来纷纷对公募基金产品进行再开发，并推出满足普通人群消费习惯的理财产品。最知名的就是阿里巴巴（BABA.N）关联企业蚂蚁金服与天弘基金合作的余钱理财产品"余额宝"，大获成功。目前余额宝挂钩的货币基金成为国内最大基金，天弘亦成为国内最大的基金管理公司。

诺亚正行董事长章嘉玉还指出，这并不是两个公司在一只产品上的单点合作，而是双方基于相同的价值投资理念的战略性合作。未来诺亚会与华安基金有更为深入的合作，例如专门针对诺亚正行—财富派平台的定制基金。

（资料来源：路透社　笔者整理）

中国的黄金市场是极具潜力、发展较快的金融子市场。自2001年黄金市场走向市场化以来，其交易规模、交易频次迅速增长，现已发展为全球最大的现货场内交易市场和全球前三大黄金期货交易市场之一。

然而，与国际发达国家相比，中国的黄金市场规模较小，交易品种额度也远低于欧美黄金期货市场，金融产品的供给远小于日益增长的投资或避险需求。

第二章

商业银行债务风险与产品创新

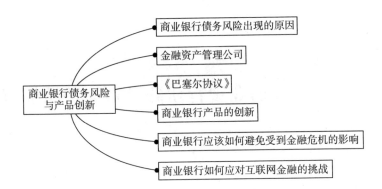

商业银行债务风险出现的原因

金融资产管理公司

《巴塞尔协议》

商业银行产品的创新

商业银行应该如何避免受到金融危机的影响

商业银行如何应对互联网金融的挑战

商业银行债务风险与产品创新

近日央行公布 10 月新增贷款腰斩令市场大跌眼镜。在一系列的货币政策工具释放流动性和出台各种激励政策支持信贷供给后，数据并没有显示回暖而是下降超预期。而在银保监会 11 月 19 日发布的三季度银行业监管指标数据中，银行正常贷款指标数据却未见明显收缩。相比信贷规模而言，商业银行年内持续 3 个季度不良上升的趋势更令市场关注。据《中国经营报》记者了解，在此前一轮"去杠杆"和"降杠杆"的政策中，一些企业新一轮的融资受限，而债务到期难偿引发流动性风险，使得贷款风险集中暴露。2018 年 11 月 19 日，银保监会在三季度银行业指标数据披露中指出，整个银行业金融本外币资产规模 264 万亿元，同比增长 7%，其中有大行资产占比 37.2%，股份行资产占比 17.3%。

数据显示，在银行业的贷款结构中，涉农贷款和小微企业贷款的增长较快。截至三季度末，银行业金融机构涉农贷款和小微企业贷款的余额均为 33 万亿元，前三季度增长了 2 万亿元。小微企业贷款三季度的增速为 19.8%，达到了年内最高值，较去年末的 15.1% 也有一定增幅。值得关注的是，三季度末，商业银行不良贷款余额突破 2 万亿元，达到了 2.03 万亿元，较年初 1.71 万亿元增长 0.32 万亿元，增幅为 18.7%。不良贷款率为 1.87%，已经连续 3 个季度持续上升。此外，银行关注类贷款的规模较为稳定。三季度末商业银行正常贷款余额为 106.5 万亿元，规模平稳增长。关注类贷款规模为 3.5 万亿元，较年初的 3.41 万亿元微增。近期中国银保监会副主席王兆星对外称，银行业在前三季度已经加大了不良贷款的处置力度，共处置不良贷款达到 1.2 万亿元，同比多处置 2300 多亿元。其中利用拨备核销达到了 7000 多亿元，同比多核销了 1900 多亿元。央行 2018 年 11 月 21 日发文，要求金融部门合理规划信贷投放的节奏和力度，其市场流动性紧张的态势可能会有所缓解。央行行长易纲称，要坚持"两个毫不动摇"，切实贯彻落实好精准调控和信贷政策要求，大力支持民营和小微企业发展。金融机构要深入领会政策意图，用好、用足这些正向激励措施，进一步加大对民营和小微企业的金融支持力度，并保持其商业可持续性。

交行在 2018 年 11 月 20 日发布的报告中预测，银行业年内的不良率将在 1.9% 以内。虽然不良贷款率仍有小幅增加，但不良贷款绝对规模增加幅度明显缩小，且拨备余额和拨备覆盖率继续提升，商业银行信用风险特征并未发生明显变化，资产质量仍处于稳定状态。

> 银行的基本职能是预测、承担和管理风险。
>
> ——前美联储主席格林斯潘

一　商业银行债务风险出现的原因

1. 社会信用的丧失是商业银行债务风险的主要原因

社会对人们行为规范的调整手段是多种多样的，但最基本的是法律和道德，而法律的调整范围是有限的，对这种有限性的弥补就是道德。在商业行为中，商业道德历来是调整人们行为的重要标志。诚实信用、信守合同历来是商品经济社会得以正常运转的重要准则。而在我国社会中，由于社会信用体系还不够完善和健全，少数企业或企业的经营者在利益的驱动下，产生了逃废银行债务的行为，主要表现为：一是商业银行债务风险使企业净收益增加，二是企业逃废有机可乘。首先，由于目前管理体制的原因，逃废行为被发现的可能性极小；其次，许多行为目前尚无处罚规定；最后，逃废行为即使被发现，由于执法不严，许多已构成犯罪的行为没有得到应有的处罚。

2. 地方保护主义是商业银行债务风险的保护伞和催化剂

在逃废银行债务的企业中，大部分是国有企业，他们的行为得到了地方政府及政府控制下的某些机构的支持，有的甚至就直接打着维护群众的利益、保证地方稳定的旗号进行，进而也就难以发现和处理。银行内部管理制度执行不严，贷前调查、贷时审查和贷后调查流于形式，对企业改制缺乏足够的认识，信息反馈不足，缺乏提前的参与意识，以致在企业改制和破产过程中处于被动状态，致使本来可实现的债权不能实现。另外，商业银行受本位利益的驱动，无序竞争，置当地人民银行对逃废债务企业实施联合制裁的文件于不顾，对逃废企业在开户、贷款等方面给予方便，制裁作用难以发挥，从而助长了逃废债的不法行为。

3. 银行管理不善为商业银行债务风险提供了可乘之机

银行为了防止不良资产的出现采取了不少措施，但收效不大，究其主观原因值得反思。一是银行贷前审查制度重形式、轻实质，没有起到预防的作用。二是银行贷款后缺乏有效的监督机制。银行同企业在订立借款合同和担保合同时，都会在条文中要求企业履行重大事项的及时告知义务，如何实施该义务却并无约束，抑或虽有，但大都是以企业单方报告为准，银行对企业贷款后的情况知之甚少或知道的不是实际情况，缺乏自我有效监督措施和监控体系。表现在银行风险管理委员会形同虚设、多笔贷款集中审批，授权走过场、风险管理的定位把关职能作用无从体现等。三是银行贷款责任追究不严厉和考核指标不合理、不科学，导致个别工作人员隐瞒事实真相或发现了因害怕问责往往不及时上报，以及因私人感情不敢采取有力措施制止，"重放轻管"思想严重，甚至使部分贷款一开始就变成了"扶贫"贷款，这也是商业银行债务风险的一个原因。四是银行工作人员法律知识和实践经验缺乏，也使商业银行债务风险行为有机可乘，甚至钻进了企业设计好的圈套。

4. 国有资产主体缺位和对存款人利益的漠视

银行是国家的，被逃废债务后的损失最终是通过核销呆账解决的，银行工作人员对商业银行债务风险没有切肤之痛，导致了国有资产流失，银行产生新增不良贷款。银行内部管理制度执行不严，贷前调查、贷时审查和贷后调查流于形式，对企业改制缺乏足够的认识，信息反馈不足，缺乏提前的参与意识，以致在企业改制和破产过程中处于被动状态，致使本来可实现的债权不能实现。另外，商业银行受本位利益的驱动，无序竞争，置当地人民银行对逃废债务企业实施联合制裁的文件于不顾，对逃废企业在开户、贷款等方面给予方便，制裁作用难以发挥，从而助长了逃废债的不法行为。

5. 关于债务风险法律法规不健全

银行债务风险法律分散、范围广，具体原因复杂，系统性认识和预防存在一定的难度，商业银行的法律有较强的专业性和特殊性，产生后往往带来一定的损失甚至引发法律危机，因此懂得商业债务风险的特点并进行专门性的预防颇为重要。法律法规欠缺，认定惩戒难。一是没有明确统一的认定标准。目前除了中国银行业协会的《逃废银行债务客户名单管理办法》简单定义了9种恶意逃废银行债务的类型外，"逃废债"并没有从法律法规层面上进行明确界定，《合同法》《民法通则》《担保法》《商业银行法》《贷款通则》等法律法规制度均没有逃废债行为的认定标准。二是缺少完备有效的惩戒机制。2016年以前能够借用的法律防护手段都停留在确认权利和弥补损失上，责任体系中没有任何对逃废债人的惩戒机制，从而导致企业逃废债的收益和成本明显不成比例，助长了企业逃废债行为。

二 金融资产管理公司

（一）组建金融资产管理公司的背景

金融资产管理公司（Asset Management Corporation，AMC）在国际金融市场上共有两类：从事"优良"资产管理业务的 AMC 和从事"不良"资产管理业务的 AMC。前者外延较广，涵盖诸如商业银行、投资银行以及证券公司设立的资产管理部或资产管理方面的子公司，主要面向个人、企业和机构等，提供的服务主要有账户分立、合伙投资、单位信托等；后者是专门处置银行剥离的不良资产的金融资产管理公司。

我国的金融资产管理公司是经国务院决定设立的收购国有独资商业银行不良贷款，管理和处置因收购国有独资商业银行不良贷款形成的资产的国有独资非银行金融机构。金融资产管理公司以最大限度保全资产、减少损失为主要经营目标，依法独立承担民事责任。我国有四家资产管理公司，即中国华融资产管理公司、中国长城资产管理公司、中国东方资产管理公司、中国信达资产管理公司，分别接收从中国工商银行、中国农业银行、中国银行、中国建设银行剥离出来的不良资产。中国信达资产管理公司于 1999 年 4 月成立，其他三家于 1999 年 10 月分别成立。

（二）金融资产管理公司的定义

2000 年 11 月 1 日，我国在《金融资产管理公司条例》第二条对该类型公司作出明确定义："金融资产管理公司，是指国务院决定设立的收购国有银行不良贷款，管理和处置因收购国有银行不良贷款形成的资产的国有独资非银行金融机构。"同时第三条规定了其经营目标："金融资产管理公司以最大限度保全资产、减少损失为主要经营目标，依法独立承担民事责任。"

1. 我国四大金融资产管理公司的由来

20世纪90年代以来，特别是亚洲金融危机后，各国政府普遍对金融机构不良资产问题给予了极大关注。我国国有商业银行是金融体系的重要组成，是筹措、融通和配置社会资金的主渠道之一，长期以来为经济发展提供了有力支持。然而，在1995年《银行法》出台之前，国有银行是以专业银行模式运作的，信贷业务具有浓厚的政策性色彩，加之受到90年代初期经济过热的影响，以及处于经济转轨过程中，在控制贷款质量方面缺乏有效的内部机制和良好的外部环境，从而产生了一定规模的不良贷款。此外，在1993年之前，银行从未提取过呆账准备金，没有核销过呆坏账损失。这样，不良贷款不断累积，金融风险逐渐孕育，成为经济运行中一个重大隐患，如果久拖不决，有可能危及金融秩序和社会安定，影响我国下一步发展和改革进程。鉴于上述情况，在认真分析国内金融问题和汲取国外经验教训的基础上，我国政府审时度势，决定成立金融资产管理公司，集中管理和处置从商业银行收购的不良贷款，并由中国信达资产管理公司先行试点。组建金融资产管理公司，是中国金融体制改革的一项重要举措，对于依法处置国有商业银行的不良资产，防范和化解金融风险，推动国有银行轻装上阵，促进国有企业扭亏脱困和改制发展，以及实现国有经济的战略重组具有重要意义。

1999年，东方、信达、华融、长城四大AMC在国务院借鉴国际经验的基础上相继成立，并规定存续期为10年，分别负责收购、管理、处置相对应的中国银行、中国建设银行、中国工商银行、中国农业银行所剥离的不良资产。

2. 金融资产管理公司的职能定位、性质和运作模式

金融资产管理公司是专门用于清理银行不良资产的金融中介机

构。由于银行自行清理不良资产会遇到法规限制、专业技术知识不足、管理能力不够和信息来源不充分等困难，需要成立由有关方面人员组成的、拥有一定行政权力的金融资产管理公司来专门清理不良资产。金融资产管理公司通常是在银行出现危机时由政府设立的，并且不以营利为目的。通过审慎地收购资产，有效地管理资产和处置不良资产，向银行系统注入资金等以挽救金融行业，重建公众对银行体系的信心；通过运用有效的资产管理及资产变现战略，尽可能从破产倒闭银行的不良资产中多收回价值；在尽量减少动用政府资金的前提下，使金融行业能够实现资本重整，减轻银行重组对社会整体的震荡以及负面影响。金融资产管理公司的监管部门：公司由中国银行业监督管理委员会负责监管；涉及中国银行业监督管理委员会监管范围以外的金融业务，由中国证券监督管理委员会等相关业务主管部门监管；财政部负责监管我国金融资产管理公司的运营模式。

政策性保障是金融资产管理公司运营的前提。由于四大国有商业银行的不良贷款主要来源于国有企业，设立初衷是收购国有银行不良贷款，管理和处置因收购国有银行不良贷款形成的资产，收购范围和额度均由国务院批准，资本金由财政部统一划拨，其运营目标则是最大限度保全资产、减少损失。金融资产管理公司成立于计划经济向市场经济的转轨时期，因此，不良资产的收购采取了政策性方式，在处置中，国家赋予金融资产管理公司在业务活动中享有减免税等一系列优惠政策。这种强有力的政策性保障措施，成为金融资产管理公司发挥运营功能与资源配置机制的一种有效前提。

市场化运营是金融资产管理公司运营的手段。金融资产管理公司具体处置不良资产的方式包括：收购并经营银行剥离的不良资产；债务追偿，资产置换、转让与销售；债务重组及企业重组；债权转股权及阶段性持股，资产证券化；资产管理范围内的上市推荐及债券、股票承销；资产管理范围内的担保；直接投资；发行债券，商业借款；向金融机构借款和向中国人民银行申请再贷款；投资、财务及法律咨询与顾问；资产及项目评估；企业审计与破产清算；经金融监管部门批准的其他业务。

政策性保障与市场化运营的悖论。政策性保障是金融资产管理公司运营的前提，作为一种特殊的金融企业，尤其面临处置不良贷款过程中牵涉的利益相关者的利害关系时，在化解金融风险、关注社会稳定及国有资产尽可能保值增值的多重目标中，金融资产管理公司需要协调多方的利益共同点。因此，一定程度上享有政策性保障只是金融资产管理公司在运作时处理多元利益体均衡的需要，但不能也不应该以此束缚金融资产管理公司在实际运营中自身市场化机制的展开。金融资产管理公司应该充分发挥在综合协调社会资源方面起主导的独立中介机构作用，并以自身市场化的运营方式尽可能平衡利益相关者的利益。但是，政策性保障是帮助金融资产管理公司在起步设立、过程监管与延续方向上提供中国市场经济尚不完善背景下应有的制度安排，国家对这一创新机构的组织形式与经营权限给予了相当宽松的发展空间。从这一角度看，金融资产管理公司自身在实际运营中必须积极把握如何将业务创新与制度创新相结合，将企业的发展模式与持续经营能力共同考虑。金融资产管理公司只有在实际工作中探索，形成符合自身发展的运营模式与经营风格，才能真正在市场化的竞争中赢得一席之地。自然，目前金融资产管理公司面临的最大挑战主要来自实际运作中法律制度环境的不完善，诸如相关事项的法人独立处置权力的规定、股权转让与资本合作方式、资产处置中的评估、税收优惠等方面都亟待进一步加强实施细则的制定，有关对外资开放合作的具体举措也应该有明确的细则可循。从根本上说，政策性保障的目的在于为金融资产管理公司的市场化运营创造一种相对宽松的环境，并以完善的制度措施，确保企业真正置身于有效的市场竞争氛围中。显然，这两者存有一定悖论。

3. 金融资产管理公司的状况和发展方向

2004 年初，国家明确了金融资产管理公司改革和发展的方向，即建立政策性收购不良资产处置目标责任制，允许资产管理公司开展商业化收购和接受委托代理处置不良资产业务，走市场化、商业化的路子。2004 年 4 月，财政部关于金融资产管理公司商业化收购业务、委托代理业务、投资业务等三项新业务市场准入政策的出台，使资产管理公司从事商业化业务有了政策依据。2004 年 9 月，华融公司率先获准开办商业化收购不良资产、接受委托代理处置不良资产、对部分不良资产追加投资等三项业务。商业化业务正在全面铺开。

加快处置："冰棍效应"的客观要求和抛物线规律的可能。《金融资产管理公司条例》将金融资产管理公司存续期暂定为十年，但由于不良资产存在"冰棍效应"，即不良资产随着时间的推移而不断加速贬值。金融资产管理公司从 1999 年成立，仅有五年时间，而国家又明确了 2006 年前必须处置完毕债权资产的要求，因此，如果最大限度回收资产、减少损失，就必须在近三年内加快处置。从资产处置规律看，现金流的回收数量将随着时间的推移，呈现一条抛物线的形状。也就是说，在开始处置的前几年，随着业务人员经验的增加，现金流回收的数量将逐渐上升；但随着时间的推移，容易处置和处置价值较高的资产将逐渐减少，资产处置的难度将逐渐加大；当现金流回收的数量上升到最高点之后，抛物线将掉头向下，并呈现急剧减少的特征。

发展方向：金融控股公司的路径选择。从实践来看，我国金融资产管理公司不仅在短时间内完成了机构设立、不良资产收购等工作，资产处置进度也比公司方案设计时考虑的进度要快，并且由于加快处置的要求，面临着一个金融资产管理公司未来怎样发展的问题。关于金融资产管理公司的未来发展方向存在以下三种看法。

一是清算注销。认为我国金融资产管理公司的使命是化解金融风险，必须尽快处置接收的不良资产，因而业务运作的重点应是采取各种有效手段迅速变现，优先使用拍卖、折扣变现、打包出售等手段，争取在尽可能短的时间内完成资产处置任务，然后清算注销。

二是长期存在。认为我国金融资产管理公司以保全资产、最大限度减少损失为目标，因而业务运作的战略选择应该是商业银行资产保全功能的专业化延伸，对公司存续期不应有硬性规定，经营计划管理上不应有年度现金流的设置，避免行为短期化。

三是区别对待。认为我国金融资产管理公司有着特殊使命，即在化解金融风险的同时要逐步推进国有企业改革和重组，因而在业务战略的选择上不应该简单行事，应该是在对不良资产进行科学分析分类的基础上，区分不同性质的资产，分别采取相应的止损战略和提升战略。上述观点从不同角度看均有一定道理，并有相应的理论、实践和政策依据，而第三种观点是对前两种观点的综合。本书认为，将不良债权尽快处置变现，的确是从根本上化解金融风险的重要措施，在战略上不失为一种正确选择。但由于我国国有商业银行的管理基础比较薄弱，加上银行不良资产的剥离采取了一些特殊的方式，我国金融资产管理公司接收的不良资产在本质上存在很大差异。如果采取简单处置变现措施，难以达到最大限度回收资产价值的目标。当然，如果只考虑避免即期资产损失，只采取当前不发生损失的保全和正常清收措施，实质上是将金融资产管理公司当成银行来办，不仅有悖于宏观决策的初衷，而且最终损失可能会更大。由此看来，第三种选择是一种更加积极而且现实可行的选择。综合考虑国内外经济和金融形势、市场状况，以及金融资产管理公司具有的资源优势、政策手段和长远发展需要，我国金融资产管理公司运作与发展的核心业务定位是：以资产处置为主线，以提高经济效益为出发点，以最大限度回收资金、提升资产价值、减少损失为根本目标，以改革创新为动力，以债务重组、资产管理为重点，不断培育市场和聚集人才，确立资产重组和资产管理的市场专家地位，逐步发展成为以处置银行不良资产为主业、具备投资银行功能和国有资产经营管理功能的全能型金融控股公司。

（三）金融资产管理公司相关的法规

不同国家对于本国金融资产管理公司都有明确的法律法规约束，截至 2009 年 12 月 31 日，我国金融资产管理公司遵循的日常法律法规如下。

第一，《金融资产管理公司条例》（中华人民共和国国务院令第297 号），2000 年 11 月 1 日国务院第 32 次常务会议通过，当日公布，自公布之日起施行。该条例是金融资产管理公司经营活动依照的核心依据。

第二，最高人民法院《关于审理涉及金融资产管理公司收购、管理、处置国有银行不良贷款形成的资产的案件适用法律若干问题的规定》（法释〔2001〕第 12 号）（2001 年 4 月 11 日）。内容如下。

第一条

金融资产管理公司办事处领取中国人民银行颁发的《金融机构营业许可证》，并向工商行政管理部门依法办理登记的，可以作为诉讼主体参加诉讼。

第二条

金融资产管理公司受让国有银行债权后，人民法院对于债权转让前原债权银行已经提起诉讼尚未审结的案件，可以根据原债权银行或者金融资产管理公司的申请将诉讼主体变更为受让债权的金融资产管理公司。

第三条

金融资产管理公司向债务人提起诉讼的，应当由被告人住所地人民法院管辖。原债权银行与债务人有协议管辖约定的，如不违反法律规定，该约定继续有效。

第四条

人民法院对金融资产管理公司申请支付令的，应当依法受理。债务人提出异议的，依照《中华人民共和国民事诉讼法》第十七章的规定处理。

第五条

人民法院对金融资产管理公司申请财产保全的，如金融资产管理公司与债务人之间债权债务关系明确，根据《中华人民共和国民事诉讼法》第九十二条第二款的规定，可以不要求金融资产管理公司提供担保。

第六条

金融资产管理公司受让国有银行债权后，原债权银行在全国或者省级有影响的报纸上发布债权转让公告或通知的，人民法院可以认定债权人履行了《中华人民共和国合同法》第八十条第一款规定的通知义务。

在案件审理中，债务人以原债权银行转让债权未履行通知义务为由进行抗辩的，人民法院可以将原债权银行传唤到庭调查债权转让事实，并责令原债权银行告知债务人债权转让的事实。

第七条

债务人逾期归还贷款，原借款合同约定的利息计算方法不违反法律法规规定的，该约定有效。没有约定或者不明的，依照中国人民银行《人民币利率管理规定》计算利息和复息。

第八条

人民法院对最高额抵押所担保的不特定债权特定后，原债权银行转让主债权的，可以认定转让债权的行为有效。

第九条

金融资产管理公司受让有抵押担保的债权后，可以依法取得对债权的抵押权，原抵押权登记继续有效。

第十条

债务人在债权转让协议，债权转让通知上签章或者签收债务催收通知的，诉讼时效中断。原债权银行在全国或者省级有影响的报纸上发布的债权转让公告或通知中，有催收债务内容的，该公告或通知可以作为诉讼时效中断证据。

第十一条

本规定所称金融资产管理公司包括其依法设立在各地的办事处。

第十二条

本规定仅适用于审理涉及金融资产管理公司收购、管理、处置国有银行不良贷款形成的资产的有关案件。

第三，《最高人民法院关于国有金融资产管理公司处置国有商业银行不良资产案件交纳诉讼费用的通知》（法〔2001〕156号）（2001年10月25日），具体内容如下。

各省、自治区、直辖市高级人民法院，新疆维吾尔自治区高级人民法院生产建设兵团分院：

近来，各级人民法院陆续依法受理了一批华融、长城、信达、东方等四家国有金融资产管理公司处置国有商业银行剥离的不良资产的案件，据国务院有关部门反映，涉及四家国有金融资产管理公司的此类案件数量多、标的大，所需交纳的诉讼费用数额也很大，要求适当给予减免。为了支持国家金融体制改革，防止国有资产流失，减轻国有资产管理公司在处置国有商业银行不良资产过程中的费用负担，使这部分不良资产得以尽快依法处置，现对审理此类案件交纳的诉讼费用等问题通知如下：

一、凡属上述金融资产管理公司为处置国有商业银行不良资产提起诉讼（包括上诉和申请执行）的案件，其案件受理费、申请执行费和申请保全费，按照《人民法院诉讼收费办法》的规定计算，减半交纳。

二、上述案件中，金融资产管理公司申请财产保全的，按照《最高人民法院关于审理涉及金融资产管理公司收购、管理、处置国有银行不良贷款形成的资产的案件适用法律若干问题的规定》（法释〔2001〕12号）第五条的规定执行。

三、对于诉讼过程中所实际支出的诉讼费用，以及按照《人民法院诉讼收费办法补充规定》的规定应向当事人收取的差旅费等费用，各级人民法院要严格按照实际发生的项目和金额收取。

四、各级人民法院要严格执行上述规定，不得擅自提高收费标准，改变计费方式以及违反规定加收诉讼活动费、执行活动费等其他费用。

五、本通知规定的事项自下发之日起实行，至2006年2月28日废止。本通知下发之前已经受理的案件，所收取的诉讼费用不予退回。人民法院过去处理这类案件，已决定同意当事人缓交的，超出本通知规定限额的部分不再追收。

第四，《最高人民法院对〈关于贯彻执行最高人民法院"十二条"司法解释有关问题的函〉的答复》（法函〔2002〕3 号）（2002年1月7日），具体内容如下。

信达、华融、长城、东方资产管理公司：

你们于 2001 年 10 月 15 日发出的（信总报〔2001〕64 号）《关于贯彻执行最高人民法院"十二条"司法解释有关问题的函》收悉。经研究，现就函中所提问及解题答复如下：

依据《最高人民法院关于审理涉及金融资产管理公司收购、管理、处置国有银行不良贷款形成的资产的案件适用法律若干问题的规定》（以下简称《规定》）第十条规定，为了最大限度地保全国有资产，金融资产管理公司在全国或省级有影响的报纸上发布的有催收内容的债权转让公告或通知所构成的诉讼时效中断，可以溯及至金融资产管理公司受让原债权银行债权之日；金融资产管理公司对已承接的债权，可以在上述报纸上以发布催收公告的方式取得诉讼时效中断（主张权利）的证据。关于涉及资产管理公司清收不良资产的诉讼案件，其"管辖问题"应按《规定》执行。

第五，《最高人民法院关于金融资产管理公司收购、处置银行不良资产有关问题的补充通知》（法〔2005〕62 号）（2005 年 5 月 30日），具体内容如下。

各省、自治区、直辖市高级人民法院，新疆维吾尔自治区高级人民法院生产建设兵团分院：

为了深化金融改革，规范金融秩序，本院先后下发了《关于审理涉及金融资产管理公司收购、管理、处置国有银行不良贷款形成的资产的案件适用法律若干问题的规定》、《关于贯彻执行最高人民法院"十二条"司法解释有关问题的函》和《最高人民法院关于国有金融资产管理公司处置国有商业银行不良资产案件交纳诉讼费用的通知》。最近，根据国务院关于国有独资商业银行股份制改革的总体部署，中国信达资产管理公司收购了中国银行、中国建设银行和交通银行剥离的不良资产。为了维护金融资产安全，降低不良资产处置成本，现将审理金融资产管理公司在收购、处置不良资产发生的纠纷案件的有关问题补充通知如下：

一、国有商业银行（包括国有控股银行）向金融资产管理公司转让不良贷款，或者金融资产管理公司受让不良贷款后，通过债权转让方式处置不良资产的，可以适用本院发布的上述规定。

二、国有商业银行（包括国有控股银行）向金融资产管理公司转让不良贷款，或者金融资产管理公司收购、处置不良贷款的，担保债权同时转让，无须征得担保人的同意，担保人仍应在原担保范围内对受让人继续承担担保责任。担保合同中关于合同变更需经担保人同意的约定，对债权人转让债权没有约束力。

三、金融资产管理公司转让、处置已经涉及诉讼、执行或者破产等程序的不良债权时，人民法院应当根据债权转让协议和转让人或者受让人的申请，裁定变更诉讼或者执行主体。

第六，《财政部关于印发金融资产管理公司有关业务风险管理办法的通知》（财金〔2004〕40 号）。该文件将国务院批准的《金融资产管理公司投资业务风险管理办法》《金融资产管理公司委托代理业务风险管理办法》《金融资产管理公司商业化收购业务风险管理办法》印发给四大金融资产管理公司。为 2005 年我国金融资产管理公司开始商业化运作，从风险控制角度制定了监管制度。

第七，《金融企业国有资产转让管理办法》（中华人民共和国财政部令第 54 号），本办法自 2009 年 5 月 1 日起施行。

第八，《金融资产管理公司资产处置监督管理暂行办法》（财驻京监〔2008〕191 号），本办法自 2009 年 8 月 1 日起施行。

> 银行的贷款哲学是通过正式的贷款政策书面表达出来的。
>
> ——乔治·汉普尔

三 《巴塞尔协议》

《巴塞尔协议》的出台源于联邦德国 Herstatt 银行和美国富兰克林国民银行（Franklin National Bank）的倒闭。这是两家著名的国际性银行。它们的倒闭使监管机构在惊愕之余开始全面审视拥有广泛国际业务的银行监管问题。

自 20 世纪 70 年代开始，经济学家将管制理论运用到银行领域，并逐步取得了共识。他们认为，在追逐论、社会利益论及管制新论三种最有影响的管制理论当中，"捕获论"（The Capture Theory）将管制者与被管制者视为博弈中的猫与鼠，最终是管制对被管制者有利，因而主张放弃管制。这种理论显然忽视了社会公众能从管制中受益的事实。"管制新论"（The New Economic Theory of Regulation）则将管制视为管制集团与被管制集团间锱铢必较的政治程序，是被管制集团提出要求、管制集团满足这种要求并从中获利的一种商品。由于管制这一商品供求双方的数量函数难以确定，因此降低了这一理论的实践价值。只有"社会利益论"（The Public Interest Theory）最具理论和实践意义。该理论将管制视为消除或减少市场破产成本进而保护公众利益的手段，市场破产成本根源于自然垄断、外部效应及信息的不对称。与前两种理论明显不同的是，这种理论既找到了管制的依据，也明确了管制的意义和努力方向。银行引入管制的原因在于其外部效应和信息的不对称。尽管 Benton 和 Gilligen 等人在 20 世纪 80 年代初论证过，银行业可能存在某种程度的规模经济，但多数金融学家都否认银行的自然垄断性质。从外部效应和信息的不对称来看，银行业务的特性决定了银行是一个高风险行业。其外部负效应不仅体现为债权债务链条的断裂，从而给工商企业和社会公众带来巨大损失。而且这些又反过来造成银行体系的混乱，并殃及社会的稳定；信息的不对称对银行而言则是一把双刃剑，它既可以掩盖银行储备不足和资产质量低下的窘迫，也可能因公信力的丧失而破产倒闭。银行困境的解脱取决于清偿能力尤其是流动性的大小。解决这一问题的传统做法一是资产变现，二是市场介入，但是这两种做法的劣势非常明显。除了要损失大量的交易费用之外，还要受到市场资金可供量的严格制约，从而产生巨大的市场风险。因此，各国中央银行一方面充当最终贷款人，在商业银行面临流动性危机时对其施以援手；另一方面则推出存款保险制度，对受损公众进行补偿。这类亡羊补牢式的举措都是立足于银行的外围，没有对银行的经营过程提出根本性要求，因而不仅未能有效地遏制银行的倒闭，反而可能增大了银行破产的风险，故而遭到经济学家的批评。由于最终贷款人的存在（最终贷款人通常以低于市场的利率放贷）以及存款保险制度的建立，商业银行一方面有通过增加高风险投资转嫁保险成本、获取高额利润的欲望，另一方面也有扩大债务依存度的冲动和便利，破产风险因此不断累积。正是在这样的背景下，发达国家以及由发达国家组成的巴塞尔委员会才逐步将银行的监管从外围修补转到内部调控，并对影响银行风险的主要因素进行详细的剖析。

Herstatt 银行和富兰克林国民银行倒闭的第二年，即 1975 年 9 月，第一个《巴塞尔协议》出台。这个协议极为简单，核心内容就是针对国际性银行监管主体缺位的现实，突出强调了两点：一是任何银行的国外机构都不能逃避监管，二是母国和东道国应共同承担的职责。1983 年 5 月，修改后的《巴塞尔协议》推出。这个协议基本上是前一个协议的具体化和明细化。比如明确了母国和东道国的监管责任和监督权力，分行、子行和合资银行的清偿能力、流动性、外汇活动及其头寸各由哪方负责等，由此体现"监督必须充分"的监管原则。两个《巴塞尔协议》因此也就没有实质性差异：总体思路都是"股权原则为主，市场原则为辅；母国综合监督为主，东道国个别监督为辅"。但是两者对清偿能力等监管内容都只提出了抽象的监管原则和职责分配，未能提出具体可行的监管标准。各国对国际银行业的监管都是各自为战、自成体系，充分监管的原则也就无从体现。

1. 实质性进步

《巴塞尔协议》的实质性进步体现在 1988 年 7 月通过的《关于统一国际银行的资本计算和资本标准的报告》（简称《巴塞尔报告》）。该报告主要有四部分内容：一是资本的分类，二是风险权重的计算标准，三是 1992 年资本与资产的标准比例和过渡期的实施安排，四是各国监管当局自由决定的范围。体现协议核心思想的是前两项。首先是资本的分类，也就是将银行的资本划分为核心资本和附属资本两类，对各类资本按照各自不同的特点进行明确的界定。其次是风险权重的计算标准，报告根据资产类别、性质以及债务主体的不同，将银行资产负债表的表内和表外项目划分为 0、20%、50% 和 100% 四个风险档次。风险权重划分的目的是衡量资本标准服务。有了风险权重，报告所确定的资本对风险资产 8%（其中核心资本对风险资产的比重不低于 4%）的标准目标比率才具有实实在在的意义。可见，《巴塞尔报告》的核心内容是资本的分类。也正因为如此，许多人直接就将《巴塞尔报告》称为规定资本充足率的报告。

2. 监管思想的根本转变

《巴塞尔报告》反映出报告制定者监管思想的根本转变。

首先，监管视角从银行体外转向银行体内。此前的协议都注重如何为银行的稳定经营创造良好的国内、国际环境，强调政府的督促作用以及政府间的分工协作，对银行体本身尤其是对银行防范风险屏障的资本没有做出任何有实际意义和可行标准的要求。而《巴塞尔报告》则直指主要矛盾和矛盾的主要方面，从资本标准及资产风险两个方面对银行提出明确要求，从而解脱了监管当局劳而无获或收获甚微的尴尬。

其次，监管重心从母国与东道国监管责权的分配转移到对银行资本充足性的监控。《巴塞尔报告》规定银行必须同时满足总资本和核心资本两个比例要求，总资本和核心资本都必须按明确给定的标准计量和补充。这既是对以往经验教训的深刻总结，也表明报告真正抓住了事物的本质。报告出台以前，各国虽然也对资本金规定了规模要求，但并没有对资本的内涵和外延作出明确规定，这使银行可以轻易地通过会计处理增加银行账面资本金，并实际加大资产与负债的落差，进而加大银行的经营风险。此外，由于资本金的管理还处在原始的静态管理状态，无法形成根据资产和负债的性质及其变动相应调整的机制，使这种资本金管理形同虚设，发挥的作用也极其有限。这也从另一个侧面说明此前协议的监管重心只能简单地放在监管责权的分配之上。

再次，注重资本金监管机制的建设。资本金监管的生命力在于它突破了单纯追求资本金数量规模的限制，建立了资本与风险两位一体的资本充足率监管机制。这表明报告的制定者真正认识到资本是防范风险、弥补风险损失的防线，因而必须将其与风险的载体（即资产）有机相连。而资产的风险程度又与资产的性质相关。报告以不同的风险权重将不同风险的资产加以区分，使得同样规模的资产可以对应不同的资本量，或者说同样的资本量可以保障不同规模的资产。资本的保障能力随资产风险权重的不同而异，体现出报告的动态监管思想。针对以往银行通常以金融创新方式扩大表外业务以逃避资本监管的现象，报告认识到监管表外资产的必要，因而首次将表外资产纳入监管。由于当时表外业务的种类、规模及其破坏力有限，报告只能简单地将期限种类各异的表外资产套用表内资产的风险权数来确定其风险权重，并相应提出了资本充足性的要求。

最后，过渡期及各国当局自由度的安排表明，报告真正认识到国际银行体系健全和稳定的重要性，各国银行的监管标准必须统一。而这种安排则充分考虑到了银行的国别差异，以防止国际银行间的不公平竞争。

3. 《巴塞尔协议》内容

2010 年 9 月 12 日，巴塞尔银行监管委员会宣布，各方代表就《巴塞尔协议Ⅲ》的内容达成一致。根据这项协议，商业银行的一级资本充足率将由目前的 4% 上调到 6%，同时计提 2.5% 的防护缓冲资本和不高于 2.5% 的反周期准备资本，这样核心资本充足率的要求可达到 8.5% ~11%。总资本充足率要求仍维持 8% 不变。此外，还将引入杠杆比率、流动杠杆比率和净稳定资金来源比率的要求，以降低银行系统的流动性风险，加强抵御金融风险的能力。

根据新资本协议的初衷，资本要求与风险管理紧密相连。新资本协议作为一个完整的银行业资本充足率监管框架，由三大支柱组成：一是最低资本要求，二是监管当局对资本充足率的监督检查，三是银行业必须满足的信息披露要求。这三点也通常概括为最低资本要求、监督检查和市场纪律。

三大支柱的首要组成部分是第一点，即最低资本要求，其他两项是对第一支柱的辅助和支持。资本充足率仍将是国际银行业监管的重要角色。新协议进一步明确了资本金的重要地位，称为第一支柱。巴塞尔委员会认为"压倒一切的目标是促进国际金融体系的安全与稳健"，而充足的资本水平被认为是服务于这一目标的中心因素。巴塞尔新资本协议对此增加了两个方面的要求。

要求大银行建立自己的内部风险评估机制，运用自己的内部评级系统，决定自己对资本的需求。但这一定要在严格的监管之下进行。另外，委员会提出了一个统一的方案，即"标准化方案"，建议各银行借用外部评级机构特别是专业评级机构对贷款企业进行评级，根据评级决定银行面临的风险有多大，并为此准备多少风险准备金。一些企业在贷款时，由于没有经过担保和抵押，在发生财务危机时会在还款方面发生困难。通过评级银行可以降低自己的风险，事先预备相应的准备金。

监管者通过监测决定银行内部能否合理运行，并对其提出改进的方案。监管约束第一次被纳入资本框架之中。基本原则是要求监管机构应该根据银行的风险状况和外部经营环境，保持高于最低水平的资本充足率，对银行的资本充足率有严格的控制，确保银行有严格的内部体制，有效管理自己的资本需求。银行应参照其承担风险的大小，建立起关于资本充足整体状况的内部评价机制，并制定维持资本充足水平的战略；同时监管者有责任为银行提供每个单独项目的监管。要求银行提高信息的透明度，使外界对它的财务、管理等有更好的了解。巴塞尔新资本协议第一次引入了市场约束机制，让市场力量来促使银行稳健、高效地经营以及保持充足的资本水平。稳健的、经营良好的银行可以更为有利的价格和条件从投资者、债权人、存款人及其他交易对手那里获得资金，而风险程度高的银行在市场中则处于不利地位，它们必须支付更高的风险溢价、提供额外的担保或采取其他安全措施。市场的奖惩机制有利于促使银行更有效地分配资金和控制风险。巴塞尔新资本协议要求市场对金融体系的安全进行监管，也就是要求银行提供及时、可靠、全面、准确的信息，以便市场参与者据此做出判断。根据巴塞尔新资本协议，银行应及时公开披露包括资本结构、风险敞口、资本充足比率、对资本的内部评价机制以及风险管理战略等在内的信息。

4. 《巴塞尔协议》签订的意义

《巴塞尔报告》的推出意味着资产负债管理时代向风险管理时代过渡。由于监管思想的深刻、监管理念的新颖、考虑范围的全面以及制定手段和方法的科学合理，这个报告成了影响最大、最具代表性的监管准则。此后围绕银行监管产生的核心原则或补充规定等，都是在报告总体框架下对报告的补充和完善。尽管巴塞尔委员会并不是一个超越成员国政府的监管机构，发布的文件也不具备法律效力，但各国的监管当局都愿意以报告的原则来约束本国的商业银行。

从发展历程来看，巴塞尔协议经历了一个内容不断更新、方法不断改进、思想不断成熟的深化过程。该协议实际上没有一个明确的新旧分界点。学术界一般将 1988 年的《巴塞尔报告》称为旧巴塞尔协议，将 1999 年 6 月公布的《新巴塞尔资本协议》征求意见稿（第一稿）称为新巴塞尔协议。其实，1988 年的旧巴塞尔协议经过多次修改补充后，已将新巴塞尔协议的基本框架搭建就绪，因此才有了新巴塞尔协议第一稿。而 2001 年推出的两个新巴塞尔协议征求意见稿更直接就是对第一稿的充实与完善。因此，本书以《新巴塞尔资本协议》征求意见稿（第一稿）为分水岭，此前的所谓旧巴塞尔协议实际上包括 1988 年的《巴塞尔报告》及其后的补充规定和核心原则；而新巴塞尔协议则统指三个征求意见稿。

尽管 1988 年的《巴塞尔报告》历经修改与补充，但学术界和银行界还是对其中的许多原则以及旧协议的市场适应性提出了批评和质疑。

首先是国家风险问题。旧巴塞尔协议只是重新确定了经合组织成员国的资产风险权重，但对非 OECD 成员国的风险权重歧视仍未解除。这一方面造成国与国之间巨大的风险权重差距（多为 100%），这种差距不仅在成员国与非成员国之间存在，而且在成员国与成员国之间也存在，致使信用分析评判中的信用标准扭曲为国别标准；另一方面则容易对银行产生误导，使其对 OECD 成员国的不良资产放松警惕，而对非 OECD 成员国的优质资产畏葸不前，从而减少银行的潜在收益，相应扩大银行的经营风险。此外，这一规定仍然因循静态管理理念，未能用动态的观点看待成员国和非成员国的信用变化。

其次是风险权重的灵活度问题。这实际上是一个企业风险权重歧视问题，且与国家风险权重歧视交织在一起。对于非 OECD 成员国银行、政府超过一年的债权，对非公共部门的企业债权，无论其信用程度如何，风险权重均为 100%；而由 OECD 成员国对金融机构担保的债权，则一律为 20%。此外是风险权重的级次过于简单且不合理，仅有 0、20%、50% 及 100% 四个档次，没有充分考虑同类资产的信用差别，也就难以准确反映银行面临的真实风险。美国经济学家 Altman 和 Saunders（2001）根据美国非金融机构所发债券的数据，运用蒙特卡洛模拟实证研究后得出的结论也证实了这一点。

再次是对金融形势的适应性问题。旧协议从一开始就注意到了表外业务的潜在风险，也提出了对照表内项目确定表外资产风险权重的做法，但随着金融新业务的推出和银行组织形式的更新，旧协议的涵盖范围和监管效果都难以让人满意。最典型的是银行资产证券化和银行持有债券，金融控股公司的广泛建立以及银行全能化等，由此不仅引发逃避或绕开资本金管束的问题，而且引发了信用风险以外的市场风险。

最后是全面风险管理问题。旧协议已经在 1997 年形成了全面风险管理的理念和基本框架，但并未对其内容做详尽的阐释，更未提出切实可行的方法，因而对于信用风险、市场风险和操作分析的全面管理还停留在理论上论证、方法上探索的阶段，至于这三类风险的计量应建立哪些模型、模型中应选择哪些参数，以及相应的资本金要求又如何设计等问题，几乎都没有涉及。此外，在旧协议中，银行始终处于被动地位，银行危机的产生主要由借款人的风险引起，银行风险的规避取决于监管当局对其资本金计提方法和计提数量的监督，并不注重当事人主体能动作用的发挥，也没有对银行提出如何适应市场以及如何主动接受市场约束的问题。

四　商业银行产品的创新

1. 商业银行产品创新的原因

银行金融创新的根本目的是，直接拓宽业务领域，拓展业务范围，创造出更多、更新的金融产品，更好地满足金融消费者和投资者日益增长的需求以及实现金融机构自身利益最大化。

按照国际通行原则，一般在评价一家银行或一国银行业的金融创新能力和水平时，主要是通过分析银行的收入结构来获得其金融创新水平高低的结论。统计数据显示，国际大银行的非利息收入占总收入的比例普遍超过 50%，有的银行甚至达到 80%，但是在我国，商业银行的主要收入来源仍然是传统的利差收入，非利息收入占总收入的比例甚至还不到 30%，还有相当多的商业银行非利息收入占比在 1 位数徘徊。显然，从当时我国商业银行金融创新水平和能力来看，与国际银行业相比，还存在较大的差距。正是在这样一个国际国内大背景之下，中国银监会开始把《商业银行金融创新指引》的起草纳入议事日程。金融改革开放 20 多年来，国有银行经历了几次大的改革，包括向政策性业务转变、去除不良资产、改其结构形式以及促其上市等。当前，在国内国际的竞争环境中，我国国有四大商业银行，在管理方面越来越市场化，并且越来越看重金融创新的作用，他们在银监会《商业银行金融创新指引》的全面指引下，充分运用金融创新工具，不断提升自己走向国际金融舞台的核心竞争力。例如，工商银行（以下简称"工行"）：金融创新再造中国银行业"大哥大"，对于工行这样一家银行信贷业务长期饱满，即使不创新也饿不死的银行来说，对于"创新"难免瞻前顾后。因此，对工行而言，面对的最大挑战，不是技术，而是创新，是如何引导其广大员工改变其保守的观念。

怎样推动金融创新？工行以个人金融业务作为突破口，改变"一人存款三人服务"的旧式储蓄模式，以电子金融创新来主导这项业务，储蓄业务实现电子化，劳动组织形式实现柜员制。2007年，工行把个人金融推向更深层次的创新和变革，利用"金融@家"个人网上银行高新技术，实现"身边银行"到"家中银行"的转变。

对老百姓而言，工行是"身边的银行"，网点越多越好。但对工行经营而言，过于庞大的网点数量却是巨大的成本管理压力。在面对中外股东追求最大利润的压力下，投入产出的最大边际效益，是衡量银行经营水平的重要标尺。在各大银行全力争夺零售业务市场份额最大化的竞争中，工行坚持把以市场和客户为中心的金融创新作为制胜"武器"，通过制定对核心客户的优惠指导价格、贷款审批流程等用精细化的创新模式来指导管理，以"创新求变"来保持国内"第一零售银行"的地位不动摇。

2007年工行在金融创新上做的另一篇好文章，是以金融产品创新来破解小企业贷款难题。工行紧密结合经济发展的实际，以市场为导向，致力于开展小企业信贷产品创新，实施融资产品与投资银行产品、电子银行产品等综合营销，通过打造对小企业金融产品线的融资品牌，为小企业提供融资产品系列，在满足了小企业不同成长阶段多样化理财需要的同时，也为工行自身的发展创造了市场良机。工行在《商业银行金融创新指引》的引领下，通过金融创新能力凸显其强大的综合竞争力和市场引导力。工行对此总结为用金融创新来保持"再造工行"的创新冲动，目标就是超越工行国内第一的极限，再造世界级的中国银行业领先企业。

随着布雷顿森林体系的解体和世界性的石油危机，利率和汇率出现了剧烈波动。金融机构的旧有经营模式和业务种类伴随着宏观经济环境的变化而失去市场，同时又给金融机构创造了新的潜在业务和巨大的发展空间。与此同时，计算机与通信技术的长足发展及金融理论的突破促使金融机构的创新能力突飞猛进，而创新成本却日益降低。全球金融领域在强大的外部需求召唤下，在美好的盈利前景吸引下，通过大量的创新活动，冲破来自内外部的各种制约，发生了一场至今仍在继续的广泛而深刻的变革：新业务、新市场、新机构风起云涌，不仅改变了金融总量和结构，而且还对金融体制发起了猛烈的冲击，对货币政策和宏观调控产生了严峻挑战。目前国际金融市场动荡不定，国际金融新秩序有待形成。对于金融领域内为了应对这种动荡不安的现状而发生的这些变革，我们将其统称为"金融创新"。

金融创新有广义和狭义之分，狭义的金融创新是指 20 世纪 70 年代以来西方发达国家在放松金融管制后引发的一系列金融业务创新；广义的金融创新是一个金融体系不断成长、创新的过程。总而言之，金融创新就是指金融机构内部要素的变革。自现代银行出现以来，无论是金融机构、金融市场、国际货币制度，还是银行的传统业务、银行的支付和清算系统、银行资产负债管理，乃至整个金融体系都经历了一次又一次的金融创新。本书所涉及的金融创新是指广义的金融创新，其主要包括金融产品与金融工具的创新；金融服务的创新；金融市场的创新以及金融机构职能的创新。金融创新的发展，以 20 世纪 60 年代经济的迅速发展、资本流动的加快为背景，以 70 年代和 80 年代的放松管制为契机，一直保持常盛不变的势头。进入 90 年代，国际金融创新围绕表外业务、筹资证券化以及金融市场全球一体化三个方向迅速发展。目前，国际金融创新主要有以下四方面的趋势：①金融产品、金融工具的创新多样化；②表外的重要性日趋增强；③融资方式证券化；④金融市场一体化趋势。

2. 商业银行存在的问题

（1）产品创新人才短缺

金融产品研发、交易和风险管理是个很复杂的过程，是需要有精通多个行业、多个领域的金融复合型人才作为坚实后盾的。例如，银行业务部门与信息技术部门的沟通合作是需要依靠既精通信息技术，又懂得银行业务的人才，为客户提供个性化服务，量身定制理财产品需要有专业的个人理财师。此外，银行现有的人力资源部门各项激励约束机制尚不健全，对人力资源的运用观念淡薄。人力资源管理未能发挥应有的作用，也在一定程度上延缓了金融产品创新的进程，影响着金融产品创新的发展。

（2）金融创新环境约束

一方面，作为经营主体来看，在很大程度上，我国的金融体系仍存在一定程度的垄断，四大国有银行无论在从业人员、机构数量还是资产负债规模等方面都占垄断地位，这种行业的垄断，是不利于金融创新的。另外，过多的金融管制抑制了金融创新，现今金融管制仍相当严格，这与 20 世纪 70 年代西方发达国家在放松金融管制以后发展起来的金融创新情况是完全相反的。

另一方面，从商业银行金融产品的消费主体来看，社会公众是商业银行最大的客户群。就目前的情况来分析，我国城乡居民储蓄意识够强，但消费意识、投资理财意识是较弱的，主要是通过商业银行这个中介来投资理财、消费的意识淡薄。目前全国城乡居民储蓄存款达万亿元，民间手持资金约万亿元。根据央行公布的金融机构人民币信贷收支表，截至 2010 年上半年，居民存款已达 19.7 万亿元。分部门情况看：2016 年全国城乡居民人民币储蓄存款余额达 35.2 万亿元，人均 25548 元，分别比 2015 年增长 16% 和 15.3%，高于同期 GDP 的增长速度。但长期以来国人根深蒂固的消费观念使得个人理财、消费信贷等业务至今仍不能像西方那样成为银行收入的主要来源之一。社会公众金融意识的淡薄不仅会影响商业银行的业务创新，同时也助长了银行业务经营的惰性，从而也就没有可能向消费者提供全面、高效、优质的零售性业务。

（3）收入结构仍然单一

由于历史的原因，我国商业银行一直是以经营存贷款业务为主的。长期以来，经济发展的实质推动力仍然以投资增长为主，这就决定了信贷业务在银行业方面存在相对优势。因此，收入来源依靠利息，利润增长高度依赖利差。近几年，金融宏观调控、银行管理层和监管部门，都在大力推进发展中间业务，努力提高非利息收入比例，但实际收效甚微。2009 年，我国商业银行利息收入占全部收入的比例达 95.4%，银行净利差收入与营业利润的比例更是高达 341%。2010 年上半年，我国金融机构利息收入和金融企业往来收入之和近 15 亿元，占全部收入的比例在 80% 以上。其中利息净收入占金融机构业务总收入的 87%，利润增长中近九成依赖利差。而国外发达国家的大银行利差收入只占 50% 左右。

（4）在网络时代银行产品创新能力有限

电子技术、网络、通信技术等的发展和应用是商业银行进行产品创新的基础，通过信息技术的运用，能使金融工具的创新得到突破性的进展。尽管近年来，国有银行的电子化网络建设有了突飞猛进的发展，但还是受经济发展水平的制约，使我国的信息技术在金融领域内的应用相比于西方金融业经营中的电子化、网络化仍有很大的差距，还停留在较为粗浅的技术应用阶段。由于我国银行业务发展与科技进步的融合还不足，各银行之间技术的标准性、规范性仍有所差距，使得银行产品通用性较差，以及使产品深层次的创新受到相对制约。

（5）商业银行体系总体上流动性依然充裕

2010年，我国商业银行超储蓄率持续下滑，银行间本币利率走高，流动性过剩虽较之前两年不断有所改善，但存贷差总量的不断堆积，使2009年上半年，全国存贷差总量达80亿元。这种适当的储蓄水平、仍在堆积的存贷差总量、大幅增长的银行间本币市场交易量等一系列现象表明，银行体系的流动性依然较为充裕。从深层次看与储蓄率过高、消费率偏低的经济结构性矛盾密切相关。2010年第二季度，央行调查结果也显示：在股市大幅下跌中，居民对储蓄存款的意愿较上季又有所增加。因此，商业银行流动性总体过剩的产生机制将长期存在，制约着金融产品创新的进程。

（6）金融法规不健全，秩序不规范

我国已出台的一些金融管理制度滞后于金融实践，这是由于金融业发展的模式是先实践后监管。这种做法固然有其优点，但不利于金融秩序的稳定，给违规者以可乘之机。例如证券公司通过各种渠道将大量银行资金引入股市，金融机构变相提高和盲目提高存贷款利差，挪用股民保证金等违规操作，扰乱了金融秩序，不利于金融监管。

3. 商业银行产品创新的对策

（1）加快收入结构转型，提高中间业务产品收入

大力发展非信贷业务，扩大投资交易收入比例和投资交易规模，

抓住股市、债券市场及企业年金市场发展扩容机遇，加快理财产品、信贷资产证券化以及融资性信托产品等产品的开发创新力度。大力发展电子银行、资产托管、银行卡、现金管理等中间业务，提高综合收益水平。

（2）平衡产品业务间创新比重

加大存款业务创新。首要的任务是进行业务手段和存款产品的创新，要大力发展企业银行、个人银行和网上银行，推出多功能、高品位的金融产品，为客户提供快捷方便的全方位服务，将现有的客户群稳定。一是要提高汇兑、结算业务的服务效率，保住现在已有的市场份额。二是要大力发展租赁业务，根据实际情况开展经营租赁、杠杆租赁、回租租赁业务等。三是要迅速增加代理业务的服务种类，扩展其业务经营范围。四是要积极开展各种咨询业务，利用专业优势和不断发展的信息网络对企业和个人开展有关资产管理、负债管理、投资组合设计、风险控制和家庭理财等多种咨询服务。

针对外汇资金来源、运用不平衡和人民币存贷款期限结构变化的并存，以及紧缩货币带来的资金不稳定，深入分析当前资金形式和存款结构变化，适当控制中长期贷款增长。加强资金流动预测预报，强化流动性管理。控制外汇贷款投放，加大外汇存款营销力度，主动防范汇率风险。

（3）产品技术和科技创新

金融创新要依托科技进步。科技进步是金融创新的源泉，也是一个民族不断进步的不竭动力。人类在 18 世纪工业革命之前近 800 年的时间内，经济基本上没有增长，科技进步也基本停滞。但从 19 世纪工业革命以来，由于几次大规模的科技进步，生产力获得了极大的提高，按实际值计算的全球人均收入在 19 世纪增长了 21%，在 20 世纪增长了 85%。特别是以信息处理为主的金融业，信息技术的突飞猛进，更是极大的促进。这一趋势已经并且还将深刻影响金融业的发展，而且还将更加深刻地影响金融业的发展进程，对于金融行为的改变、金融产品创新甚至金融风险管理意义重大，影响深远。我国金融业也要依托科技进步和提高劳动者素质，紧紧跟上科技创新的步伐，切实转变增长方式。

（4）培养和引进专家型人才，发展中坚力量

金融创新产品的交易与传统的银行业务有本质的区别，具有较高的技术性和复杂性，需要专家型人才从事创新产品的研发管理、交易管理和风险管理。金融创新产品的风险管理人才需要具有高素质和复合型的知识结构，这样才能对创新产品的风险进行识别、度量和控制。

金融市场发展之关键是专业人才，正如 21 世纪发展的最终竞争力是人才的竞争。坚持自主培养与引进来相结合，培养一支既具有理论知识又有丰富实践经验的，熟悉国际市场运行规则，了解我国金融市场发展特点的专业人才队伍，为我国金融衍生品市场的可持续发展提供广泛的智力支持和坚实的人才基础。

（5）金融产品创新与法制完善

金融业的改革和创新，必然要反映在金融法律制度上。金融法的目的是为金融业提供完整的行为规范和构建稳定的市场秩序，因此金融法必须将金融业的发展创新纳入自己的法律框架之中。如果金融法不能为金融创新提供一个完整的、相对自由的法律空间，及时确认、保护金融创新的合理成果，就会导致一些合理的金融创新违法，或者在法律真空中运作。因此，金融业的创新要求金融法律制度随之发展。这样，金融法才能适应金融业发展的实际，也才能与金融创新互为促进。加强金融监管，防范和化解金融风险。监管与创新是一对双胞胎，在金融创新的同时要注意加强金融监管，防

范金融风险，利用法律手段，完善金融法规体系，保障金融业的规范发展，切实解决当前的金融监管过程中无法可依、有法难依的问题，为金融创新提供一个有安全保障的法律环境。我国应改善金融监管的重点和金融监管的方式，把防范和化解金融风险放在重要位置，形成中央银行宏观监管、行业自律、金融机构自我约束相结合的监管体系，按照国际惯例，从市场准入、市场运营、市场退出各个环节进行有效监管，以降低金融创新所带来的种种风险，防止金融危机的发生。具体对策如下。

第一，应当在法律所允许的范围内，积极开展法律不禁止的金融业务以及建立健全当前金融市场的法律制度。目前我国金融法制存在的问题主要是，法律体系不够健全，有些法规的可实施性不强，监管体制存在明显缺陷，规范性文件比较混乱，多种交叉相互抵触。在市场准入方面，对于准入的规定及实施还不协调健全，而又缺乏相关配套法规或操作规程。有法不依、执法不严、违法不究的现象比较突出。在市场监管方面，立法相对不完善、严格执法使监管工作落实得并不是很有效。针对以上现象，对于我国金融业在新时期内的创新和改革，首先应当鼓励在现行法律允许的框架内，努力探索进行法律不明令禁止的金融业务，随着社会的发展，在探索成功的基础上对法律适时进行修改，为金融业务的发展提供法律依据，并逐步建立起既有利于发挥金融机构经营积极性和创造性，又监管严密、内部协调，有效防范金融风险的完善、先进的金融法律制度。

第二，建立有效的自律机制和健全相关法律制度。由于我国金融市场尚处于初步发展阶段，很多地方仍存在不足之处，自身的自律能力也比较薄弱，导致金融法的宏观调控作用大大降低。因此，应当建立有效的自律机制，为保护市场经济秩序的运行创造良好的自身条件。而且各国的实践也表明，完全靠法律来规范市场经济是很难奏效的。特别是金融市场自身所带有的变化性和复杂性，因此法律不可能保证其在良好的金融环境下畅通无阻地运行，需要金融市场更加提高自己的自律性，建立一套合理灵活的自律机制。当然，由于自由竞争下的金融市场难免会出现不平等竞争和信息混乱等现象，仅仅靠自律也是难以有效运作的，必须完善相应的法律法规来调整和规范。可见，建立有效的自律机制和健全相关法律制度都是金融业有序发展必不可少的。

第三，应当建立一种有利于商业银行金融创新的法律环境，以增进金融机构在开放市场中的竞争力。为了促进金融市场的开放，一定要具备一个高效监管的法律制度。但是加强监管不是指加强行政对市场的过多干预，而是要从完善金融立法和执法方面营造一个更加开放、自由竞争、高度透明、富有效率和秩序的金融市场。

因此，首先要制定新法以弥补旧法空白，如出台有关市场准入，运营以及监管，金融机构的变更终止和破产，以及金融机构整顿重组等方面的立法。

其次是与国际惯例接轨，进一步建立和完善金融市场立法，规范各种金融市场的发育和完善，建立统一开放、公开公正、有序竞争、严格监管的金融市场体系。建立各种法律法规，以完善金融市场结构，规范金融市场行为，促进融资活动的发展，提高金融市场效率，维护金融消费者的合法权益。

最后是尽快清理、修订、完善现有立法，以消除金融法规与金融业实际发展之间的差距，协调好法律体系内部关系，及时将一些行之有效的重要规章、条例上升为法规、法律，并增强法律规则的可操作性，以提高其在金融业发展创新中的约束力和权威性。总之，在当前21世纪全球金融业趋向整合的情况下，我国金融业的发展创新益发迫切和重要，而完善相应的金融法律制度亦更加急切和任重道远。

商业银行金融产品创新是一把"双刃剑"。它既可以提高金融资产保值增值能力，加速金融资产流动，又可能隐藏巨大的金融风险。一旦金融链条断裂，相对于一般性金融危机而言破坏性更强，传导效应更快，在所有的创新中也越来越明显地体现着一个特点，就是真正以客户的需求为中心，因需求而创新。创新是银行追求利润的结果，而面临的激烈竞争大大加速了这一进程，创新本身也随之演化为竞争的组成部分。谁的创新赢得客户和市场最广泛的认可，谁就将成为竞争的胜出者，各家银行为着这一诉求不遗余力。创新活跃期将因此而继续延续。但是，我国商业银行在探寻金融产品创新的同时，也要注意相应的风险防范，在规避风险的同时获得较高利润。相信在我们充分吸收发达国家金融创新经验的基础上精心设计、谨慎监管下，我国的金融创新将会得到迅速发展。

五　商业银行应该如何避免受到金融危机的影响

1. 进一步提高金融服务质量，全力支持经济发展

提高服务质量是银行业金融机构应当履行的基本社会责任和义务。银行业金融机构要坚持以科学发展观统领全局，深入贯彻落实党中央、国务院关于进一步扩大内需、促进经济增长的十项措施以及《国务院办公厅关于当前金融促进经济发展的若干意见》（国办发〔2008〕126号）精神，切实加大金融支持经济发展的力度，充分发挥信贷政策的导向功能和支持作用，更好地贯彻落实国家"保增长、扩内需、调结构"的政策要求，全面提升服务国民经济的效率、能力和质量，全力促进经济平稳较快发展。

2. 高度关注借款企业财务管理，确保贷款质量稳定

借款企业的财务稳健程度是影响银行业金融机构信贷资金安全

的重要因素。银行业金融机构要按照《财政部关于当前应对金融危机加强企业财务管理的若干意见》（财企〔2009〕52号）要求，高度关注借款企业财务管理状况，把借款企业财务管理的各项内容作为贷前调查、贷时审查、贷后检查的条件和标准之一。要高度关注借款企业对外担保以及其他或有负债情况，尤其是关联企业之间相互担保和循环担保，及时调整授信额度和信贷管理策略，防止信贷风险积聚。在开展并购贷款业务时，要按照《商业银行并购贷款风险管理指引》相关规定，认真分析和评估并购贷款风险，避免因企业盲目扩张造成银行信贷资金损失。在目前信贷业务发展较快的特殊时期，更要统筹处理好有效发展和审慎经营的关系，增强对风险的判断和识别能力，确保新发放贷款经得起历史检验。

3. 强化内部风险控制，切实防范市场和操作风险

完善的内控体系是有效防范风险的基础。银行业金融机构要全面加强风险管理，加强内控和合规文化建设。要合理配置资产，做好流动性监测和风险预警。要加强对全球主要货币汇率、主要金融市场利率波动的分析研判，加强对持有的外币资产市值变化的评估与监控，及时实施动态操作，有效防范汇率风险。要积极适应国内利率政策的调整，提升利率变化应对能力。要全面加强信息化建设，科学系统规划，提升信息系统风险管理功能，确保信息化建设的协同性和安全性。要进一步完善操作风险管理系统建设，毫不松懈地抓好各类案件防控工作，有效防控各类案件特别是大案要案的发生。

4. 及时足额提取拨备，努力化解不良资产

充足的拨备是银行业金融机构抵御风险、稳健经营和促进经济发展的基础。银行业金融机构要严格按照《财政部关于印发〈金融企业呆账准备提取管理办法〉的通知》（财金〔2005〕49号）等财务制度和有关会计准则与监管要求，准确分类和真实反映不良贷款，

及时足额计提各项损失准备，提高拨备充足率水平，夯实财务基础。要根据国家有关呆账核销、贷款重组和减免的有关政策，加大不良贷款清收、盘活和核销等处置力度，及时化解不良资产，提高资产质量。

5.审慎开展境外并购，防范境外投资风险

受国际金融危机影响，银行业金融机构境外投资并购面临机遇和挑战。银行业金融机构应在立足境内市场的基础上，审慎实施境外投资并购。要根据银行业金融机构发展战略、财务状况和风险承受能力，分析研究投资并购的必要性和可行性，尤其是要分析并购的协同效应，合理选择投资并购对象，避免因盲目扩张造成不必要的损失。要高度关注国际市场汇率变化等经济指标，深入研究被投资国的政治、法律环境及社会状况等因素，储备专业化并购和管理人才，采取有效风险隔离措施，规避投资并购风险。要按照国家法律法规和企业内部管理制度，严格履行境外投资并购的内部决策和外部审批程序。

6.加强委托代理业务管理，努力降低表外风险

银行业金融机构要高度重视委托代理业务风险，加强委托代理业务管理，认真审查被代理企业风险管理能力、内部控制水平以及内部决策程序，加强售前、售中、售后全过程管理，做到风险可测、成本可算、信息披露充分。要针对在资本市场高点发行的理财产品陆续到期的情况，早做预判、早定预案，切实维护市场声誉和形象，维护金融和社会稳定。要加强对理财产品投资者的宣传和培训，帮助投资者充分掌握有关产品的信息和特点，有效识别和评估潜在风险，避免误导投资者。

7.着力加强成本控制，避免费用刚性增长

银行业金融机构要自觉自律地加强支出管理，合理控制费用支

出规模，优化费用支出结构，避免各项费用刚性增长。要深刻认识目前国际国内经济形势的严峻性和复杂性，增强危机意识和忧患意识，共克时艰，避免进一步拉大行业收入水平与社会平均收入水平的差距。要合理控制高管人员薪酬，坚决防止脱离国情、经济形势、行业发展以及企业自身实际发放过高薪酬。要加强对经营管理费用的控制和审查，坚决遏制违规开支和讲排场、摆阔气等奢侈浪费行为。要进一步完善财务制度，严肃财务纪律，加强对各项费用开支的管理，提高资金使用效益，节支增效。

8. 加强财务分析与风险预警，提高战略决策能力

财务风险分析和预警是企业控制未来财务风险的重要方法，也是进行经营决策的重要依据。银行业金融机构要准确把握宏观经济形势和市场发展变化，高度关注宏观经济运行信息及重要指标，合理确定各项财务指标和目标任务，科学预判未来财务活动和财务成果。要加强经济、财务、市场、政策等信息体系建设，强化财务风险分析和预警与企业发展战略的相互衔接，合理运用财务风险分析和预测方法，提高财务管理水平，提升战略决策能力。

9. 深化公司治理改革，维护出资人权益

公司治理结构是现代企业制度的核心内容。近年来，大型国有银行通过股份制改革和公开发行上市，初步搭建了公司治理架构，但公司治理的理念和实际运作机制需要进一步完善。要坚持以股东利益最大化为核心，不断改进经营管理，切实维护出资人权益，妥善处理好国家、企业、个人之间的利益关系。要按《公司法》要求，在股东大会、董事会、监事会、高级管理层之间建立清晰的职责边界和有效制衡的运作机制。要强化股权董事和独立董事作用，董事会及董事必须切实履行监督职责以及对企业的"忠诚义务""看管责任"。要有效发挥监事会的监督作用，加大监事会对董事会及高级

管理层的质询和监督力度。

六　商业银行如何应对互联网金融的挑战

（一）商业银行面临的挑战

1. 互联网金融导致商业银行支付功能逐步弱化

"去中介化"——互联网金融的发展迫使传统银行面对金融加速脱媒的局面。互联网金融模式下的支付方式以移动支付为基础，其通过移动通信设备、无线通信技术来转移货币价值以清偿债权债务关系。互联网金融从渠道脱媒切入，进一步加速了金融脱媒，使商业银行的支付中介功能弱化，并使其中间业务受到替代。

一是分流了商业银行融资中介服务需求。尤其是以微信为代表的社交网络，改变了信息的传递方式和传播途径，并与 P2P 网络借贷平台协作，破解了信息不对称和融资成本高的难题，绕开银行，满足了草根阶层的融资需求。二是改变了商业银行独占资金支付中介的格局。例如，第三方支付公司的快捷支付业务，完全绕开银行而独立完成资金的支付转移。

随着互联网和电子商务的发展，中国的互联网第三方支付平台交易量、虚拟货币的发行和流通量越来越大，涉及的用户越来越多，第三方支付已经成为一个庞大的产业。

2. 互联网金融将导致商业银行的收入来源受到冲击

商业银行的收入来源主要是利差收入、中间业务收入。一是影响商业银行的传统利差盈利模式。网络借贷公司，例如阿里小贷不归入金融机构，不受金融监管部门的监管，因此可提供"金额小、期限短、随借随还"的小额贷款，非常适合中小微企业的发展现状，这些资金需求者都投奔手续简单、便捷高效的互联网企业，商业银行的信贷客户却大量地流失了。二是触及商业银行的中间业务收入。第三方支付极大地威胁着基于银行支付功能而衍生的中间业务收入的增长。全面渐次布局金融领域，涵盖支付、小贷、担保以及保险，并代售基金、保险等传统银行代理业务。

届时互联网金融将利用它的高效、便捷、低成本等优势将商业银行的客户吸引过去，使商业银行的客户减少，从而严重影响商业银行的盈利状况。

3. "以客户为中心"的服务模式亟待提高

在互联网金融模式下，客户的消费习惯和消费模式发生了变化，目标客户类型也悄然改变着，使得商业银行传统的价值创造和价值实现方式被彻底颠覆。对商业银行的客户群体来说也会有较大的变化，商业银行为客户提供技术复杂的金融产品，原有物理网点的优势被弱化，将更多地以互联网为媒介，尤其是中小企业和个人客户，比较关注便捷性、高效性，同时又倾向于个性化的服务，在这种状况下，商业银行的客户群体一是会有所调整，二是客户数量被互联网金融抢走不少，因此商业银行原有的"以客户为中心"的服务模式不再适合现有互联网金融模式下的客户群体。互联网金融尊重客户体验、强调交互式营销、主张平台开放，运作模式上更注重互联网技术与金融核心技术的深度整合，为客户提供灵活性产品。支付阵地的旁落在于第三方支付的所有创新使客户更多地关注效率与成本，同时追求多样化、差异化和个性化服务，注重方便、快捷、参与和体验成为客户的基本诉求。银行恰恰欠缺这种接地气的姿态。

4. 商业银行对小微企业金融服务模式尚需进一步创新

互联网通过信息透明化，增强了人与人之间的信任，而信用恰恰是金融的本质与核心。将网络行为、网络信用应用到小贷中，针对国内小微企业数量多、融资需求频率高、需求额度小的特点，建立了以"网络、数据"为核心的小额贷款模式，迅速体现了"小额信用、期限灵活和较高利率"的特点，在放款规模、贷款方式、社会影响力等方面，都堪称行业内的翘楚。在无抵押、无担保的情况下向陌生人成功融资，这种状况在传统经济模式下是不可想象的，而在互联网金融时代却成为现实。因此，互联网金融模式可以超越传统融资方式，使其资源配置更有效率，交易成本大幅减少，有力支持实体经济发展。

5. 商业银行互联网化进程仍需进一步加快

商业银行要想稳住当前的市场份额，逆转互联网金融发展的凶猛势头，就要以互联网技术为依托，结合金融产品进行大胆创新，而不能将商业银行产品简单互联网化。商业银行利用互联网技术，将线下业务迁移成了线上业务。目前，建行完成了"善融商务"上线。

（二）商业银行应对决策建议

1. 积极主动应对互联网金融带给银行业的机遇与挑战

首先，从战略高度认识商业银行发展互联网金融的机遇和挑战。对互联网金融的发展我们要有危机意识，要改变目前相对迟钝、相对零散的应对状况。充分发挥商业银行现有的品牌信用、客户基础、网点网络、技术实力等方面的特有优势，解决好对新市场和新技术敏感性不高、机制文化不灵活、风险容忍度较低等问题。控制和回避一贯以来形成的"思维定式"，不能让"思维定式"产生一叶障目的恶性结果，要突破自我的思维定式，不断质疑、审视并重新定义银行的业务，拆除那些条条框框，不要再抱着过去的优势不放，要大胆设想、小心求证。

其次，利用好互联网金融模式，深入推进互联网技术应用和客户资源、信息数据的积累，实现经营管理模式的智能化转型；深度整合互联网技术与银行核心业务，勇于创新，提升客户服务质量，拓展服务渠道，提高业务水平，把商业银行打造成线上与线下、虚拟和实体相结合的现代化银行。

2. 以客户为中心，变革创新产品设计

银行业自身发展离不开客户，客户资源是银行业务的一切根本，曾有很形象的比喻说"客户是银行的衣食父母"，因此，作为银行业把"一切以客户为中心"作为战略定位是非常必要的。商业银行需重新思考服务的客户群体究竟是哪类以及如何定位。面对互联网金融的冲击，商业银行为争夺客户，就必须思考客户需要何种产品或服务、银行通过设计何种产品来激发客户的潜在需求。在有精准的战略定位与有吸引力的产品或服务之后，如何能够到达客户手中并让客户使用上，成为商业银行思考的重要环节。

一是建立客户体验指数，从零散、事后的客户体验转向系统、事前的客户体验。通过绩效杠杆，加大网点客户经理对客户柜面交易向网银等电子渠道迁移的引导力度，提升客户体验和交易活跃度。前台，可以获悉客户需求与信息，进行智能分析与服务。中后台，主要是围绕前台收集的信息，在不断满足客户需求的基础上，对流程进行整合、优化和创新，以保证对客户服务的高效性以及体验的舒适性。

二是紧贴生活变化，洞察引领客户需求，依托数据挖掘和信息平台，借助银行自身优势，突破传统经营模式，满足客户的个性化、专业化需求。有效解决客户信息分散的问题，建立智能化客户信息系统，实现信息同步交互共享和精细化客户关系管理，在客户细分的基础上针对性地设计个性化营销和产品服务策略。

三是重塑业务流程，高效配置资源，提升客户体验，为客户提供灵活多样的产品和便利快捷的服务，摆脱单纯的支付、资金中介工具的角色。打造全球一体化，提供超时空、不间断的网络金融服务。

四是充分运用各类互联网平台开展网络营销，实现与客户之间的开放交互式接触，及时高效地满足客户需求，增强客户黏性。积极融入互联网金融生态圈，合理把握与第三方支付机构、移动运营商等参与方的竞合关系，实现优势互补。网络化组织架构，实现无边界合作；整合线上线下业务相关的组织架构、信息系统、制度流程和运营平台，实现从传统线下组织向线上线下相融合的集成性组织转变。

3. 注重数据积累、挖掘和保护

在电子商务交易量与日俱增的今天，应加强数据积累和挖掘。数据将是未来银行的核心竞争力之一。商业银行应将大数据体系和信息化银行建设作为未来创新发展的一项重要任务，重点关注在大数据背景下如何建设信息化银行，利用海量的结构化、非结构化数据，通过集中、整合、挖掘、共享，来进一步发挥好信息的价值和创造力。

一是银行有管理地开放客户信息和交易数据，与海关、工商、税务等部门共享、互换数据，完善银行自身的数据库；还需加强与互联网金融企业的数据交流合作，充分利用双方各自的数据优势，做好数据搜集和积累。

二是大数据、云计算等技术为银行进一步洞察客户，甚至预测市场创造了可能。构建银行数据服务体系并深度挖掘，不断适应并创造客户需求，增强客户黏合度，做到"比客户更了解客户"，拉近银行与客户之间的业务关系。

三是加强自律，严格遵守法律，坚持职业操守，严守客户的个人信息。在大数据时代，不能掌握信息数据就面临着被市场淘汰。因此，商业银行要想最终形成大数据，就得掌握信息流、把控数据的来源，组建并创新电子商务平台，才不致被互联网企业颠覆。

4. 推进与战略伙伴的深度合作，搭建一站式金融服务平台

面对影响和冲击，单凭某一个行业的发展创新是无法与互联网金融相抗衡的，因此商业银行目前最明智的做法就是在竞争中求合作，达成双赢。推进同业连接和跨业对接，创新商业服务模式。

未来商业银行的发展不仅应实现同业连接，即向客户提供多元化的金融产品组合，更应该实现跨业对接，突出金融与非金融的"一站式"服务，也就是说银行的服务外延应从金融领域向非金融领域拓展，为客户提供全能型的服务。

首先，银行依托平台提供的实时交易动态和信用记录信息，将资金流与信息流加以匹配和管控，降低银行的交易成本，实现对风险的有效控制。

其次，整合上下游资源，打通全流程的业务链条，为客户提供资金流、信息流服务以及全场景金融解决方案。联合打造中小企业在线融资平台，发掘新客户群；摆脱单靠物理网点的扩张以及人海战术来拓展业务的局面。

最后，借鉴电子商务平台的经验，依托核心商务平台，实现与客户深度的基础性绑定。商业银行可以联合小贷、担保、租赁、基金、证券等金融服务商，形成金融服务联盟，与客户群实现联动和融合。

5. 在发展互联网金融的同时加强风险控制

尽管互联网金融具有业务效率高、成本低，网络覆盖面广，时间、空间限制小等明显优势，但其面临的风险也是十分明显的。

首先，前期投入规模大，商业模式不确定，技术和市场变化很快。互联网的技术日新月异，例如微信很快替代了短信，而不久易信推出，对微信又构成很大的影响，所以在这些方面还有很多不确定因素。

其次，网络安全、系统稳定和客户信息的保密以及流动性管理等对互联网金融提出了更高的要求。因此，在发展互联网金融的过程中，选准商业模式，控制商业风险，符合监管要求和提高自控能力，对银行业都显得尤为重要。商业银行在应对其影响的同时要加强风险控制，具体有以下三点。

一是对现行金融法律体系进行修正和完善，给予互联网金融以合法地位，对市场准入、业务范围、违规处罚、退出机制以及互联网金融消费者权益保护等方面作出界定。

二是进行适度的监管，实时监管，既包容扶持创新，又确保监管到位，为互联网金融健康发展提供制度保障和宽松的政策环境。

三是研究互联网金融对传统金融产业的颠覆性影响，以及对货币政策调控、金融稳定的影响机制和路径，优化和调整宏观调控手段。

> 耐心等待确定信号的出现，避免高风险的模糊不清阶段的盲目投资。
>
> ——伯妮斯·科恩

本章主要介绍银行债务风险，分别从形成银行债务风险的原因，金融资产管理公司的背景和意义以及银行的创新三个方面来讲述。通过以上内容，相信读者会对银行债务风险有一定的了解。

第三章

金融创新

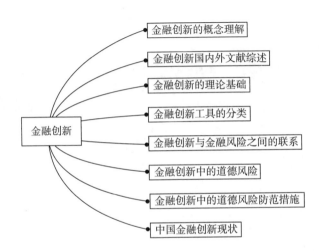

一 金融创新的概念理解

金融创新定义虽然大多源于熊彼特经济创新的概念，但各个定义的内涵差异较大，总括起来对于金融创新的理解无外乎有三个层面。

1. 宏观层面的金融创新

将金融创新与金融史上的重大历史变革等同起来，认为整个金融业的发展史就是一部不断创新的历史，金融业的每项重大发展都离不开金融创新。

从这个层面上理解金融创新有如下特点：金融创新的时间跨度长，将整个货币信用的发展史视为金融创新史，金融发展史上的每一次重大突破都视为金融创新；金融创新涉及的范围相当广泛，不仅包括金融技术的创新，金融市场的创新，金融服务、产品的创新，金融企业组织和管理方式的创新，金融服务业结构上的创新，而且还包括现代银行业产生以来有关银行业务，银行支付和清算体系，银行的资产负债管理乃至金融机构、金融市场、金融体系、国际货币制度等方面的历次变革。如此长的历史跨度和如此广的研究空间使得金融创新研究可望而不可即。

2. 中观层面的金融创新

指 20 世纪 50 年代末 60 年代初以后，金融机构特别是银行中介功能的变化，可以分为技术创新、产品创新以及制度创新。技术创新是指制造新产品时，采用新的生产要素或重新组合要素、生产方法，管理系统的过程。产品创新是指产品的供给方生产比传统产品性能更好、质量更优的新产品的过程。制度创新则是指一个系统的形成和功能发生了变化，而使系统效率有所提高的过程。从这个层面上，可将金融创新定义为，是政府或金融当局和金融机构为适应经济环境的变化和在金融过程中的内部矛盾运动，防止或转移经营风险和降低成本，为更好地实现流动性、安全性和营利性目标而逐步改变金融中介功能，创造和组合一个新的高效率的资金营运方式或营运体系的过程。中观层次的金融创新概念不仅把研究的时间限制在 20 世纪 60 年代以后，而且研究对象也有明确的内涵。因此，大多数关于金融创新理论的研究均采用此概念。

3. 微观层面的金融创新

仅指金融工具的创新。大致可分为四种类型：信用创新型，如用短期信用来实现中期信用，以及分散投资者独家承担贷款风险的票据发行便利等；风险转移创新型，它包括能在各经济机构之间相互转移金融工具内在风险的各种新工具，如货币互换、利率互换等；增加流动创新型，它包括能使原有的金融工具提高变现能力和可转换性的新金融工具，如长期贷款的证券化等；股权创造创新型，它包括使债权变为股权的各种新金融工具，如附有股权认购书的债券等。

我国学者对此的定义为：金融创新是指金融内部通过各种要素的重新组合和创造性变革所创造或引进的新事物。并认为金融创新大致可归为三类：①金融制度创新；②金融业务创新；③金融组织创新。

从思维层次上看，"创新"有三层含义。①原创性，思想的跃进，如第一份期权合约的产生；②整合性，将已有观念的重新理解和运用，如期货合约的产生；③组合性，如蝶式期权的产生。

金融创新，是变更现有的金融体制和增加新的金融工具，以获取现有的金融体制和金融工具所无法取得的潜在利润，它是一个为盈利动机所推动、缓慢进行、持续不断的发展过程。众所周知，事物的发展是离不开创新的，创新是发展的第一动力，在金融领域更是离不开金融创新的存在，而在当前的中国金融领域更是离不开金融创新的发挥，党的十九大提出的"五位一体"总体布局中的经济布局与此正是不谋而合，在过去的党的十九大中提出了统筹推进"五位一体"总体布局的观点，其中经济布局正是坚持创新发展理念。

二 金融创新国内外文献综述

1. 国外文献综述

在国外，金融创新的理论大多是基于约瑟夫·熊彼特的理论，在他撰写的《经济发展理论》一书中，认为创新是经济发展的原因，而金融创新是通过建立有关金融创新的相关函数，通过改变函数的变量来寻找可以提高效率的方法，在他的理论中将创新分为五类：产品创新、生产手段和方法的创新、新市场的创建、产品要素的改变以及重新组合和新的组织制度。

国外许多著名的经济学家也对金融创新进行了研究，弗里德曼认为，金融市场上之所以能一直有各种各样层出不穷的创新，是因为国际货币政策不断地更新和改革，使这种创新可以被大范围地应用。西伯尔从另一个角度讨论了这个问题，不同于弗里德曼从宏观的角度观察，西伯尔从微观的层面探讨了金融创新，虽然从这个方面分析是与众不同的，但也有一定的代表性。这个层面的分析相较于宏观层面的分析来说还是过于狭窄，不能描述微观层面如企业方面的金融创新能对整个社会和市场带来的影响。1986 年发布的《近期国际银行业的创新》报告从一个比较微观的角度对金融创新进行了分类，将其分为两个方面，一方面是指对金融工具进行创新，是一种比较狭义的定义；另一方面描述了金融创新的发展方向，主要是通过三种工具：全球化、表外业务以及资产证券化。利用这些工具可以使金融产品的创新更进一步。《近期国际银行业的创新》总结了 20 世纪 70 年代之前对金融创新的相关定义，重新归总了关于金融创新的含义。这个新的定义以创新本身为出发点，描述了在创新的这个过程中，为了实现某种目的，根据不同金融产品的特征，进行创新的过程，在这里主要强调了过程二字。艾伦和格尔（Allen and Gale，1991）提出一种新的观点，他们认为金融创新是为了防范金融市场上出现的各种风险而出现的，金融市场上会出现各种波动，金融创新可以降低诸如利率波动等带来的风险。威廉（Wilhelm，2002）从技术的角度分析了因为先进技术的出现，比如互联网等的发展，在这种技术支持下产生的新的管理方式，相关的机构和交易者为了适应这种新的方式，就会进行创新。

关于金融创新与社会经济之间的关系，国外学者也进行了很多相关研究。塔德塞（Tadese，2006）提出了一个问题，一个经济体的经济增长的长期决定因素是受政府政策的影响比较大还是受市场本身的影响比较大，为了解决这个问题，塔德塞运用了不同国家的相关数据，并且分析在这些数据中，两者相比哪一种的影响力比较大，最后得出的研究结果说明，政府的相关政策对经济和创新活动有明显的影响，而市场的作用在于对相关产业的革新有促进作用，它的影响程度没有政策的影响度高。从国外学者的观点可以看出，他们对于金融创新的描述都是在熊彼特的相关框架下进行的，而且都结合了实证分析，都证明了金融创新确实对经济增长有促进作用，这些研究大多通过了宏微观两个方面进行探讨，是十分可靠的依据。

2. 国内文献综述

国内很多学者对金融创新进行研究。陈岱孙和厉以宁（1992）通过研究创新的定义，来描述和规定金融创新的边界，他们认为金融创新是不同要素之间建立的函数关系，而这个函数的目的是确定怎样的创新可以实现利润最大化。饶余庆（1987）研究了金融的发展经过，这个发展过程中就会有创新，比如银行的出现，最初的银行是类似银号的形式，经过社会的不断进步，演变为现今的商业银行，而最初的银票也发展成为现在的票据，这种演变就是金融创新的过程，所以金融创新往往伴随着科技或社会的进步。生柳荣（2000）认为，这种创新是行业内部的一种活动，是相关的参与者为了维护自身的利益，而更新改变相关的规则和管理的方式，使之更加符合行业的利益，所以他认为的金融创新更多的是内部关于制度的创新。朱淑珍（2002）的研究中认为不能用一种简单的定义或者是一个方面来描述金融创新这个多层次的定义，一种简单的模型更不足以描述整个运转的方式，所以最近几年关于金融创新的相关研究已经向自演化理论上面发展了。韩国文（2004）就是从这个方向进行的研究，但在他的研究中并未构建一个关于演化的运作结构。人们发现系统学的相关方法可以作为研究这些问题的突破口。彭慧娟（2011）选择了三个变量来描述金融创新的实质，包括驱动力、条件和路径选择，这三个条件构成一个关于演化的模型。从上面这些代表的文献可以看出，虽然已经有很多学者在做演化方面的探索，但他们的共同特点是没有相关的实例或者是模型进行佐证，这就导致了国内相关的研究缺少实证的支持而无法建立一套全面科学的体系。同时可以发现，一些较早的研究一般停留在比较单一的方面上，比如只关心定义，或者只关心科技因素等，并不是从一个多维多元的角度来分析问题。比较近的文章也大多是从社会的微观层面进行研究，这就导致大家不了解金融创新和宏观社会以及经济之间的关系，使得他们之间的联系的相关观点有很大的分歧，甚至会持有截然相反的结论。

李茂生在他的研究中认为金融创新可以帮助金融机构或者监管机构创新和改变过去的制度，在另一个方面它也促进了经济的发展。施建准（2005）也对金融创新和经济增长之间的关系进行了描述，他同样认为二者之间呈正相关关系，一些创新的机制和行为，可以完善社会机制，使社会系统和金融系统更有效率地运行，进而促进国家经济的发展。喻平（2004）分析了两者之间的传导机制，即金融创新是如何干预社会经济的，他认为不是所有的金融创新都可以促进经济增长，只有当资本积累到了一定的程度才可以帮助经济继续增长。同年郭帅的研究使两者之间的关系不仅停留在了理论方面，他是通过实证分析证明了两者之间的关系。创新就是创造力，吴敬琏（2006）的研究发现，金融创新可以给国家的发展带来驱动力，越是多维度、多方面的金融创新，就越能为国家的经济发展提供持久的动力。孙竹（2007）的研究中运用了准确的模型来描述这二者之间的关系，运用的方法主要是系统动力学的方法，通过收集长江三角洲地区的经济数据和金融创新的相关数据作为分析基础，对比两者之间的增长关系，得出的结论发现金融创新对经济增长的促进作用是呈指数型上升的，说明这个促进的效果是比较明显的。赵喜仓（2008）利用 Granger Causal Relation Test 的方法验证了两者之间有因果关系，又用了第二种模型来证明两者之间的关系，金融创新通过完善社会的金融制度，使之运作得更有效率，才会使经济增长。周伯成和苏恩宇（2012）从另外的角度分析二者之间的关系，比如企业在融资的过程中，金融创新提供了更多的得到资金的渠道，节约了融资的成本，使社会的运作方式更加合理。段世德（2013）的研究发现，金融创新不是一个可以立即完成的事情，它是一个循序渐进的过程，监管机构要根据实际情况，不断对已有的政策进行调整，最后发展成为一个完备的体系。卫平（2015）研究了工业发展和金融创新的关系，证明后者确实可以促进前者的发展。

三　金融创新的理论基础

1. 西尔柏的约束诱导型金融创新理论

美国著名的经济和金融学家威廉·L. 西尔柏在 1983 年 5 月发表了"金融创新的发展"一文，详述了金融创新的动因，并用直线程度模型加以说明。他认为金融创新是追求利润最大化的微观金融组织，为消除或减轻外部对其产生的金融压制而采取的"自卫"行为。西尔柏认为，金融压制来自两个方面，其一是外部约束，主要是政府等监管机构的管制；其二是内部约束，即金融企业制定的利润目标、增长率、资产比率等。这两个方面的金融压制，特别是外部条件发生变化而产生金融压制时，实行最优化管理和追求利润最大化的金融企业将会从机会成本角度和金融企业管理影子价格与实际价格的区别来寻求最大程度的金融创新。西尔柏的理论是利用微观经济学从企业行为分析入手，主要侧重于金融企业与市场拓展相关联的金融工具创新和金融交易创新，解释金融企业的"逆境创新"，而对与金融企业相关的市场创新，以及由于宏观经济环境变化而引发的金融创新皆不适应。事实上，金融创新并非金融企业的孤立行为，金融创新是经济活动在金融领域内各种要素重新组合的反映。要使各种创新稳定下来，实现规范化、合理化，还需要制度创新做保障，而制度创新并不是指完善原来的制度，而是一种在市场规避型创新之前，顺应金融体系发展的客观需要，从无到有地形成新的制度内容乃至整体的制度体系。要求政府放弃以往对金融过程过多干预的政策，转而实施一种较为宽松的制度。如果说金融市场创新是对制度安排的规避，那么紧随其后的制度创新则是对市场创新的宽容和放纵。这是一种自发行为和自觉安排之间的辩证关系。

2. 凯恩的规避型金融创新理论

这一理论是由美国经济学家凯恩（Kane）于 1984 年提出来的。所谓规避，就是指对各种规章制度的限制性措施实行回避。规避创新就是指回避各种金融管制的行为。它意味着当外在市场力量和市场机制与机构内在要求相结合，回避各种金融控制和规章制度时就产生了金融创新行为。实际上，规避已经被认为是合法的了。由此，凯恩设计了一个制定规章制度的框架，在这个框架中，制订经济规章制度的程序和被管制人规避的过程是相互适用和相互作用的，通过这样一个互动过程，形成了比较成熟和切实可行的规章制度。对金融的控制和因此产生的规避行为是以辩证形式出现的，从金融机构和政府的决策角度看，则可认为是自由与管制的博弈。为了获得最大化的利润，金融企业在运行过程中会通过创新来逃避政府的管制，但当金融创新危及金融制度稳定时，政府又会加强管制，这种管制将导致新的一轮创新。因此，金融制度的静态均衡几乎是不存在的，管制和规避引起的创新总是不断交替，形成一个动态的博弈过程。凯恩的理论比西尔柏的理论涵盖更广泛，更重视外部环境对金融创新的影响，他不仅考虑了市场创新的起因，而且还研究了制度创新过程以及二者的动态过程，把市场创新和制度创新看作相对独立的经济力量与政治力量不断斗争的过程和结果。但规避理论似乎太绝对和抽象化地把规避和创新逻辑联系在一起，与现实有一定差距，这主要表现为凯恩内心所设想的制度创新是管制型发展，而现实却是制度创新一直主要向以自由放任为基调的市场创新退让。

3. 希克斯和尼汉斯的交易成本创新理论

希克斯（Hicks）和尼汉斯（Niehans）提出的金融创新理论的基本命题为"金融创新的支配因素是降低交易成本"。这个命题有两层含义：降低交易成本是金融创新的首要动机，交易成本的高低决定金融业务和金融工具是否具有实际意义；金融创新实质上是对科技进步导致交易成本降低的反应。希克斯把交易成本和货币需求与金融创新联系起来考虑，认为：交易成本是作用于货币需求的一个重要因素，不同的需求产生对不同类型金融工具的要求，交易成本高低使经济个体对需求预期发生变化；交易成本降低的发展趋势使货币向更为高级的形式演变和发展，产生新的交换媒介、新的金融工具；不断降低交易成本就会刺激金融创新，改善金融服务。交易成本理论把金融创新的源泉完全归因于金融微观经济结构变化引起的交易成本下降，这未免太简单化了。因为金融交易成本的下降并非完全由科技进步引起，还有其他诸如竞争、外部经济环境的变化等因素。

4. 金融深化理论

金融深化亦称"金融自由化"，是美国学者肖（Shaw）在《经济发展中的金融深化》中倡导的一种理论。他认为，发展中国家要想使经济得到发展，就应重视金融对国民经济的影响，发挥金融对经济增长的促进作用，放弃他们所奉行的"金融压制"政策，实行"金融深化"或"金融自由化"。这要求国家放弃对金融体系和金融市场过分的行政干预，放开利率和汇率，让其充分地反映资金和外汇的实际供求情况，充分发挥市场机制的调节作用，有效地控制通货膨胀。

5. 制度学派的金融创新理论

制度学派对金融创新的研究较多，以戴维斯（Davies）、诺斯（North）、沃利斯（Wallis）等为代表。这种金融创新理论认为，作为制度创新的一部分，金融创新是一种与经济制度互为影响、互为因果的制度变革。基于这种观点，金融体系的任何因制度改革的变动都可视为金融创新。因此，政府行为的变化会引起金融制度的变迁，如政府要求金融稳定和防止收入分配不均等而采取的金融改革，虽然是以建立新的规章制度为明显特征，但这种制度变化本身并非"金融压制"，而是含有创新的成分。比如 1919 年美国联邦储蓄体系和 1934 年存款保险制度的建立，它们都是作为政府当局稳定金融体系而采取的有力措施，它们虽然是金融管制的一部分，但也可以认为是金融制度创新行为——金融监管制度创新。

其他金融创新理论还有格林（Green）和海伍德（Haywood）的财富增长说、格利（Gurley）和肖（Shaw）的金融中介说等。以上理论大多主要侧重金融实务而非金融制度，而且创新诱因也都主要针对微观主体而言。而金融制度创新的一个突出特点是，它在很大程度上是由政府或金融当局推进的，尽管许多制度创新的需求来自微观金融主体，至少就外在制度或非隐性制度的创新而言是这样的。因此，作为涉及金融整体运行，推动主体较为特殊的金融制度创新，就不能简单地主要基于微观层面对其诱因加以分析和概括。

6. 理性预期理论

理性预期学派是从货币学派分离出来的一个新兴经济学流派，最早提出理性预期思想的是美国经济学家约翰·穆斯。20 世纪 70 年代初，卢卡斯正式提出了理性预期理论。

理性预期（Rational Expectations），或者理性预期假说，又译为合理预期（Rational Expectation Hypothesis）。理性预期因在经济分析中假定经济行为的主体对未来事件的"预期"是合乎理性的而得名。理性预期指针对某个经济现象（例如市场价格）进行预期的时候提出，如果人们是理性的，那么他们会最大限度地充分利用所得到的信息来做出行动而不会犯系统性的错误。因此，平均地来说，人们的预期应该是准确的。

所谓"预期"就是从事经济活动的主体（如个人、企业等）在决定其当前的行动以前，对未来的经济形势或经济变动所做的一种估计。而"理性预期"则是当人们的预期符合实际上发生的事实时的情形。很显然，公众要进行预期就离不开有关的信息，这种信息不仅包括了历史的统计资料，而且也包含对有关经济变量因果关系的判断等知识。

卢卡斯指出，人们在预期即将发生的经济变动时，总是倾向于从自身的利益出发。根据已获得的所有信息，做出合理而明智的反应。理性预期学派关心的就是公众的这一反应对政府政策效力的影响，并认为政策的制定者不能无视这种影响。否则，政策的目标不仅实现不了，而且有时还会引发政府事先无法预料，事后又难以控制的局面。例如，1988 年中国"抢购风"的形成就主要是因为公众普遍地形成了通货膨胀的预期，这种"人人预防、人人自保"的社会心理在通胀时期，就会如大堤决口一样势不可当，于是当时制定的"价税联动方案"等价格改革措施，尚未出台便胎死腹中。这个让人记忆犹新的事件经常被中国的经济学家们用来强调公众预期的重要性，它深刻地揭示出经济政策的效力，除去政策本身应符合经济运行的实际需要以外，还必须注意到公众对经济变动的预期及其反应。

四　金融创新工具的分类

金融创新工具大致可以归纳为以下几类。

1. 所有权凭证

所有权凭证是产生占有或控制某物的法律权力的全部证据。所有权（Ownership）是人类社会特有的一种制度。一个民族如果不知所有权为何物，或在其制度安排中仅给予所有权以次要地位，而且如果它认为，"我的和你的"只不过意味着"当下你我所持有的"，那么这个民族就生活在一个与我们的世界不同的世界里。为了弄明白他们的世界为什么会不一样，为了评价以"公共管理"取代"所有权"的这一模糊设想或所有权在 20 世纪重要性已下降、特征已发生变化这一模糊要求的可能合理性，我们首先要对"所有权是什么"有一个清晰的概念。

凭证又称会计凭证，是指能够用来证明经济业务事项发生、明确经济责任并据以登记账簿、具有法律效力的书面证明。它可以分为两大类：原始凭证和记账凭证。所谓原始凭证，又称单据，是在经济业务事项发生或者完成时填写的，用来证明经济业务事项已经发生或者完成，以明确经济责任并用作记账原始依据的一种凭证，它是进行会计核算的重要资料。所谓记账凭证，是指会计人员根据审核无误的原始凭证及有关资料，按照经济业务事项的内容和性质加以归类，并确定会计分录，作为登记会计账簿依据的会计凭证。在整个会计核算过程中，会计凭证是第一个关口，如果使用的凭证是虚假的或者是不合法的，那么整个会计核算就不可能是真实的。

股票是所有权的代表。传统的股票主要有普通股和优先股。由于创新出现了许多变种。以优先股为例，有可转换可调节优先股、可转换可交换优先股、再买卖优先股、可累积优先股、可调节股息率优先股、拍卖式股息率优先股等。

2. 融资工具

融资工具是指在融资过程中产生的证明债权债务关系的凭证。早期的信用是利用口头承诺的方式进行的，这种口头承诺局限性很大，毁约风险也大，于是人们通过书面证明来确认双方的信用关系。它记载着融资活动的金额、期限、价格（或利息）等，对债权债务双方具有法律约束效力。这种书面凭证反映了一定的信用关系，融通了贷借双方的货币余缺，因此融资工具也可称为"信用工具"或"金融工具"。债务工具对借款人来说是债务凭证，对放款者来讲是债权凭证。最早的债务工具是借据，紧接着出现的是商业票据，以后又出现了银行票据和企业，政府发行的各种债券。由于创新，债务工具又发生了许多新变化。就个人债务工具而言，其变种主要表现有信用卡、可转让提效单账户、可变或可调节利率抵押、可转换抵押、可变人寿保险等。

3. 股权账户等

股权账户是指根据公司及其股东委托为公司股东建立的，用于准确记载股东持有的公司股权的种类、名称、数量及其相应权益变动情况的账户。就企业而言就更多，主要表现为以下几类。

①可调节的利率有：浮动利率票据、利率重订票据、可调节利率、可转换债券、零息票可转换债券。

②可变期限的有：可展期票据、可卖出可展期票据、可变期限票据、可卖出可调节清偿债务。

③可以外国通货标值的有：外国通货标值债券、双重通货标值债券、欧洲通货债券。

④可担保的债务有：以抵押为后盾债券、以应收项目为后盾债券、以不动产为后盾债券、有附属担保品抵押债券。

4. 金融衍生品

金融衍生品（Derivatives），是指一种金融合约，其价值取决于一种或多种基础资产或指数，合约的基本种类包括远期、期货、掉期（互换）和期权。金融衍生品还包括具有远期、期货、掉期（互换）和期权中一种或多种特征的混合金融工具。

这种合约可以是标准化的，也可以是非标准化的。标准化合约是指其标的物（基础资产）的交易价格、交易时间、资产特征、交易方式等都是事先标准化的，因此，此类合约大多在交易所上市交易，如期货。非标准化合约是指以上各项由交易的双方自行约定，因此具有很强的灵活性，比如远期协议。

金融衍生产品是与金融相关的派生物，通常是指从原生资产派生出来的金融工具。其共同特征是保证金交易，即只要支付一定比例的保证金就可进行全额交易，不需实际上的本金转移，合约的了结一般也采用现金差价结算的方式进行，只有在满期日以实物交割方式履约的合约才需要买方交足贷款。因此，金融衍生产品交易具有杠杆效应。保证金越低，杠杆效应越大，风险也就越大。

最传统的金融产品是商业票据、银行票据等。由于创新，在此基础上派生出许多具有新的价值的金融产品或金融工具，如期货合同、期权合同互换及远期协议合同。远期合同和期货近几年又有新的创新，具体表现在：远期利率协议、利率期货、外国通货期货、股票指数期货等。目前最新的杰作则为欧洲利率期货、远期外汇协议，前者为不同通货的短期利率保值，后者为率差变动保值。

5. 组合金融工具

组合金融工具是指对种类不同的两重以上（含两重）的金融工具进行组合，使其成为一种新的金融工具。组合金融工具横跨多个金融市场，在多个市场中，只要有两个市场或两个以上市场的产品结合，就能创造出一种综合产品或一种组合工具，如可转换债券、股票期权、定期美元固定利率等，都是组合金融工具。其他衍生金融工具还有票据发行便利、备用信用证、贷款承诺等。

中国商业银行金融衍生工具的创新出现相对较晚，这一方面与中国金融体系还在发展完善过程之中，现代商业银行成立的历史还不长有关；另一方面，中国的利率和汇率价格在相当长的时期内市场化程度不高，甚至受到较为严厉的直接管制，这制约了利率和汇率相关衍生工具的金融创新。2004 年，中国先后扩大了金融机构贷款利率浮动区间，实施再贷款浮动利率，并放开了贷款利率上限；2005 年 3 月，中国金融机构同业存款利率完全放开；2007 年 1 月，上海银行间同业拆放利率（Shibor）正式运营，中国利率市场化进一步加速。在汇率市场化方面，2005 年中国开始以市场供求为基础，以一篮子货币汇率作为参考，实施有管理的浮动汇率制度；同年 9 月，人民币即期汇率浮动幅度增加；2006 年 1 月，询价交易方式和做市商制度得以引入。2016 年 10 月 1 日，人民币正式纳入国际货币基金组织特别提款权（SDR）货币篮子，权重 10.92%，位列第三，人民币国际化和汇率市场化进程进一步加速。同一时期，随着经济发展，中国对外贸易和对外投资迅速增长，无论是商业银行客户还是银行自身对汇率和利率衍生工具的需求都与日俱增。在这样的背景之下，一系列利率和汇率衍生工具创新，如债券远期交易、人民币利率互换、远期外汇交易、人民币对外币掉期和远期利率协议等，于 2005 年在中国商业银行中开始涌现。这些创新衍生工具在中国商业银行间发展迅速，例如债券远期交易业务自 2005 年推出以来，交易笔数与交易量迅速攀升，在 2009 年达到最高值 6556.4 亿元；利率互换交易自诞生以来，呈现持续增长态势，到 2013 年末，交易量已达到 27278 亿元。金融衍生工具的创新不仅为用户和商业银行提供了风险规避或风险管理工具，还为商业银行增加了中间业务收入，金融衍生工具的合理适度创新有利于中国商业银行绩效的提升。

中国商业银行金融创新发展历程经历了两个阶段，金融创新范畴从早期的金融产品创新与金融服务创新，扩展到衍生金融工具创新和筹资方式创新等新领域。分析表明，目前我国商业银行金融创新通常由外部因素驱动，商业银行主动创新动力不足，金融创新范畴相对集中，金融工具创新较为单一，金融创新投入不足，创新能力有待进一步加强。

商业银行利用内部金融资源进行的创新活动主要体现在金融产品创新、金融服务创新、金融衍生工具创新和筹资方式创新等方面。中国商业银行金融创新兴起于20世纪90年代末和21世纪初，早期的金融创新集中于产品创新和服务创新；2005年前后，中国商业银行金融创新扩展到金融衍生工具创新和筹资方式创新领域。到目前为止，中国商业银行领域内的金融创新出现了两次迅速发展时期。第一个时期是2000~2005年前后，随着商业银行体系的完善，中国对商业银行的金融监管逐渐加强；同一时期，中国根据世界贸易组织协议，逐步开放了商业银行市场，银行之间的竞争进一步加强；在竞争和监管的双重外力驱动下，中国商业银行的金融产品创新、服务创新和衍生工具创新不断涌现。第二个时期是2001年前后至今，一方面，随着中国利率市场化进程加速，金融脱媒趋势日益加剧，商业银行金融创新意愿逐年加强；另一方面，技术进步，特别是信息技术的进步为商业银行开展金融创新提供了技术支持，但同时也使商业银行面临业外创新的挑战，因此，中国商业银行必须通过加强金融创新能力来应对这种竞争态势。

我国商业银行主要应对措施有以下几种。

①金融产品创新：我国商业银行的金融产品创新主要包括信贷产品创新、存款产品创新、理财产品创新等。

②金融服务创新：金融服务创新也是商业银行重要的创新组成部分，往往与金融产品的创新相辅相成，多数成功的金融产品创新往往离不开金融服务创新的支持。用户需求、竞争加剧和技术进步推动，是商业银行金融服务创新的三个主要驱动因素。

③金融衍生工具创新：中国商业银行金融衍生工具创新出现相

对较晚，这一方面与中国金融体系还在发展完善过程之中，现代商业银行成立的历史还不长有关；另一方面，中国的利率和汇率价格在相当长的时期内市场化程度不高，甚至受到较为严厉的直接管制，这制约了利率和汇率相关衍生工具的金融创新。

④筹资方式创新：随着金融监管机构对资本监管要求日趋严厉，资本市场融资成本增加，商业银行经营规模的扩张和对外部融资的需求也逐渐迫切，融资方式的创新对于中国商业银行外部融资的重要性逐渐显现。

目前我国商业银行金融创新通常是由金融脱媒、市场竞争、外部压力、金融监管、经济环境、技术变革等外部因素驱动，商业银行主动创新动力不足，金融创新范畴相对集中，金融工具创新较为单一，金融创新投入不足，创新能力有待进一步加强。

互联网技术的发展，为我国金融市场提供了新的发展契机，线上化的金融创新模式受到了投资者的青睐，呈现蓬勃的发展态势，在一定程度上对传统金融模式的发展带来了强烈的冲击。从本质上来看，互联网金融是金融创新模式，在"互联网＋"的时代背景下，更能够符合现代市场的发展行情。从 20 世纪 80 年代开始，计算机信息技术开始逐渐走进金融行业，一定程度上推动了金融业务的技术化与信息化，并推动了金融创新的发展。当时金融创新业务的发展已经开始出现并逐渐为人们所接受，电子货币的出现让金融市场的发展不再受制于传统模式，打破了纸币交易的束缚与不安全性，同时拓宽了金融服务领域，在金融创新的基础上提高服务的质量。

互联网金融是指传统的金融企业和非传统的金融企业，利用网络和信息技术来对整个社会提供一些融资、支付、投资、理财、资产抵押、资金管理等一系列的金融产品。包括了 P2P、小额贷款、众筹、在线支付、理财保险、在线私募及资金管理、智能投顾等丰富多彩的产品体系。我国的互联网经济在融资创新方面主要是根据互联网借贷的平台进行发展，而广义的互联网借贷平台主要划分成B2B、B2C、P2P 三种形式。以阿里巴巴为代表的支付宝和以腾讯为代表的微信这两大移动支付平台正是如今互联网金融工具创新的最好代表。通过一张张二维码使得货币在人们手中快速便捷地爆炸式传播，为我国金融创新注入了崭新的活力。而除了支付宝与微信这两大平台之外，滴滴、Uber 等的打车软件大战除了让人们看到互联网产品的潜力外还意识到了其背后的金融支撑。而在证券市场，百度也有百发指数等产品，让人们看到其利用大数据的能力来预测市场的可能。而各类理财产品，金额不断增加，冲击着传统银行的市场份额。各大银行也纷纷转型，成立互联网银行。腾讯的微众银行便是国内首家互联网银行。P2P 贷款虽然带来了一定的风险，但是其发展规模越来越大，成为上千亿的市场体量。而各种钱包、在线贷款平台、口袋银行等产品也充斥着人们的日常生活。

五 金融创新与金融风险之间的联系

伴随着市场金融体制的变化，众多的金融产品以及产品服务变得更加细化。虽然在这种趋势的带动下金融行业的发展机遇增多，但是不可避免的是有机遇也会有风险。与此同时，基于形势去进行创新，那么不可避免地使行业产生较多的风险问题。有风险不可怕，可怕的是置风险于不顾。因此，正确地处理好创新与风险之间的关系，能够提升行业发展的稳定性，反之则会对金融市场的稳定性造成比较大的影响和波动。由于金融市场在创新的过程中，比较重视对金融产品的优化以及其他方面的改进，进而减少了对风险管理的投入力度，或者没有及时更新相应的风险管理机制，导致风险的漏洞不断被扩大，并且这在一定程度上制约着金融行业的发展。

目前我国金融市场上存在的风险主要有以下三点。

①金融风险管理体制不健全，不能及时规避风险。

②金融风险管理理念不新颖，不能正确看待风险。

③金融产品和服务种类繁多，不能更好地保障安全。

我们可以从金融创新的角度来看待与解决这些问题。首先，我们要完善金融市场创新机制，在现有金融发展体制中为金融创新留有一席之地，在优化现有金融市场创新机制的同时，用以约束、引导、管理金融创新，使其能有效地规避金融风险，提高该产业创新能力。基于此，金融市场创新机制可从以下两个方面展开完善方略探究，用以控制金融风险。一方面对外完善金融创新机制。金融创新发展需要良好的外部环境，使人们更为认可金融市场，为更多潜在客户进入金融市场，购买新型金融理财产品，助力该行业创新发展营建良好氛围，对外应建立富有体系化的金融创新风险控制机制。另一方面我们要建设信息透明、以保护消费者利益为核心的金融市场环境，提升互联网金融行业的透明度，实现财务数据和风险信息的强制披露。同时，加强消费者教育和消费者保护，引导消费者厘清互联网金融业务与传统金融业务的区别，提升风险意识。其次，要提升工作人员的工作水平和职业素养，根据当前金融市场缺乏高精尖人才的情况来看，完善金融风险的管理工作，就需要强化金融风险管理人员的专业技能与职业素养。金融企业在进行风险管理工作时，需要定期培训风险管理人员，使用先进的风险管理理念和方法，以促进风险管理人员提高自身的专业技能与职业素养。这样才可以更好地进行金融风险的管理工作，而且需要金融企业领导者对金融风险的管理工作保持高度重视，确保金融风险的管理工作能够落实。

总的来说，金融风险管理与金融创新之间有着紧密且依赖的关系，现阶段金融创新若要实现进一步的发展，就需要在工作过程中紧紧围绕金融管理工作进行。若在工作过程中失去了金融管理的帮助，就会影响金融创新的进一步发展。所以说金融创新是金融风险管理工作的重要基础。金融机构在前进的过程中，需要不断确保金融创新和金融风险管理之间的关系，促进金融机构的长期稳定发展。特别是在现代化不断发展的前提下，对金融机构的管理过程中，需要我国不断提出适应经济发展的相关要求及规定，并且，有关的金融机构要积极通过金融创新来确保金融经济的稳定，保障经济效益的发展和提高，促进金融机构的不断发展和壮大。对于金融市场而言，风险管理与创新是相辅相成的。因为创新，使得金融产品更加丰富多样；因为创新，产品的业务办理更加快捷。假如金融行业不进行创新和改革，那么很有可能会跟不上时代的步伐，相比于风险管理，停滞不前才是最大的风险。其实，风险管理在一定程度上促进了金融产品的创新型发展。而为了给金融市场提供一个相对安全稳定的环境，风险管理也在不断地被强化和改进。虽然创新金融产品的推出是存在一定风险的，但是也要在创新的同时完善风险管理的体制，给用户营造更好的体验环境。

六　金融创新中的道德风险

金融创新存在危机和风险，其中道德风险是风险的重要组成部分，从某种意义来看，道德风险的存在和失控是金融创新的毒药。金融创新的道德风险就是金融机构及从事金融领域工作的精英们为追求自身利益的最大化使创新脱离了道德的轨迹，造成了道德危机，进而危害投资人和金融机构的利益。近些年来，由于追求竞争优势和高额利益，西方国家出现了放宽金融管制与倡导金融领域自由化经营的倾向，如允许各金融机构业务交叉，放松对本国居民和外国居民在投资方面的诸多限制，货币政策宽松、资产证券化和金融衍生产品得到了无节制的发展等，使道德风险不断积聚，最后导致危机的爆发。具体而言，金融创新的道德风险主要有以下几点。

1. 金融创新以规避制度监管为目的，使道德风险失去了有效的制度控制

道德风险首先源自制度管制缺失的风险。按照制度经济学的观点，人是制度化的人，没有好的制度环境，好人也会变为坏人。金融创新的原动力之一就是可以通过创新以突破旧体制的限制。按照凯恩（Kane）的规避型金融创新理论，金融创新就是回避各种金融控制和管理的行为。也就是说，当外在市场力量和市场机制与机构内在要求相结合以规避各种金融控制和规章制度时就产生了金融创新行为。凯恩认为，许多形式的政府管制与控制实质上等于隐含的税收，阻碍了金融业从事已有的营利性活动和利用管制以外的利润机会。因此，金融机构会通过创新来逃避政府的管制。在他看来，金融创新与金融监管是相互博弈均衡的过程。综观 2008 年美国金融危机，根源之一在于现有金融机构通过金融创新，形成了一个完全不同于传统金融体系的"影子银行"体系。其核心是通过一系列金融产品、金融工具、金融市场的创新，突破既有的金融监管体系，以便在这种无监管金融交易中获得最大利润。

对金融监管的规避使败德现象时有发生。例如，利用监管制度的滞后性以及法律的真空地带，滥用金融创新或恶意金融创新；利用金融机构的特殊性，对公众不公开有关金融产品的信息，导致由于信息不对称产生的道德风险等。由于监管制度的不完善，使得金融创新行为乃至不道德行为合法化，从而变相鼓励了某些不道德的金融创新行为。

此外，从金融监管的形式以及金融监管失效的原因看，由政府主导的监管犹有不足之处，它不可能从微观层面来监督和解决所有的问题，法律监管和道德监管就显得尤为重要。美国金融监管机制一直被视为全球的典范，但事实证明并非完美无缺。美国自1929年经济大萧条以来先后经历了自由放任、加强管制、金融创新、加强监管、放松监管等多次转折，其结果还是发生了危机，这与道德机制监督的缺失不无关系。

2. 金融创新引发的金融风险转移，致使投资者承担了道德风险的后果

创新是对未知世界的探求，其根本特征是不确定性和风险性。然而，创新同时又能抵御一定的风险，金融创新的原动力之一是规避金融风险，金融创新的特点是将诸多风险以不同的组合方式再包装，相对于传统金融业务，这种方式更加复杂。它对单个经济主体提供风险保护的同时却将风险转移到了更多的经济主体上，如果经济主体都想转移同一方向的风险时，风险就会集中爆发，给金融体系造成严重危害。

为何以规避风险为目的的金融创新会使风险毫无限制地产生？答案就是能把风险扔给别人。对于金融创新者而言，他们非常清楚并懂得风险的含义，而当他们自己的风险较小或风险能够转移时，因为欲望和贪婪，他们会制造风险，除非他们是有道德的人，或者是受制度约束的人。金融市场的扩大和繁荣靠投资者的数量，金融机构为取得更大的利益、规避投资风险，通过金融创新吸引更多的投资者参与市场，同时也使金融机构的风险转移到投资人身上，致使投资人的利益受到损害。

对于投资人而言，他们的投资行为也是受利益驱使的。他们能接受金融创新并承受道德风险源于对投资收益的预期，在此前提下，

投资者为了获取更高的收益愿意承担风险。当无论是金融创新的主体还是高风险倾向的投资者都追求收益最大化时，就出现了共振和同向效应，这使得金融创新发起者的金融风险的转移成为可能。

3. 金融创新打破了原有的信用体系，使道德风险的防范体系更加脆弱

金融创新导致了银行信用体系的风险。信用风险是交易对方无法履约偿还借款而造成的损失，这既包括金融机构又包括投资者。金融机构既要有信用，又要追求效益和利益，这二者要有平衡，如果追求效益和利益的动机占了上风，就会出现信用危机和道德危机。

制度经济学家凡勃伦提出了金融机构的内在脆弱理论，该理论认为商业银行要发挥作为金融中介的作用必须满足以下两个条件：①储蓄者任何时候都可以提款，对银行充满信心；②银行能够在众多的项目当中筛选出效益较好的项目。这就是说，银行首先要有信用，其次要能提供给投资者盈利的产品。这说明，银行从产生之日起就是与信用紧密相连的，信用是其安身立命之本，而金融产品创新则是银行业竞争的结果。为了吸引更多的资金，银行在监管无效的情况下从事高风险行业，创造出令人眼花缭乱的金融创新产品，创新产品的复杂性、链条的间接性、预期的不确定性以及信息的不对称性，导致了信用的脆弱性和无效性。

美国次贷危机中通过加大融资链条稀释信用度的做法就是例证。次贷危机的起因是资产证券化产品，它们是以商业银行传统的信贷资产作为基础资产的，而证券化之后其影响范围却远远超过了传统的商业银行领域。金融创新使得各种金融机构原有的分工限制日益模糊、交叉，职责难以区分和控制，不受旧的信用体系的约束，大量开展投机业务，以增加利益来源。这些投机行为有很多从传统信用体系评价来看是不正当的。

金融创新还改变了原有的信用承诺体系，使信用度降低，这种创新模式没有保证投资者在分配中获益，失去了应有的承诺和保障，导致投资者的利益无形中受到损害。

在此次危机中，传统存贷业务比重较大的商业银行受到的影响较小，而主要从事资产管理、证券业务的投资银行影响较大，一个重要原因在于投资银行的高负债率和高杠杆交易比率的金融衍生产品，而它们的信用担保是比较脆弱的。

七　金融创新中的道德风险防范措施

从以上的分析可以看出，金融创新所带来的道德风险及负面效应是比较严重的。就我国目前而言，金融创新的势头很猛，虽然没有美国金融创新的自由度大，且监管体系一般比较严格，但道德风险也有不同程度的存在，并且由于不少商业银行和投资银行为追求高额利润，不断推出创新产品和理财产品，使得道德风险问题日益突出。为此，应采取以下措施加以防范。

1. 加强金融监管的有效性，对不道德行为进行外部控制和规范导向

如果假定金融创新是必要的，那么，对金融创新的监管和控制就是解决危机、控制道德风险的主要方法之一。金融监管既能降低金融市场的成本，维持正常合理的金融秩序，又能提升公众对金融业的信心。在受监管的金融创新中，个人和企业通常认为政府会确保金融机构安全，或至少在发生违规时会有支付保障，因而减少了对金融创新道德风险的担忧。

在金融监管的实施中，金融监管的效果无疑是检验金融监管的重要尺度。金融监管的有效性则是控制道德风险的重要条件。金融监管

的有效性在于所有的金融创新行为都必须在监管之下。奥巴马在金融监管改革计划中就极力主张，"所有衍生品合约都将受到监管，所有衍生品交易商也都将受到监管，监管官员将被赋予对市场操纵和滥用行为实施相关规定的权力"。可以说，奥巴马政府金融监管制度改革的成败，就在于能否通过制定监管规则，让无度、无序的金融创新不再出轨，能否通过设定信用扩张的边界，让道德风险的概率降低等。

金融监管措施的制定还要充分体现金融监管的导向作用，这种导向一定要有利于处于弱势一方的投资者利益，有利于培养和鼓励金融创新者的道德行为。我国在金融监管方面推出的一些举措注意到了投资者利益的保护。如银监会把提高商业银行金融创新能力作为一项非常重要的监管工作内容，推出了《商业银行金融创新指引》，于2006年12月11日正式实施。

在保护消费者利益方面提出了很多严格的要求。银监会已经注意到，目前商业银行在创新业务活动中，对消费者利益的保护还不到位。因此，特别强调了充分的信息披露和对客户的尽职责任。商业银行向客户销售创新产品时，风险提示要放在销售合同的显著位置，要帮助客户理解产品的风险特征，确保客户购买到与自身实际需求、风险认知能力和承受能力相匹配的金融产品。

从具体措施来看，实施监管要加强立法和监督，加大对投资者利益的保护；制定措施解决代理人问题；从制度上规范信息披露行为，减少信息不对称带来的道德风险。此外，还要建立金融创新产品的稽核制度，制定金融市场参与者的准入条件，对创新业务实施风险管理等。总之，要把金融监管措施落到实处。

2. 设置信用扩展的边界，加强金融系统的道德责任意识

除外部监管外，银行信用体系的建设对道德风险的控制是十分必要的。金融创新必定会打破旧有信用体系的模式，使原有的一系

列信用体系包括评价体系发生变革。然而，这种变革绝不是以牺牲或稀释对客户的承诺、减轻对消费者的道德义务以及道德责任为代价的。因此，在金融创新的过程中要强化信用担保制度和信誉评价制度，并加强权利与责任意识。

就强化信用担保制度而言，金融创新必须要有确定性的担保和承诺。目前，在衍生金融工具的发展和金融资产证券化的过程中，出现的许多证券形式和融资方式，特别是金融资产证券化而形成的各种虚拟资本，都已游离于物质再生产过程而相对独立化。而金融体系的信用确立归根结底是相信货币资产最终能转化为真实的社会财富，一旦二者脱节，或彼此分离，就会产生模糊、混乱和无序，从而产生信用危机和道德风险。

在次贷通过证券化转为次债的过程中，就存在信用担保危机引发的一系列问题，如过度担保问题，信用增强的手段过于单一问题等。"两房"就是因为隐性的国家担保，误导投资者，不清楚自己买的是什么，就把口袋里的钱交给了金融精英们。因此，要确立信用的边界，不能过度和滥用信用担保。

就建立和完善评价体系而言，要切实搞好信用评价体系这个环节。建立良好而公正的信用评价体系可以为金融创新评价起到基础性的作用。信用评级可以为投资者提供及时、有效的信息，减少投资者的信息搜寻成本和决策成本，使投资者给出真实客观的评价，从而使好的创新金融产品得以吸引更多的资金，对金融机构起到外部激励的作用。目前，中国还缺乏完善的金融创新评级制度，这在某种程度上使投资者处于不利的地位，加剧了金融创新者的逆向选择。

就权利与义务的关系而言，在金融创新中要进一步深化和扩展权利与义务的关系。债权与债务实属权利与义务的关系，消费者与银行的关系也是如此。金融创新要强调对投资者的义务。如果以

"买者自负"作为逃避对金融创新产品消费者的保护，就是逃避对投资者的义务和责任。

3. 培养和增强道德自律意识，从自身的内在控制抵御道德风险

监管政策、措施总是滞后的。这就要求除技术控制和监管外，行业自律和职业道德规范成为保证交易市场的公平、公正和公开的重要手段。

要做好内部控制工作，首先是要建立道德自律约束机制。金融创新增加了技术的复杂性，各层面的投资者对风险的认知并不全面，对后果的预估不准确，这容易导致欺骗行为的发生。要求金融系统建立行业自律以规范因过度竞争等引发的投机行为和不道德行为。

其次是决策者要将道德决策贯彻到创新决策中去。金融部门的负责人在金融创新的计划中往往忽视了道德决策的重要性。道德决策就是要将金融创新决策所涉及的利益相关人的利益考虑进去而不是仅仅考虑自身的利益。他应该对采用何种金融工具、拓展什么样的金融产品进行考量。然而，有的金融机构在决策中，或在金融产品的模型设计中没有将道德因素考虑进去。

最后是从业者的职业道德要求。银行开展金融创新活动，应遵守职业道德标准和专业操守，完整履行尽职义务，充分维护金融消费者和投资者的利益。努力避免在销售过程中的欺骗行为，诸如夸大产品收益、掩饰产品风险、误导消费者等，要将信息完整地披露给客户。而投行及华尔街的风险家们只顾通过金融创新取得高薪水、高待遇。这些待遇来源于他们自己制定的创新产品的高价格以及高额手续费，并将风险转移给了广大投资者，将职业道德要求束之高阁。

八　中国金融创新现状

我国的金融创新经过 20 年的发展，也取得了巨大的成绩，主要

体现在以下几个方面。

1. 在组织制度上的创新

建立了统一的中央银行体制，形成了以四家国有商业银行和十多家股份制银行为主体的存款货币银行体系，现在城市信用社改成城市商业银行。建立了多家非银行金融机构和保险机构，放宽了外资银行分支机构和保险的市场进入条件，初步建立了外汇市场，加快了开放步伐。

2. 管理制度的创新

中央银行从纯粹的计划金融管制转变为金融宏观调控，调控方式有计划性，以行政性手段为主的宏观调控向以经济和法律手段为主转变，调控手段上逐步启用存款准备金、公开市场业务等货币政策工具。加快了外汇改革，实现了人民币经常项目下的可兑换。

对金融机构业务管制有所放松，各专业银行可以开办城乡人民币、外汇等多种业务，公平竞争；企业和银行可以双向选择。对信贷资金的管理采取"切块管理，实存实贷，存贷挂钩"等措施，到1980年改为"统一计划，分级管理，存贷挂钩，差额控制"；1985年改为"统一计划，划分资金，实存实贷，相互融通"；1994年改为"总量控制，比例管理，分类指导，市场融通"的管理体制。此外，对国有银行以外的其他金融机构实行全面的资产负债比例管理；1998年对国有商业银行也实行资产负债比例管理。

3. 金融市场创新

建立了以同业拆借、商业票据和短期政府债券为主的货币市场；建立了银行与企业间外汇零售市场，银行与银行间外汇批发市场，中央银行与外汇指定银行间公开操作市场相结合的外汇统一市场。在资本市场方面，建立了以承销商为主的一级市场，以深圳、上海为核心，以城市证券交易中心为外围，以各地券商营业部为网络的二级市场。

4. 金融业务与工具的创新

从负债业务上，出现了三个月、六个月、九个月的定期存款，保值储蓄存款，住房储蓄存款，委托存款，信托存款等新品种；从资产业务看，出现了抵押贷款、质押贷款、按揭贷款等品种；在中间业务上出现了多功能的信用卡。从金融工具上看，主要有国库券、商业票据、短期融资债券、回购协议以及大额可转让存单等资本市场工具和长期政府债券、企业债券、金融债券、股票、受益债券、股权证、基金证券等。

5. 金融技术创新

在技术上出现了以上海、深圳交易所为代表的电子化装备。这些电子化装备的出现表明了中国的金融创新正迈向电子化、数据化。而民间出现了支付宝、微信等移动支付平台，互联网金融开始走上历史舞台。

从我国的创新历程可以发现，我国金融创新具有如下特征。

①吸纳性创新多，原创性创新少。

②创新层次低，主要表现为数量扩张。

③负债类业务创新多，资产类业务创新少。

④区域特征明显，特区和沿海城市金融管制相对宽松，市场比较活跃，创新比较集中。

⑤金融创新靠外力推动，内部驱动不足。创新主要由体制转换和改革等外因推动。

⑥资金滞留在一级市场多，进入实体经济少。

6. 绿色金融

随着我国经济的不断发展，绿色金融管理理念越来越深入人心，而且国际社会对于绿色金融管理的关注度也在逐年提高。于是我国在"十三五"规划中明确提出了绿色金融发展理念，进一步明确了要建立绿色金融体系的发展战略，从而积极推动我国经济与生态环境的协调发展，最终实现我国经济的绿色转型。基于此，我国绿色金融积极开展创新性实践，取得了较快的发展，很多研究成果已经位居世界前列，已经成为发展中国家的绿色金融发展的典型示范。

在我国经济发展中金融始终处于核心地位，因此要想实现我国经济的绿色转型，首先必须要深入理解绿色金融发展理念，大力推进绿色金融建设。我国政府早在2007年便已经开始推行绿色金融的管理理念，经过十余年的发展，我国的绿色金融建设取得了突飞猛进的发展，取得了显著的创新实践成果。目前全球仅有三个国家建立了绿色信贷指标体系，我国便是其中之一。

2015年作为我国绿色金融元年，在该年年底我国启动了绿色债券市场。据Wind咨询统计，截至2017年7月31日，我国累计有22家金融机构（不包括国外金融机构）成功发行42只绿色金融债券，累计金额达到2186亿元。在我国的绿色金融债券市场中，金砖国家新开发银行发行了全球第一单以人民币进行计价的绿色金融债券，其规模高达30亿元人民币，成了我国境内第一个获得批准发行人民币绿色金融债券的银行。2016年以中国人民银行为代表的七部委联合发布了《关于构建绿色金融体系的指导意见》，其中对绿色金融的内涵进行了详细阐述，明确指出绿色金融的目的是改善环境，应对气候变化以及提高资源高效利用的金融服务。也就是说，绿色金融主要是为节能环保、绿色交通、清洁能源、绿色建筑等领域的项目融资、项目建设、项目运营、项目风险管理等提供金融服务。绿色金融的发展理念强调在金融活动中要充分考虑对资源、生态和环境可能造成的影响，在项目的融资决策过程中将与资源、生态和环境相关的成本、回报、收益以及风险因素纳入考量范围，引导经济资源的合理配置，实现我国经济、社会和生态的长期可持续发展。

经济全球化是世界经济发展的必然趋势，随着金融市场逐步对外开放，我国在国际金融中心逐渐占据主导地位，在国际金融事务中发挥着越来越大的作用。我们要以积极的金融创新来应对这一系列的挑战，加强我国的金融市场建设，但把握机遇的同时我们也要注意防范金融创新带来的一系列风险，将这些风险扼杀在摇篮之中。我坚信中国的金融市场发展会越来越好，一步步走向繁荣。

第四章

金融风险

时间是一切财富中最宝贵的财富。

——德奥弗拉斯多

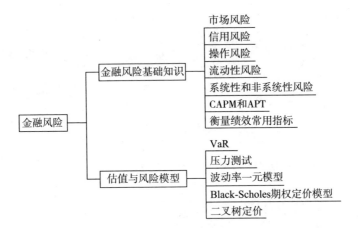

从传统角度而言，我们常常将金融简化地理解为资金的融通，但是随着社会的快速变革发展，我们更愿意将现代金融理解为：风险管理下的资源在不同时间、空间下的有效配置，金融风险管理在现代金融体系中占据着不可或缺的地位。本章主要分为两个部分，金融风险基础知识及案例，估值及风险模型。

一　金融风险基础知识

金融风险按照形态主要可以分为市场风险、信用风险和操作风险以及2008年金融危机以来市场格外重视的流动性风险四大类。当下不同课本有许多细分类型，例如国别风险、政策风险、利率、汇率风险等。下面对各类风险进行介绍。

1. 市场风险

市场风险指由于金融市场变量的变化或波动而引起的资产组合未来收益的不确定性。根据金融市场变量的不同，市场风险主要可以分为证券价格风险、利率风险、外汇风险以及商品价格风险。证券价格风险是指金融机构由于证券价格的不利波动而面临的风险。利率风险是指金融机构的财务状况在利率出现不利波动时面临的风险。这种风险不仅影响金融机构的盈利水平，也影响其资产、负债和表外金融工具的经济价值。其主要形式有重新定价风险、收入曲线风险、基准风险和期权性风险。外汇风险是指由于汇率的不利变动而导致金融机构发生损失的风险。外汇风险一般因为从事以下活动而产生：一是金融机构为客户提供外汇交易服务或进行自营外汇交易活动；二是金融机构从事如外币存款、贷款、债券投资、跨境投资等的业务活动。商品价格风险是指金融机构所持有的各类与商品相关的金融产品，因商品的价格发生不利变动而带来关联损失的风险。

市场风险可以说是所有风险中相对可以把握的风险，可以量化，目前计算市场风险的方法主要是在险价值（VaR），它是在正常的市场条件和给定的置信水平上，在给定的持有期间内，某一投资组合预期可能发生的最大损失；或者说，在正常的市场条件和给定的持有期间内，该投资组合发生 VaR 值损失的概率仅为给定的概率水平（即置信水平）。在估值和风险模型部分会重点介绍 VaR，这里不再赘述。

2. 信用风险

> 如果银行的贷款管理经常出现问题，其原因并不是它缺乏贷款风险管理的体系、政策制度和程序，而是因为它没有占主导地位的信用文化，不能使这些系统、政策、程序真正执行并发挥作用。
>
> ——爱德华

信用风险是由于借款人或交易对手不能或不愿履行合约而给另一方带来损失的可能性，以及由于借款人的信用评级变动和履约能力变化导致其债务市场价值的变动而引发损失的可能性。信用风险对衍生金融产品和基础金融产品的影响不同。对于衍生产品而言，对手违约带来的潜在损失小于产品的名义价值损失，实际上它只是头寸价值的变化；对于基础产品而言，如公司债券和银行贷款，信用风险所带来的损失就是债务的全部名义价值。信用风险还包括主权风险。它是指当债务人所在国采取某种政策，如外汇管制，致使债务人不能履行债务时造成的损失。这种风险的主要特点是它针对的是国家，不像其他的违约风险那样针对的是企业和个人。信用风险的形式包括结算前风险和结算风险。结算前风险一般是指风险在正式结算前就已经发生。结算风险则是指在结算过程中发生的不可预料的情况，即当一方已经支付了合同资金但另一方发生违约的可能性。这种情况在外汇交易中较为常见，如交易的一方早晨在欧洲支付资金而后在美国进行交割，在这个时间差中，结算银行的倒闭可能导致交易对手方不能履行合同。

信用风险是排在市场风险之后被理解得最透彻的金融风险。尽管风险指标的应用，如标准差、VaR 可以马上用于市场风险，但是其他类型的风险需要做额外的工作，才能更好地用于计算损益分布的风险指标。以下对于信用风险的理解主要是参考 CFA 协会教材。

衡量信用风险的关键目标是要看到可预见的由于违约造成的损失。从广义上来说，投资组合中的可预见的损失由三方面因素组成：违约概率；违约时头寸或敞口的预期价值；回收率。

以下公式说明了在单次投资 X 中的这一关系：

$$E[CL] = d \times LGD = d \times E[X] \times (1 - R) \qquad (4-1)$$

式中 CL = 信用损失；d = 违约概率；X = 头寸或敞口价值；R = 回收率，即在发生违约之后，作为清算过程中的一部分，证券价值回收所占的比例。LGD 表示违约造成的损失，其算法是 $LGD = E[X] \times (1-R)$。

因此，要估算信用损失需要一系列变量值。其中最主要的变量值是违约概率，通常我们可以通过 5 种信用风险度量方法来得出这一数字：信用迁移，结构化模型，强度模型，精算方法，大型投资组合模型。

尽管这些方法对于违约风险模型是不同的，但他们全部都把重点放在了对违约概率的估算上。对于头寸价值的建模可能降到了第二位，因为这个价值依赖于违约风险，而回收率的评估和建模通常由第三方完成。

回收率的问题很复杂，部分是源于回收率和这个问题的其他变量相关。国外相关专家提供的实证证据表明，在回收率和违约概率之间存在着负相关。

（1）信用迁移

信用迁移是基于证券发行人的信用评级恶化概率而对该证券的信用风险所建立的模型。这个方法的关键在于一个迁移矩阵，它给出了在特定时期信用评级上调或下调的概率。在实践中，迁移矩阵使用信用评级机构的数据构建。由于使用的是信用评级数据，因此风险迁移方法特别受固定收益市场参与者的欢迎。最广为人知的信用迁移方法的应用是 CreditMetrics 法。

信用迁移方法并非没有问题。评级机构只提供历史数据，因此可能在某些领域缺乏数据，例如主权发行人。此外，不同机构的评级流程不同，导致评级结果有差异。最后，迁移矩阵通常是静态的，没有反映出评级机制和商业周期所处阶段之间的关系。

（2）结构化模型

结构化模型使用诸如资产和负债价值这类与发行人有关的信息，对违约概率做出评估。最著名和最常用到的结构化模型是或有求偿权模型（Contingent Claim Model），这个模型来自罗伯特·默顿的一个观察：一个企业的股权可以被看作在其资产上开出的欧式期权，其行权价等于其债务的价值，有效期与该债务的到期日相同。简单说，就是在到期日，如果资产价值超过了债务价值，那么该项期权就是价内期权。股东将会偿付债务，并重新获得对公司资产的控制权；相反，如果债务到期时，资产的价值小于债务价值，股东则缺乏行权的动机，他们将让期权作废并任由债务违约。所以根据默顿的看法，违约概率在某种意义上与期权不被行权的概率是有联系的。尽管从理论上看非常吸引人，但使用这个方法还需要克服很大的现实障碍。

（3）强度模型

强度模型（Intensity Models），也称为简式模型（Reduced Form Models），来自资产定价理论，且仍主要用于资产定价中。在这些模型中，分析师将违约时间作为一个随机变量处理。由于这个方法既不依赖公司的资产负债表，也与评级模型的结构无关，因此其本身是能独立的。因为所用的参数通常可直接从市场价格中推出，因此与当前的市场环境条件也是一致的。

最简单的应用是用二叉树计算违约概率。但是随着强度模型复杂性提高，也需要更复杂的数学工具。因其（相对）方便用数学来处理，强度模型已经成为一个活跃研究领域，不仅是风险管理，而且还包括了资产定价、组合最优化甚至概率论。

（4）精算方法

精算方法采用了精算科学的技术，用于大型债券或贷款组合的违约概率建模。最著名的一个精算方法是 CreditRisk＋。为了得出一个组合的信用损失的概率分布，CreditRisk＋首先对违约频次建模，并假设组合的违约数目的概率遵循泊松分布。CreditRisk＋对于每个违约事件赋予了一个给定的违约损失。该分析所需的参数可以通过历史统计数据估算得出。

（5）大型投资组合模型

信用转移、结构化模型和强度模型对于小型组合相当有效。当组合中的资产数目增加时，计算的复杂度会快速增大，用数学处理的可行性会快速降低。

瓦斯塞克将默顿的结构化模型扩展到用于大型贷款组合的估值。可以探讨各种贷款之间的违约相关性。瓦斯塞克分析了当一些贷款增长到无限大时，默顿估值模型的渐近行为。为了让计算变得更简单和高效，他假设组合是同质的，即所有贷款具有同样的参数和同样匹配的违约相关性。这个模型是可以用数学处理的，对于包括很多贷款的组合，可以得到非常不错的估计值。这是个毋庸置疑的优势，因为传统模型在贷款数量不断增加时，可能在数学和计算方面都无法处理。相反，瓦斯塞克大型组合模型的准确度会随着组合中贷款数量增加而提高。

戴维和劳为大型市场遭遇信贷紧缩时的对手方风险建了模型。他们的模型源自一个简单的想法，即在对手方层面，违约可能像流感那样扩散开。如果一个金融机构染上了这种流感（违约），那么很大机会其对手方也会被传染。而一旦出现这种情况，那么他们可能会再传染给各自的对手方。

克洛德、戴维斯、基安皮里通过引入一个隐藏的状态变量来代表组合中所有债券的一个共同因子，对违约的互动作用建立模型。这个隐藏马尔科夫链的方法产生了一个可以用数学处理和高效计算的动态信用风险模型。所有这些大型组合模型的一个共同特点是，他们避免使用完全违约相关性矩阵（Full Default Correlation Matrix）。违约相关性矩阵在精确估算方面是出名的困难，其快速增大的规模通常会带来计算复杂度的大幅增加。

信用风险的现实例子如下。

P2P是英文 Peer-to-peer 的缩写，意即个人对个人（伙伴对伙伴）。又称点对点网络借款，是一种将小额资金聚集起来借贷给有资金需求人群的一种民间小额借贷模式。属于互联网金融产品的一种。属于民间小额借贷，借助互联网、移动互联网技术的网络信贷平台及相关理财行为、金融服务。

典型事件如下。

其一，德赛财富：为关联企业融资。2013 年 8 月，温州厨工酿造有限公司原总经理徐芳，主导设立"德赛财富"网络投资平台，在互联网上发布虚假投资标的，承诺年化收益24%的回报和高额奖励。截至2014年4月，"德赛财富"网络投资平台共吸收118名投资人2942.95万余元资金，徐芳将这些款项部分用于"德赛财富"网络投资平台的创建和日常运营，其他用于温州厨工酿造有限公司的经营，造成1358万余元的款项无法偿还。

其二，钱宝：违法集资，构建庞氏骗局。2017年12月26日，钱宝网实际控制人张小雷投案自首，他所大力鼓吹的"钱宝梦"就此破灭。2012年以来，张小雷等人建立了网络平台钱宝网，通过对外宣称"交押金、看广告、做任务、赚外快"，以高额收益为诱饵，持续采用吸取新用户资金用于兑付老用户本金及收益等方式，向不特定社会公众大量非法吸收资金。经警方初步调查，集资参与人为数众多，遍布全国各省区市，非法集资数额特别是未兑付本金的数额巨大，涉嫌非法集资犯罪，"钱宝系"资金和资产已远远无法填补未兑付的集资参与人的本金缺口。张小雷在投案自首的声明中写道："自钱宝网运营以来至今，因违反国家相关规定采用借新还旧的方式向投资人吸收资金。目前已无法兑付本金利息，对投资人造成的损失深表歉意。"同时，张小雷表示，自己愿意承担法律责任，而对于大量集资参与人面临的经济损失，他认为"是'宝粉'的贪欲害了他们自己"。

目前P2P风险主要存在以下方面。①资金来源方面：通过发行虚假标的募集资金。平台通过虚构借款人、构建虚假项目，包装成为理财产品进行销售。②推广宣传方面：开展虚假宣传，夸大融资项目真实性及收益前景、承诺高收益、承诺还本付息，通过大量线下渠道进行宣传。③资金去向方面：募集资金后构建资金池，资金投向不透明，构建庞氏骗局。第一类是短期快速集资后卷款跑路；

第二类是将资金用于平台的关联项目或平台实际控制人的项目，而相关项目一般盈利能力较差，需要平台重复发行虚假标的维持；第三类是将非法集资用于返还集资本息、支付员工工资、支付宣传成本，或随意挪用资金炒股、炒房，形成庞氏骗局。P2P诈骗是典型的信用风险事件，部分P2P创始人利用信息不对称的优势借助监管真空违法诈骗。

3. 操作风险

> 人和人类组织所从事的事情一定会出现错误，我们只能控制和减少操作错误的发生。
>
> ——墨菲定律

操作风险是指因金融机构的交易系统不完善、管理失误、控制缺失、诈骗或其他一些人为错误而导致的潜在损失。操作风险直接与机构的管理系统和制度相关，虽然发生概率相对较小，但引发的损失可能非常巨大。

巴塞尔委员会的风险管理组织（RMG）通过定量效果研究将操作风险损失按业知类和损失事件分为七类（见表4-1）。

表4-1　操作风险损失分类

内部欺诈	内部人员参与的诈骗、盗用资产、违反法律以及公司规章制度的行为
外部欺诈	第三方的诈骗、盗用资产、违反法律的行为
雇佣合同以及工作状况带来的风险事件	由于不履行合同或者不符合劳动健康、安全法规所引起的赔偿要求
客户、产品以及商业行为产生的风险事件	有意或无意造成的无法满足某一顾客的特定需求，或者是由于产品的性质、设计问题造成的失误
有形资产的损失	由于灾难性事件或其他事件引起的有形资产的损坏或损失

续表

| 经营中断和系统出错 | 例如软件或者硬件错误、通信问题以及设备老化等 |
| 执行、交割以及交易过程管理的风险事件 | 交易失败，过程管理出错，与合作伙伴、卖方的合作失败 |

资料来源：htte/www. bis. org。

巴塞尔Ⅱ协议坦率地承认了操作风险是金融风险的主要来源。事实上，即便操作风险没有达到巴林银行（案例分析有介绍）那种灾难性水平，可能仍占很大比重。操作风险比信用风险难估算，更是远比市场风险难估算。类似于信用风险，应用风险指标的主要障碍在于如何对操作风险生成一个概率分布。大部分操作风险的技术发展发生在过往的 10 年里，因为对操作风险日益增加的认识和监管压力共同将它推到了舞台中心。

从企业金融角度看，杰鲁在 2008 年将银行的操作风险分为由机构操作技术造成的损失风险和由代理成本引发的损失风险。杰鲁观察到，与市场风险和信用风险相反，这些对于机构来说都是外部风险，而操作风险则来自机构内部。他认为需要在设计操作风险的估计技术时关注这个关键的区别。杰鲁进一步指出，当前的操作风险方法论，因为没有考虑银行的净现值产生流程，导致了对所需资本估算的向上偏差，按照他的观点，应该至少覆盖到预期的操作风险。

操作风险的现实例子：巴林银行破产

20 世纪 80 年代以来，各类金融机构之间的竞争空前激烈，金融创新成为取得和保持竞争优势的主要战略，因此新型的金融工具、金融业务和金融技术不断突破管理制度的禁锢，大量涌现。传统的商业银行也为了满足客户和市场的需求，开始从事衍生品业务。

1989 年，尼克·里森正式到巴林银行工作并且在 1992 年被巴林总部派到新加坡分行成立期货与期权交易部门，同时担任交易及清算部门的负责人，并出任总经理。交易部门主要负责执行期货业务，而清算部门主要负责记录每笔交易的结果。

里森于 1992 年在新加坡任期货交易员时，巴林银行原本有一个账号为"99905"的"错误账号"，专门处理交易过程中因疏忽所造成的错误。1992 年夏天，伦敦总部要求里森另外设立一个账号为"88888"的"错误账户"，记录较小的错误，并自行在新加坡处理，以免麻烦伦敦的工作。几周之后，伦敦总部又要求新加坡分行所有的错误记录仍由"99905"账户直接向伦敦报告。"88888"错误账户刚刚建立就被搁置不用。随后，里森手下的交易员接连发生交易失误，里森便将这些失误转入"88888"账户。为了掩盖这些失误，躲过月底伦敦总部的内部审计，以及应付证券交易所要求追加的保证金等问题，里森开始承担越来越大的风险，将自己的佣金转入该账户。

1994 年下半年，里森认为，日本经济已开始走出衰退，股市将会有大涨趋势，于是大量买进日经 225 指数期货合约和看涨期权，累计名义头寸高达 70 亿美元。然而，1995 年 1 月 16 日，日本神户大地震，其后数日东京日经指数大幅下跌，里森所持多头头寸遭受重创，再加上用于清算记录的电脑频繁故障，到发现各种错误时，损失已经非常严重。为了使日经指数上涨到理想的价格范围，里森购买了数量更加庞大的日经指数期货合约。1 月 30 日，里森以每天 1000 万英镑的速度从伦敦获得资金买进日经指数期货，并卖空日本政府债券。2 月 10 日，里森以新加坡期货交易所交易史上创纪录的数量持有 55000 份日经期货及 2 万份日本政府债券合约。所有这些交易，均进入"88888"账户。1995 年 2 月 23 日，在巴林期货的最后一日，里森对影响市场走向的努力彻底失败。日经股价收盘降至 17885 点，而里森的日经期货多头风险已达 6 万余份合约，其日本政府债券在价格一路上扬之际，空头风险亦已达 26000 份合约。里森为巴林所带来的损失达到 8.6 亿英镑，而当时巴林银行全部的股份资金只有 4.7 亿英镑。2 月 27 日，英国中央银行宣布巴林银行因经营失误而倒闭。

综上所述，巴林银行的倒闭主要是遭受了操作风险和市场风险。

第一，操作风险方面，巴林银行倒闭最直接也最表面的原因是交易员在未经授权的情况下从事巨额金融衍生品投资，并且出现严重的判断失误导致巨额亏损。但是更深层的原因应该是巴林银行内部控制制度的失灵。

在监督管理方面，巴林银行的监管显然是松散无力的。里森私自将大量错误交易转入"88888"账户并制造假账以试图掩盖，里森的巨额期货交易也明显超过了银行的头寸上限限制，而银行的审计人员却没有及时揭露并制止事态的进一步发展。在 1995 年 1 月 11 日，新加坡期货交易所的审计与税务部函发巴林提出他们对维持该账户所需资金的疑虑时，巴林银行总部没有给予重视。在里森每天要求伦敦汇入 1000 多万英镑以支付追加的保证金时，也没有引起英格兰银行的重视。在人事管理方面，巴林银行将交易角色与清算角色混淆，比如里森同时担任了交易员和清算部经理的职位。交易员的职责是买卖衍生产品，从事套利工作，银行会赋予交易员一定有限额度的风险许可。清算部门的工作则是全面了解交易员及风险部位的情况。若是将二者集于一身，交易员的权力过大而且缺乏有效监督，可能产生很严重的道德风险。

第二，市场风险方面，巴林银行在市场风险管理方面，存在两大失误：一是风险管理部门没有控制前台的交易头寸，导致里森不断增资，损失不断扩大。二是巴林银行没有采用有效的风险测量方法。里森所构建的期货组合主要由 70 亿美元的日经指数期货多头和 197 亿美元的日本国债期货空头构成，而日经指数和日本国债负相关，很显然这一组合不同于用于减小风险的对冲，而是放大了风险。而巴林银行未采用有效的风险测量方法，在其官方报告中显示这一投资组合的风险为 0。

4. 流动性风险

流动性风险指的是资产或负债在不受损失的前提下变现的不确定性。流动性风险与信用风险、市场风险和操作风险相比，形成的原因更加复杂和广泛，通常被视为一种综合性风险。流动性风险的产生除了因为商业银行的流动性计划可能不完善之外，信用、市场、操作等风险领域的管理缺陷同样会导致商业银行的流动性不足，甚至引发风险扩散，造成整个金融系统出现流动性困难。经济实体在经营过程中，常常面对资金流的不确定性变动。金融市场的建立有一个目的就是加快社会经济中资金的流动和运转，使经济获得效益和活力。资金流的时大时小、时快时慢，会带来流动性风险。资金流量超过所需，会造成资金滞留，因货币时间价值的关系，会使效益下降，预期收益降低；资金流量变小，会使正常的经营发生困难，严重时资金链发生断裂，会把企业推向绝境。

在国际清算银行关于流动性风险的报告和相关专家对过去几年金融动荡期间的银行流动性管理的分析中可以看到，流动性风险的建模和管理现在已经成为风险管理界的前沿和当务之急。

很少有实证研究聚焦于流动性风险的一般性量化问题，一家大型研究机构关注清算风险指的是机构在需要清算一些资产时无法实现全部价值的风险。杜非和齐格勒在 2003 年使用一个由现金、一项流动性较好的资产和一项非流动资产构成的三资产模型探讨了清算风险。他们指出,出售非流动资产而保留现金和流动资产通常是可行的,但是有可能在资产回报和买卖价差出现肥尾时失败。恩格尔、佛斯腾堡和鲁塞尔在 2006 年用一个更宽的视角分析了交易执行成本,并将这个分析与他们所称的流动性 VaR 指标联系起来。在股票市场上,李、穆拉迪安和张在 2007 年研究了纽约证券交易所佣金的时间序列数据,发现股票佣金是与非流动性指标相关的。

流动性风险的实例如下。

美国长期资本管理公司(LTCM),是一家主要从事定息债务工具套利活动的对冲基金。该基金创立于 1994 年,主要活跃于国际债券和外汇市场,利用私人客户的巨额投资和金融机构的大量贷款,专门从事金融市场炒作,与量子基金、老虎基金、欧米伽基金并称为当时国际四大"对冲基金"。

1994~1997 年,长期资本管理公司业绩辉煌而诱人,以成立初期的 12.5 亿美元资产净值迅速上升到 1997 年 12 月的近 70 亿美元,每年的回报率为 28%、59%、57% 和 25%(不扣除管理费)。长期资本管理公司的交易策略可以概括为一句话:"通过电脑精密计算,发现不正常市场价格差,资金杠杆放大,入市图利。"LTCM 所采取的资金策略是运用最少的权益资本进行交易,主要有:回购融资、巨额负债、高杠杆的衍生品交易。

首先,斯科尔斯和默顿这两位金融工程方面的著名学者,将金融市场的历史交易资料、已有的市场理论和市场信息有机结合在一起,形成了一套较完整的电脑数学自动投资模型。通过连续而精密的计算得到两个不同金融工具间的正常历史价格差和最新的价格差异。如果两者出现偏差,电脑会立即建立起庞大的债券和衍生工具组合，大举入市投资；经过市场一段时间的调节，放大的偏差会自动恢复到正常轨迹上，此时电脑指令平仓离场，获取偏差的差值。

具体操作中，LTCM 遵循"市场中性"原则，即不从事单方面交易，仅以寻找市场或商品间效率落差而形成的套利空间为主，通过对冲机制规避风险，使承受的市场风险最小化。比如：基于历史数据的分析结果，LTCM 的模型得出结论，美国公司债和国库券之间现在价差偏大，但在不久的将来会缩小。于是买入价低的公司债券，卖出价高的国库券，完成对冲交易。当时 LTCM 与其他对冲基金还有一个与众不同之处，就是它的巨大的成交量、高杠杆以及投资的规模。到 1998 年 8 月底，LTCM 做了超过 60000 笔交易，总的名义期货头寸是 5000 亿美元，互换合约 7500 亿美元，期权超过 1500 亿美元。另外一件值得关注的是它在某些市场的总头寸，有的时候 LTCM 一家的头寸就占到了交易所的 5%～10%。如此庞大的头寸，在金融市场发生动荡时，自然要面临很大的流动性风险，但是这套以电脑程序为基础的数学自动投资模型有一个致命之处：模型假设前提和计算结果都是在历史统计基础上得出的。历史统计永远不可能完全覆盖未来现象，LTCM 的投资策略是建立在投资组合中两种证券的价格波动相关性的基础上。例如 LTCM 成立初期，核心交易策略之一，沽空德国债券并且持有意大利债券，就是建立在经由大量历史数据所证明的二者正相关性上。因为二者正相关，才能在赚取利差的同时，又顺道对冲利率波动的风险。

LTCM 交易的合约数和资金数都非常惊人，他们在全世界主要市场上都进行互换利差交易，他们持有惊人的股票波动幅度交易合约，更要命的是，长期资本基金的财务杠杆已经被放大到 30：1 的极高水平，这是没有将他们在金融衍生工具交易上所用财务杠杆计算进去的水平。一家公司如果具有极高的财务杠杆同时流动性又很差的话，那么无疑在玩俄罗斯左轮游戏。也就是说，对市场的判断必须是绝对准确的，否则市场的走势一旦违背它们的交易方向，就会产生很大的风险。

果不其然，在1998年全球金融动荡中，长期资本管理公司难逃一劫。1998年，俄罗斯经济因为亚洲金融危机遭受了巨大打击。1998年8月17日，俄罗斯政府宣布采用休克疗法，包括卢布贬值和延期偿付到期债务。投资者信心受到严重打击，市场波动开始传播到全球各地，投资者纷纷转向持有优质资产，美国国债、德国政府债券等价格上涨，而高风险债券市场的流动性大幅度下降。优质债券与高风险债券之间的价差不断扩大，同时，股市波动率也达到前所未有的水平。

而LTCM在世界各地持有巨量基于优质债券与高风险债券之间的价差会缩小的套利合约，同时他们在股票波动幅度减小上也下了很大的赌注。由于全球市场同向波动，LTCM以前制定的全球投资分散风险的策略起不了任何作用。不能在全球各地进行有效对冲，LTCM的损失加倍。

更糟的是，由于市场丧失了基本的流动性，LTCM没有办法对他持有的巨额资产清算，也没有足够的现金来清算它的头寸。

从1998年5月到9月，短短的150多天LTCM资产净值下降了90%，出现43亿美元巨额亏损，仅余5亿美元，已走到破产边缘。9月23日，美联储出面组织安排，以Merrill Lynch、J. P. Morgan为首的15家国际性金融机构注资37.25亿美元购买了LTCM 90%的股权，共同接管了LTCM，从而避免了它倒闭的厄运。

综上所述，LTCM风控失败的主要原因是模型风险和流动性风险。巴菲特在救助LTCM时曾经感慨：这群人可能是市场上最聪明的，他们有诺奖得主，有数学家，但是单纯相信模型可以解决一切问题是愚蠢的。市场总有些我们觉得发生概率为万分之一的风险，然而这些风险却在每隔 10 年的周期以各种形式去呈现，遗憾的是我们无法运用数学和金融知识去解释它，可是这些事情也的的确确发生了，哪怕只有一次，背后都至少是千亿资本的轰然倒塌！

5. 系统性和非系统性金融风险

（1）系统性金融风险

系统性金融风险也可称为不可分散化风险，是指金融机构从事金融活动或交易所在的整个系统（机构系统或市场系统）因外部因素的冲击或内部因素的牵连而发生剧烈波动、危机或瘫痪，使单个金融机构不能幸免，从而遭受经济损失的不确定性。系统性金融风险是一种破坏性极大的金融风险，它隐含着金融危机的可能性，直接威胁着一国经济安全。通常由金融投资者自身不能控制的一些因素而引起投资报酬的变动，这些不可控的因素主要是政治、经济、自然灾害和突发事件等，其不利影响可能在整个金融体系引发"多米诺骨牌"效应，造成经济金融的大幅度波动，产生宏观层面上的金融风险。世界上频频发生的金融危机都反复证明了系统性金融风险是国家经济安全最为危险的敌人。2017 年中央经济工作会议更是把防范系统性风险放在了重中之重。

（2）非系统性金融风险

> 不要把鸡蛋放在一个篮子里。
>
> ——萨缪尔逊

非系统风险又称为可分散化风险，它是指某个产业或企业特有的风险。对于这类风险，投资者可以通过实行多样化的策略来避免遭受损失。"特有"指这种风险的产生一般都是由于经济行为主体经营管理不善、客户违约等造成的，只是一种个别的风险。投资者可以通过分散化投资或转换投资品种来消除这种风险，这是由于非系统性风险是个别性的风险，不会对市场整体产生作用，经营风险、财务风险、信用风险、道德风险等风险是非系统性风险的主要类型。当非系统性风险还没有显现之时，对于风险的防范，重点是采取分散投资的方式，亦即不要将所有鸡蛋放在同一个篮子里。此外，需要特别注意分散投资的程度和分散投资的品种选择，可以根据具体情况的不同来区别对待。

延伸阅读

2007 年 3 月 13 日，初春的纽约，略带凉意的微风吹拂过刚抽出嫩芽的柳枝。上午，一阵窃窃私语穿过华尔街的窗门之间：美国第二大次级抵押贷款机构——新世纪金融公司因无力偿还共计84 亿美元的债务，濒临破产。受此利空消息影响，当日美国三大股指暴跌幅度均超过 2%，引发股市"黑色星期二"。长期以来，被议论的次级抵押贷款问题初次浮出水面。日暮，华尔街上，高楼的斜影遮住了大部分的街面，一阵寒风吹过，卷起街上碎纸片片。但是，此时更多的市场参与者仅把新世纪金融公司破产事件看作千变万化的金融市场随机扰动的一部分。华灯初上，纽约又一次沉浸在灯红酒绿之中。

6 月，贝尔斯登的对冲基金爆出巨亏而申请破产，华尔街仍然没想到他们已经点燃了全球危机导火索。2007 年接近尾声的时候，一贯被认为经营稳健的金融机构不约而同地冲销资产。亏损金额一次次被刷新，恐慌情绪开始一步步蔓延。短短几个月，瑞士银行、花旗银行、贝尔斯登、美林等世界顶级金融机构的高管黯然离职。刹那间，华尔街噤若寒蝉。

事情远未结束，美欧发达国家金融机构纷纷出现流动性困难和财务危机，濒临破产边缘，连带影响股价暴跌和全球股市进一步下挫。9月7日，美国出资2000亿元接管了股价急剧下跌的"两房"，随着9月15日雷曼兄弟申请破产保护，至此，此次金融大瘟疫的序幕被拉开。AIG因流动性困难被政府注资接管，美林银行被富国银行收购，同期，高盛和摩根士丹利也被迫申请转制为商业银行控股公司。仅仅两个月的时间，美国九大商业银行都接受了政府国有化性质的注资，年内破产关闭的中小银行达22家，至此美国前十大商业银行发生巨变，华尔街五大独立投资银行全军覆没。

欧洲一些小国和亚洲新兴市场国家也先后受到全球金融危机的冲击，出现了自1998年亚洲金融危机以来最为严重的经济金融动荡。在亚洲，韩国出现大量资本外流，股市下跌，汇率贬值超过30%，外汇储备减少，巴基斯坦也遭遇了外资流出、外汇储备大幅下降和不能偿还到期债务的危机。阿联酋宣布为国有银行的所有存款、储蓄以及银行间贷款提供担保，并向银行体系注入所需的流动性。中国的港澳地区也遭遇个别银行挤兑风波和雷曼迷你债券事件。拉美新兴国家的股市和汇市也同样感受到全球金融危机的冲击。至此，美国次贷危机已经演变成为一场自大萧条以来最为严重的全球金融危机。

一时间全球金融业哀鸿遍野，一片恐慌。冬日的华尔街，寒风凛冽，街口的奔牛铜像也在瑟瑟寒风中显得疲惫不堪。

危机的起点：从次贷到次债

次贷是对美国房地产市场次级抵押贷款（Subprime Mortgage Loan）的简称。在美国，发放抵押贷款的主要依据是借款人的信用情况，信用评分是反映一个借款人信用状况的最重要指标，它由个人征信服务公司和信用评级机构根据借款人的信用报告记录的数据计算而来，评分范围在 300～850 分。个人信用评级分为五等：优（750～850 分），良（660～749 分），一般（620～659 分），差（350～619 分），不确定（350 分以下）。次级贷款的借款人信用评分多在 620 分以下，除非个人可支付高比例的首付款，否则根本不符合常规抵押贷款的借贷条件。所谓的次级抵押贷款是指向低收入、少数族群、受教育水平低、金融知识匮乏的家庭和个人发放的住房抵押贷款。

关于次债，发放次级住房抵押贷款的金融机构为获得流动性，把发放的贷款打包出售给一个具有风险隔离功能的特定目的机构（SPV），并由这一机构公开发行以此为基础资产支持的债券，其发行募集的资金用于购买抵押贷款，而债券投资者相应获得主要由住房抵押贷款带来的收益权，这就是次级住房抵押贷款债券，简称次债。次债主要包括两类：住房按揭支持证券（MBS）和资产支持证券（ABS）。2001 年以来，美国的 MBS 规模增长迅速，但是，政府支持类机构（如两房）所发行的 MBS 逐年下降，私有机构的比重则逐年上升。到 2007 年第一季度末，MBS 余额约为 59840 亿美元，其中政府 MBS 的比重从 2001 年的 87% 下降到 67%，私有 MBS 从 13% 提高到 33%。以次级贷款为基础资产的 MBS 比重的提高，使整个 MBS 市场受次级贷款质量的影响加大，而次级贷款整体质量与其产品结构有关，浮动利率的次级贷款所占比重越大，次级贷款整体质量对利率和房价的结构因素越敏感。此时，MBS 市场的规模以及作为基础资产的抵押贷款的结构成为引发次贷危机的起点。

危机的衍化：从 CDO 到 CDS

资产证券化领域最重要的两种创新产品是抵押化债务债权和信用违约掉期。抵押化债务债权（CDO）是把不同类别的债务信用如住房抵押贷款、公司债券、ABS、MBS、项目融资等打包组合在一起，以这些债务的现金流收入为支撑，通过内部信用增级，重新分割投资风险和回报以整体发行的债券。

信用违约掉期（CDS）可以被看作对于存在违约风险的资产的一份保险，这些违约资产可以是贷款、债券或者其他衍生品。购买信用违约保险的一方被称为买家，承担风险的一方被称为卖家。双方约定，如果金融资产没有出现违约情况，则买家向卖家支付保险费，而一旦发生违约，则卖方承担买方的损失。一般而言，买家主要是大量持有金融资产的银行或其他金融机构，而卖家是保险公司、对冲基金，也包括商业银行和投资银行。

而对于 CDO 和 CDS 的预期风险与压力状态下的实际风险差异很大的次贷危机揭示出他们和其他债券产品迥异的风险特征。它们和公司债券在还款来源、定价方式、违约损失、风险分布、风险特征、风险衡量、信用评级等方面存在很大差异。在危机前，市场对二者差异的认识主要限于公司债券无提前还款风险的浅层水平，对他们之间巨大差异缺乏切身体会或视而不见，并且更多采用公司债券风险衡量方法对待证券化产品。CDO 和 CDS 还有可能放大系统性风险。次贷若维持在银行账户而不通过证券化分散到各层级投资者，违约相关损失会止于贷款发放机构，对机构系统性风险影响有限。但正因为次贷以证券化方式在市场广泛流通，使得损失从贷款发放机构向金融市场各个角落蔓延。

危机形成的催化剂

1. 联邦基金利率持续下降

20 世纪 90 年代以后，在信息技术革命的推动下，美国经济经历了第二次世界大战后前所未有的持续高速增长，股票市场空前繁荣，全球资本争相流入美国。然而，2000 年 IT 泡沫破灭，美国经济从当年第三季度开始降温，GDP 增长速度由第二季度的 4.8% 跌落到 3.5%，销售和生产出现疲软，金融市场开始紧张。12 月底，美国消费者信心指数降到低点，并继 10 月后连续三个月出现下降，GDP 增长速度进一步滑落至 2.2%。于是 2001 年 1 月 3 日，美联储突然宣布联邦利率从 6.5% 下调到 6%，同时将贴现率从 6% 下调到 5.75%，拉开了美联储降息的序幕。之后发生的 "9·11" 事件更进一步打击了美国消费者的信心。美国经济在 2001 年陷入谷底，GDP 增长率从 1997～2000 年的年均 4% 左右的水平一下子跌落至 0.8%，跌幅达到了 80%。为了刺激居民消费，提升企业和个人投资意愿，美联储采取了极具扩张性的货币政策，连续 13 次降低联邦基金利率。到 2003 年 6 月 25 日，利率已低至 1%，创 45 年来最低水平。

2. 房地产市场扩张，房价不断攀升

美国房地产市场从 1996 年开始持续扩张，尤其自 2001 年起更加快速增长，占 GDP 比重由 2001 年底的 15.9% 上升为 2006 年底的 19.7%，住宅投资在总投资中的比重最高时达到 32%，新房开工量年增长率超过 6%，2003 年最高时达到 8.4%。房地产市场的繁荣带动房价一路攀升。2000～2007 年的房价涨幅大大超过了过去 30 多年来的长期增长趋势。美国主要大城市的房价指数显示，2006 年 6 月美国房价涨至 189.9 的历史新高，是 1996 年底的

2.34 倍。在房价上涨预期的刺激之下，加上抵押贷款利率下降导致购房成本降低，美国居民纷纷加入抵押贷款购房的行列，从 2001 年到 2006 年底，抵押贷款发放规模一共增加了 4070 亿美元，达到 25200 亿美元，2003 年曾达到最高的 37750 亿美元，占抵押贷款市场份额从 2001 年的 8% 上升到 2006 年的 24%。其中美国前 25 家最大的次贷发放机构所发行的次贷规模占总次贷规模的 90% 以上。

3. 金融监管的放松

从深层原因来看，美国住房抵押贷款规模的不断扩大，以次级抵押贷款为标的的金融衍生品不断创造出流动性是与美国金融监管的放松，尤其是对次级抵押贷款市场未加以严格监管密切相关的。

4. 商业银行盈利模式的改变

房价的不断上涨使商业银行找到了新的利润增长点。由于市场利率水平较低以及房屋价格上升，放贷机构和次级贷款借款人面临的风险大为降低。对于放贷机构来说，在利率水平整体下降的背景下，次贷市场较高的利率无疑具有吸引力。由于房价不断上涨，即使借款人违约，贷款机构也完全可以通过拍卖房产收回本息，因此借款人违约而给贷款机构带来贷款本息损失风险的概率大为降低。另外，房价的不断上涨也使银行可以轻易地将贷款打包出售，不仅转移了潜在风险，而且可以将资金再次进行发放而获取利润。

危机的爆发

导火索之一：经济过热，美联储启动连续加息机制。长达 3 年的扩张性货币在政策作用下，使美国经济表现出空前的繁荣景象。2004 年上半年，美国 GDP 增长率达到 4.1% 的高点，但同时，通货膨胀威胁也开始出现。出于对短期因素导致的通货膨胀率上涨的担忧，2004 年 6 月 30 日，美联储突然宣布，将此前的联邦基金利率由 1% 提高 25 个基点，变为 1.25%。出人意料的是，国际油价也从当年开始上涨，加上美国强劲的能原消费能力和能源、大宗商品价格的持续上升，导致美国通货膨胀形势日益严峻，美联储不得不连续加息以控制物价的过快上涨。经过 17 次加息，联邦基金利率最终于 2006 年 6 月 29 日达到 5.25% 的高点。

导火索之二：房屋价值缩水，违约率上升，次贷危机出现端倪。在连续加息的压力下，美国房价自 2006 年第一季度开始温和下降。到第二季度，房价仅比第一季度增长 0.86%，年增长率下滑超过 3 个百分点。经过两年多的下跌，到 2008 年 9 月，美国主要大城市的房价比 2006 年 6 月最高点下跌了 21%，回到 2004 年 5 月的水平。HPI 指数从 2007 年第三季度开始环比下降，2008 年第三季度美国房价从最高峰下降了 4.5%。在房价不断下跌的情况下，美国新房开工量和房屋销售量开始回落。2006 年，美国新房开工量和出售量同比 2005 年分别下降了 13%、18%，2007 年进一步下跌 25%、26%。房价出现下跌，使得次贷借款人通过房地产抵押再融资的渠道受阻，最终使得他们因无法承受利息的大幅增长而开始破产，放贷拖欠率和抵押回收率双双加速上升，其中次级放贷增幅大于正常房贷。至此，美国次贷危机初现端倪。

6. CAPM 和 APT

在第一章里我们提到了系统性风险，也就不可避免地要谈，由此再进一步介绍资本市场最为重要的 CAPM 模型和 APT 模型。

（1）CAPM 模型

CAPM 模型是以投资组合理论（Portfolio Theory）为基础发展而成的，是由美国经济学家 William F. Sharp 和 John Lintner 以及 Jack Treynor 分别独自提出的。该模型是资本市场理论的核心内容，对于了解资本的收益和风险间的本质关系，指导投资有着极其重要的意义。由于其简捷性和可操作性，在诸如资本成本核算、股票收益预测、股票组合定价以及企业价值事件研究分析等方面，都得到了广泛的应用。CAPM 已被广泛应用于解决投资决策中的一般性问题，尤其是在西方发达国家，它的特点便在于对风险收益关系有关的重大问题做出了简明的回答。将 CAPM 模型引入投资项目的价值及风险的定量分析评估中，可以使项目实现过程中的风险和干扰因素减小到最低点。

基本假设如下。

CAPM 是建立在马科维茨资产组合理论的基础之上的。在马科维茨资产组合理论的主要假设基础上，CAPM 又加入如下条件。

假设 1：存在无风险资产。所有的投资者均可按相同的无风险利率 r 无限制地借入或贷出资金。

假设 2：无分割市场。资产市场中无交易成本、无税金，对卖空没有限制，并且所有的资产是可以无限制细分的，在任何一个投资组合里可以含有非整数股份。所有投资者可以及时免费地获得充分的市场信息。

假设 3：齐次预期假设（Homogeneous Beliefs Assumption）。投资者对于各种资产的收益率、标准差、协方差都具有相同的预期，因此市场上的有效边界只有一条。

假设 4：投资期限假设。所有投资者具有相同的投资期限，而且只有一期。

这些假设表明投资者是理性的，而且严格按照马科维茨模型的规则进行多样化的投资，并将从有效边界的某处选择投资组合；资本市场是完全有效的市场，没有任何摩擦阻碍投资。

$$E(r_i) = r_f + \beta_i [E(r_m) - r_f] \qquad (4-2)$$

该模型显示股票 i 与市场组合 m 的协方差风险 β_i 与该股票的预期收益率 $E(r_m)$ 关系的表达式。

（2）APT 模型

APT 模型由斯蒂夫·罗斯（Stephen Ross）于 1976 年提出，他试图提出一种比 CAPM 更好的解释资产定价的理论模型。或者说 CAPM 是一种特殊形式的 APT。

研究者拓展问题的思路是：首先，分析市场是否处于均衡状态；其次，如果市场是非均衡的，分析投资者会如何行动；再次，分析投资者的行为会如何影响市场并最终使市场达到均衡；最后，分析在市场均衡状态下，证券的预期收益由什么决定。套利定价理论认为，套利行为是现代有效率市场形成（亦即市场均衡价格形成）的一个决定因素。套利定价理论认为，如果市场未达到均衡状态的话，市场上会存在无风险的套利机会。

基本假设有以下三点。

①投资者有相同的投资理念。

②投资者是回避风险的，并且要效用最大化。

③市场是完全竞争的。

套利定价理论的出发点是假设证券的回报率与未知数量的未知因素相联系。套利定价理论是利用因素模型来描述资产价格的决定因素和均衡价格的形成机理的。因素模型是一种统计模型。

分为单因素模型和多因素模型，单因素模型认为证券收益率受到一种因素的影响，一般可以用下面的方程来表示单因素模型：

$$r_i = a_i + b_i F + \varepsilon_i \qquad\qquad (4-3)$$

在现实经济中，影响预期收益率改变的因素往往有若干种，因此用多因素模型取代单因素模型分析证券的收益率，将会更切合实际。多因素模型分为两因素模型和多因素模型。

两因素模型假定收益率决定模型中含有两种因素，模型表达如下：

$$r_i = a_i + b_{i1}F_1 + b_{i2}F_2 + \varepsilon_i \qquad\qquad (4-4)$$

多因素模型是两因素模型的扩展，即把多种因素纳入到收益率方程中。

多因素模型的一般形式如下：

$$r_i = a_i + b_{i1}F_1 + b_{i2}F_2 + \cdots + b_{ij}F_j + \varepsilon_j \qquad\qquad (4-5)$$

多因素模型表明，具有相同的因素敏感性的证券或组合除了非因素风险以外，将以相同的方式行动。因而，具有相同的因素敏感性的证券或组合必定要求有相同的预期回报率。如不然，"准套利"机会便会存在，投资者将利用这些机会，最终使其消失。这就是套利定价理论的最本质的逻辑。

7. 衡量业绩常用指标

以上小节是对风险基础知识的介绍，下面介绍用什么指标去衡量风控或投资经理的业绩。

（1）特雷诺指数

特雷诺指数（或特雷纳指数）（Treynor）：特雷诺指数是以基金收益的系统风险作为基金绩效调整的因子，反映基金承担单位系统风险所获得的超额收益。指数值越大，承担单位系统风险所获得的超额收益越高。

该指数计算公式为：

$$T = (R_p - R_f)/\beta_p \qquad (4-6)$$

其中：T 表示特雷诺业绩指数，R_p 表示某只基金的投资考察期内的平均收益率，R_f 表示考察期内的平均无风险利率，β_p 表示某只基金的系统风险。

（2）夏普比率

夏普比率（Sharpe Ratio），又被称为夏普指数。夏普比率在现代投资理论的研究表明，风险的大小在决定组合的表现上具有基础性的作用。风险调整后的收益率就是一个可以同时对收益与风险加以考虑的综合指标，能够排除风险因素对绩效评估的不利影响。一般来讲，夏普比率越大越好。

其计算公式为：

$$Sharpe\ Ratio = \frac{E(R_p) - R_f}{\sigma_p} \qquad (4-7)$$

其中 $E(R_p)$ 表示投资组合预期报酬率；R_f 表示无风险利率；σ_p 表示投资组合的标准差。

（3）阿尔法系数

阿尔法系数是指投资或基金的绝对回报和按照 β 系数计算的预期风险回报之间的差额。绝对回报或额外回报是基金/投资的实际回报减去无风险投资收益，近几年国内市场热捧阿尔法系数这一指标，一般而言，阿尔法系数大于 0 为优。

计算公式：

$$\alpha = (R_i - r_f) - \beta[E(R_m) - r_f] \qquad (4-8)$$

（4）信息比率

衡量某一投资组合优于一个特定指数的风险调整超额报酬。信息比率是从主动管理的角度描述风险调整后的收益，它不同于夏普比率从绝对收益和总风险角度来描述。信息比率越大，说明基金经理单位跟踪误差所获得的超额收益越高，因此，信息比率较大的基金的表现要优于信息比率较低的基金。

计算公式：

$$IR = TD/TE \qquad (4-9)$$

其中 TD 表示资产跟踪偏离度的样本均值；TE 为资产的跟踪误差。

（5）索提诺比率

索提诺比率是一种衡量投资组合相对表现的方法。与夏普比率有相似之处，但索提诺比率运用下偏标准差而不是总标准差，以区别不利和有利的波动。和夏普比率类似，这一比率越高，表明基金承担相同单位下行风险能获得更高的超额回报率。索提诺比率可以看作夏普比率在衡量对冲基金/私募基金时的一种修正方式。

计算公式：

$$Sortino\ ratio = (R_p - R_f)/\ \sigma d \qquad (4-10)$$

其中 σd 指的是半标准差（Semi-standard Deviation）。

二 估值与风险模型

> 别人恐惧时我贪婪，别人贪婪时我恐惧。
>
> ——巴菲特

（一）VaR

近期的衍生工具灾难使金融行业更加关注控制金融风险的需求。

这种需求催生了统一的风险度量指标——风险价值（VaR）。VaR 是指在给定的置信水平下，一段时间内最坏的预期损失。VaR 用一个数字测量了全球范围内市场风险的敞口和金融变量朝不利方向变动的可能性。VaR 用于测量风险的单位为美元。比如说，信孚银行曾经在其 1994 年的年报中透露，其日 VaR 的平均值在 99% 的置信度下为 3500 万美元；人们很容易就会将这个数字与信孚银行 6.15 亿美元的年利润或 47 亿美元的权益总额相比较。在这样的数据基础上，股东和经理人们可以决定他们是否对这个程度的风险感到舒适。如果答案是否定的，那么计算 VaR 的过程就可以被用来确定该从哪些方面减少风险。

除了金融报告，VaR 还可用于很多别的目标，比如说为交易员设定头寸限额，以及在风险调整的基础上衡量回报率和模型评估等。机构投资者们也把 VaR 作为一种衡量他们对风险敞口控制的动态方法，特别是在很多外部基金经理也参与其中的时候。非金融公司，特别是那些参与期货交易的机构，也在考虑建立以 VaR 为中心的风险管理系统。VaR 提供了一种对冲总风险效果的连续测量，相较过去那些传统的、通常关注个别交易的对冲方案，这种方案在适用性方面的提高相当显著。不用怀疑，这些理想的特质说明了当前全盘偏向 VaR 趋势的缘由。

然而，尽管 VaR 受到了普遍的追捧，但是人们并没有认识到 VaR 只是对风险的估计。实际上，VaR 只是由于不利金融风险而导致的可能损失的近似值。尽管 VaR 相较于完全没有测度可依已经是很大的提高，但是我们不能仅从表面数值来看待 VaR 数值。VaR 数值结合了现存的头寸和在目标时间范围内对于风险的估计（包括相关系数）。如果这些估计值是基于历史数据的，那么他们不可避免地会受到"估计风险"的影响。因此，VaR 也涉及风险。

在认识到估计风险之后，会产生一些重要的后果。比如说，使用者们会设定置信度，这个值能够最小化 VaR 误差，这个值通常随机设定。或者说，运用统计方法将估计的误差最小化。

除此之外，VaR 应该和置信区间放在一起。比如说，一个银行会宣布，它们明天的 VaR 是 3500 万美元，在 95% 的置信水平下处于 3200 万～3800 万美元的区间内。与 500 万～6500 万美元的假设区间相比，较小的区间意味着银行对 3500 万美元这个估计值是有信心的。尽管区间范围没有达到数十亿美元，但是较大的区间就说明了 VaR 数值的不准确性。本章旨在为分析 VaR 的估计误差提供一个正式的框架，并就提高 VaR 测度准确性的方法进行讨论。

要正式定义一个投资组合的 VaR，人们首先必须选好两个数量指标：持有期的长度和置信水平。两者都是任意设定的。举例来说，巴塞尔委员会在最新提案中采用了在 99% 置信度水平下未来 10 个交易日的 VaR。为了起到监管的作用，委员会要求将得到的 VaR 再乘以安全因子 3，得出的数值作为最低资本要求。

我们假定，这个 10 天的期限相当于监管者用于发现问题并采取纠正措施的时间。我们也可以假定，对 99% 的置信度水平的选择意味着监管者要在保障健全、完善的金融体系，以及资本要求对银行利润产生不利影响之间做出权衡。对于持有期间和置信度水平不同的选择，会得出不同的 VaR 结果。

数量指标的重要性取决于它们被运用的方式。如果说得到的 VaR 直接被用于选择缓冲资本的大小，那么置信度水平的选择就很关键。这个选择必须反映这个公司对风险的厌恶程度和损失超出 VaR 的成本。对风险的厌恶程度越高，损失成本越大，就意味着要准备更多的资本金来应对可能的损失，也因而需要设定更高的置信度水平。

相反，如果 VaR 数值只是被用作提供一个公司范围内比较不同市场风险的尺度，那么置信度水平的选择就不那么重要了。假设在正态分布中，不同的 VaR 测度很容易就被转化成一个共同的量。

为了计算投资组合的 VaR，令 W_0 为初始投资，R 为投资回报率。在目标时间段末，投资组合的价值是 $W = W_0(1 + R)$。令 μ 和 σ 分别为 R 的年化均值和标准差，Δt 为时间间隔。如果连续的回报率都是不相关的，那该段时间内的预期回报率和风险就是 $\mu \Delta t$ 和 $\alpha \sqrt{\Delta t}$。

VaR 被定义为相对于预期美元损失额，即

$$VaR = E(W) - W^* = W_0 = (\mu - R^*) \tag{4-11}$$

其中，W^* 是给定置信度水平 c 上的最低投资组合价值。找到 VaR 也就等同于找到了最低值 W^* 或最低回报率 R^*。

正常分布下的 VaR

在一般形式下，VaR 可以从未来投资组合价值的概率分布 $f(w)$ 中推导出来。给定置信度水平 c 上，我们希望找到可能的最低价值 W^*，来使得超过这个值的概率是 c，其中

$$c = \int_{W}^{\infty} f(w) \, \mathrm{d}w \tag{4-12}$$

若要使价值低于 W^*，其概率即为 $1 - c$，则

$$1 - c = \int_{-\infty}^{W^*} f(w) \, \mathrm{d}w \tag{4-13}$$

也就说，从 $-\infty$ 到 W^* 的区域之和加总起来必须是 $1 - c$，举个例子，这个值可能是 5%。这个形式对于任意分布都是有效的，不管是连续的还是离散的，肥尾的或者瘦尾的。比如说，摩根大通在其 1994 年的年报中透露，日交易 VaR 均值在 95% 的置信水平下是 1500 万美元。这个数字可以从图 4-1 中推出，该图展示了摩根大通

1994 年日收益的分布。

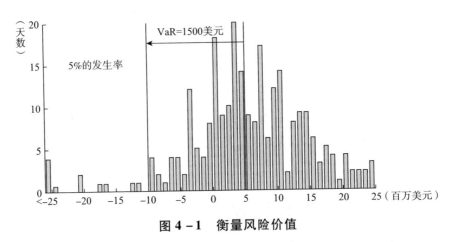

图 4 – 1   衡量风险价值

从 4 – 1 图中，我们发现收益的平均数大约是 500 万美元。接着，我们要找到使 5% 的分布都在它左边的观察值（也叫作分位点）。总共有 254 个观察值，所以我们需要找到 W^*，使其左边的观察值的个数为 $254 \times 0.05 \approx 13$ 个。从这个过程中我们可以得出，W^* 等于 -1000 万美元，日 VaR 为 1500 万美元。

正态分布下的 VaR

如果假设 VaR 是正态分布的，计算过程就在相当程度上得到了简化。通过使用一个置信度水平函数的乘数因子，VaR 可以直接从投资组合标准差中推导出来。

首先，把一般分布 $f(w)$ 映射到一个标准正态分布 $\Phi(\varepsilon)$ 中，其中随机变量 ε 的均值为 0，标准差为 1。最低回报率 R^* 可以和标准正态偏差 α 联系到一起。

$$-\alpha = -\frac{\mu\Delta t - R^*}{\sigma\sqrt{\Delta t}} \qquad (4-14)$$

于是，VaR 可以通过投资组合价值 W^*、最低回报率 R^* 和正态偏差 α 来表示。

$$1 - c = \int_{-\infty}^{W^*} f(w)\,\mathrm{d}w = \int_{-\infty}^{R^*} f(r)\,\mathrm{d}r = \int_{-\infty}^{-a} \Phi(\varepsilon)\,\mathrm{d}\varepsilon \qquad (4-15)$$

为了在 95% 的置信水平上计算 VaR，比如，在正态分布下的 5% 左尾分位点可以对应到标准正态表中的 1.645。如果已知 α，则可以得到 VaR。

$$VaR = W_0 \times \alpha\sigma\sqrt{\Delta t} \qquad (4-16)$$

其中的关键点在于，VaR 只和标准差相关。

比如说，图 4-1 摩根大通的例子由软件计算，分布的标准差是 920 万美元。所以说，正态分布的 VaR 为

$$\alpha(\sigma W_0) = 1.65 \times 920\ \text{万美元} \approx 1520\ \text{万美元}$$

这个数值和从一般分布中得到的 VaR 非常相近，这告诉我们，正态近似值给我们提供了 VaR 的良好近似值。

基于 Sigma 的 VaR

通常来说，这个方法适用于除了正态分布以外的任何概率分布函数。这是一个非常方便的特质，因为相较于正态分布来说，很多金融变量都是肥尾的（比如说，有很多极端值）。更值得注意的是，1987 年 10 月的股票市场崩塌是一个 20 倍标准差事件，这在正态分布下是绝对不会发生的。由于人们常用 VaR 去精确描述尾部数据，所以这一事件让人尤为担忧。

一个可能的解释是，波动率随着时间的变化而改变，它的增长速度比正常波动要快得多。平稳的模型可能会错误地把很大的观察值看作异常点，实际上就是将它们从暂时性离差较大的分布中选取出来。事实上，最近研究二阶时间变化的文献提供了大量的证据，证明各种金融产品的方差确实会随着时间的改变而改变。学生氏分布参数的估计值见表 4-2。

表 4-2 学生氏分布参数的估计值

资产	参数估计值
美国股票	6.8
DM/US $ 汇率	8.0
DM/£ 汇率	4.6
美国长期公债	4.4
美国三个月短期国债	4.5

尽管考虑到了时间变化，剩余回报还是表现出肥尾特性。一个考虑到尾部的简单的方法，就是建立学生氏 t 分布的模型，其特质是由一个额外"自由度（v）"参数来控制尾部的大小。当 v 变大时，分布收敛于正态分布。

表 4-2 提供了 1990~1994 年的一些日价格回报率的学生氏分布参数估计。通常来说，参数 v 的范围为 4~8，肯定了肥尾的存在。

因此，对于很多分布来说，离散度可以用一个参数来代表，那就是标准差。这种方法适用于大部分金融价格、股票价格、债券价格、汇率和商品。当然，对于极度不对称的分布就不适用了，比如期权头寸。然而，对于规模大的投资组合，如商业银行的交易性投资组合来说，问题在于肥尾，而非不对称性。

目前为止，所有的分析都是在标准模式下做出的。然而，较少被认识到的是估计误差的效果。事实上，所有的 VaR 测度都只是估计值。VaR 测度只有当基础分布是由无限多观测值组成时才是准确的。在现实中，只有有限时间段内的数据才是可得到的。

我们可以用很多方法来定义 VaR 测度。"历史模拟法"是复制现行投资组合在过去一段时间的表现。"协方差法"通过由历史数据估计而来的方差—协方差矩阵来概括风险因子。比如说，摩根大通的风险矩阵系统提供了对协方差法的应用，其中风险测度是随着时间的变化而变化的。在每一种情况中，运用不同的时间段必定会导致不同的 VaR 值。问题在于，样本的变化是否会导致 VaR 发生很大的变化。

这种可能性就解释了为什么对 VaR 敏感度的分析是有用的。比如说，有人曾经比较了运用不同模型得到的 VaR 结果，在 5% 的显著性水平、两周（10 天）的期间内，对一个价值 100 万美元的债券组合的风险进行测量。采用历史模拟法，基于过去 100 天和 250 天的收益，得到的 VaR 分别是 2000 美元和 17000 美元。采用风险矩阵法得到的 VaR 是 18200 美元。这些数据的差距似乎相当大，让人不安。

这个实验证明了准确理解 VaR 方法论的必要性。问题在于，差异产生是由方法论在基本原理上的差异导致的，还是只是由于抽样的变化。

基于分位数的 VaR 的估计误差

对于任意的分布来说，第 c 分位点可以在历史分布 $\hat{q}(c)$ 中通过实证方法决定。当然，抽样误差肯定和这种统计方法相联系。举例来说，肯德尔指出，样本分位点 $\hat{q}$ 的渐进标准误差可以根据公式 4 - 17 被推导出来。

$$se(\hat{q}) = \sqrt{\frac{c(1-c)}{Tf(q)^2}} \qquad (4-17)$$

其中，T 是样本容量，$f(q)$ 是在分位点 q 处评估的概率密度函数。由于标准误差可能很大，所以这个方法并不能为测评 VaR 提供"合适的基准"。特别要说明的是，当置信度水平提高之后，这个标准差也提高很多。换言之，数值越接近左尾，估计量就变得越来越不可信赖；也就是说，1% 的左尾比 10% 的分位点更加不可信。

图 4 - 2 和图 4 - 3 中展示了这一现象，其中正态分布与学生氏分布的期望分位点和两个标准差区间分别以点状线标明。

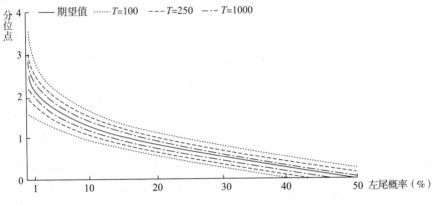

图 4 – 2　样本分位点的置信区间：正态分布

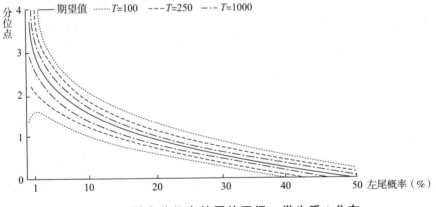

图 4 – 3　样本分位点的置信区间：学生氏 t 分布

对于正态分布来说，5% 左尾区间集中在 1.645 左右。当 $T=100$ 时，两个标准误差置信区间为 1.24 ~ 2.04，这个数值相当大。当 $T=250$ 时，这也恰好是一年的交易日，区间为 1.38 ~ 1.91。当 $T=1000$ 时，区间缩小到 1.51 ~ 1.78。当样本量向更为极端的分位点移动时，区间也在很大程度上变宽。例如，当 $T=1000$ 时，1% 的分位点区间是 2.09 ~ 2.56。正如预期的那样，越极端的尾部，数据量越少，因此也更加不准确。

图 4 – 3 展示了置信度为 6 时学生氏 t 分布的置信区间，这是非

常典型的金融数据。该图显示出偏差 α 对于学生氏分布来说，比正态分布更大，置信区间也更宽。例如，当 T = 100 时，5% 分位点的期望值是 1.943，置信区间是 [1.33，2.56]。这个区间比正态分布的区间更加宽。

这些观察把我们带回在计算 VaR 时未解决的一个问题：置信区间的选择并不是完全任意的，特别是自从巴塞尔委员会已经决定用 3 来作为 VaR 的乘数。现在商业银行汇报 VaR 时使用各种不兼容的参数。

基于 Sigma 的 VaR 的估计误差

我们可以通过直接衡量标准差来得到更高的精确度，该数字可以乘以一个适当的换算因子来获得理想的分位点。

比如在正态分布中，VaR 可以通过两步来计算：首先，计算出样本标准差 s；其次，乘以一个换算因子 $\alpha(c)$ 得到想要的置信水平。比如说，在正态分布下，1.645 对应 95% 的置信水平。

运用这个方法，所估计的分位点的标准误差是

$$se(\alpha s) = \alpha \times se(s) \tag{4-18}$$

与估计分位点相比，这个方法会带来很大的效率提升。比如说，在正态分布的条件下，我们知道样本标准误差是充分的也是有效的统计量；也就是说，它的标准误差最低。从直观上看，这种效率的原因源于 s 用到了整个分布（所有均值附近的偏差的平方）的信息，但是一个分位点只用到了观察值的排序和估计值周围的两个观察值。

对于正态分布来说，我们有 s 的标准误差的解析公式，即

$$se(s \mid \Phi) = \sigma \sqrt{\frac{1}{2T}} \tag{4-19}$$

图 4-4 展示了在正态分布下，当 T = 250 时，分别运用两种方

法得出的被估计分位点的标准误差。就像理论告诉我们的那样，样本标准差法下的标准误差较低，所以相比样本分位法是绝对占优的。

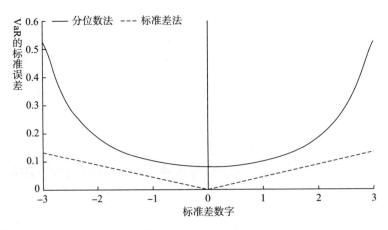

图4-4 不同估计法中 VaR 的标准误差

对于学生氏 t 分布来说，由于分位点能够通过样本标准误差进行估算，所以在计算过程中能够就 t 分布进行调整。然而，没有 $se(s)$ 的解析解，我们可以用模拟的方法来判断基于 s 估计量的方法相比一般分位法的优势。模拟法对于评价这些估计量的小样本特性也很有效。

结 论

VaR 的使用范围要比预料中扩张的速度更快，或者说之前的风险管理并没有采用这样的方法，而其中一些已经导致金融危机的发生。投资者们也不会找借口说他们不知道自己投资的是什么，这样就能限制对于第三方的法律诉讼数量。这个经验告诉我们为什么监管者现在将 VaR 作为一种提升金融市场的稳定度和透明度的方法。

然而，VaR 的优点并不能掩饰它的缺陷。任何一个 VaR 数值本身在测量时都会伴随一些误差，或者是估计风险。因此，理解统计方法对于解读 VaR 数值非常重要。在报告一个单独 VaR 数值的同时，如果能够加上围绕这个数值的置信区间，那么解读就会变得更加容易了。

（二）压力测试

压力测试可以视为对 VaR 的重要补充，压力测试这种方法是在2008 年美国金融危机后被国内外广泛重视的，目前我国国内大中型银行使用较多，其他金融机构由于数据来源的匮乏，很少进行压力测试或者压力测试的准确性有待商榷。以美国为例，压力测试已然成为美联储实行货币政策的重要依据。例如，2017 年 6 月，美国主要的 34 家金融机构做了一轮压力测试，结果显示，可以接受 4930 亿美元的损失且不会影响金融机构的正常运营，这里的最坏情况指道指下跌 50%，商业地产下跌 35%，其中具体事项由于保密要求不便披露，这可能是美联储敢于加息缩表，特朗普敢于和我国打贸易战的底气所在。这也显示了压力测试在金融风险管理方面的重要性。

没有一个单独的统计量可以告诉我们关于投资组合风险的所有信息。因为我们知道模型有一些局限性，特别是对于那些特别极端的事件，我们也试着在事前跟踪误差上使用压力测试。作为一个风险经理，基于实用性，并不会非常关注风险价值的概念，因为在实践中，要想恰当地衡量风险价值是非常困难的，所以我们用事前跟踪误差取而代之。在正常市场中，它为我们提供了投资组合预期行为的一种感觉；在正常情况下我们可以很好地衡量跟踪误差，但是极端事件的可能性却很难预料。我们使用压力测试去评价各种潜在危机的情景。这些压力测试通常定义于高波动率或相关性较小期间。为了透明性及可理解性，危机情景经常用高度公开的极端事件来定义。表 4-3 展示了我们在贝莱德使用的进行压力测试的危机情景的例子。

表 4 – 3　贝莱德危机场景案例

压力测试场景	历史阶段	事件概述
亚洲流感	1998 年 7 月 29 日至 1998 年 9 月 29 日	亚洲和俄罗斯的信用与流动性危机，戏剧般地整合了债券市场
长期资本管理	1998 年 10 月 2 日至 9 日	由于长期资本管理的崩溃导致信用与流动性危机。与此同时，债券利率出现增长，信用价差的隐含波动率大幅提高
"9·11"事件	2001 年 9 月 10 日至 28 日	在"9·11"事件中，利率和市场波动率直线下降
长期衰退	—	根据历史数据得出的"最差"环境

　　每一个危机情景的压力测试的结果可能归因于风险因素群，也就是说，利润和损失如何因为利差、利率和内含波动率等的变化而变化。表 4 – 4 展示了根据雷曼兄弟综合债券指数，对样本投资组合进行评估。这个特定的投资组合对于亚洲流感情境表现良好，在长期资本管理情境中表现较差；在衰退情境下表现极佳，而在"9·11"事件期间表现不佳。这个分析让我们对投资组合对不同极端环境的敏感性有了理解。我们可以计算 Z 值来决定结果是否在统计概率范围内。请注意，长期资本管理和衰退情境的概率为零（比如说，我们将设定这些事件实际发生的概率为零）。这些事件确实是已经发生的事实，证明了使用压力测试的重要性，我们不能仅仅假定这些事件不会发生就可高枕无忧。

表 4 – 4　管理下的样本账户与雷曼兄弟综合债券指数的
压力测试的风险因子报告

风险	亚洲流感 P/L（基点）	长期资本管理 P/L（基点）	衰退 P/L（基点）	世贸中心 P/L（基点）
价差	− 0.52	0.03	48.66	− 1.36
美国利率	8.62	− 15.18	− 4.71	− 7.28

续表

风险	亚洲流感 P/L（基点）	长期资本管理 P/L（基点）	衰退 P/L（基点）	世贸中心 P/L（基点）
掉期期权波动率	0.28	0.56	2.80	1.92
总计①	8.38	− 14.60	46.75	− 6.71
周期风险②	9.81	3.32	5.33	24.00
Z 值	0.85	− 4.39	8.77	− 0.28
概率③	20%	0	0	39%

注：①损益效果——单位为基点；②事件发生期间的投资组合波动率；③损益概率。

结　论

参数化风险分析在投资组合头寸配置方面起到了关键性的作用。投资组合的头寸配置并不一定意味着规避风险。相反地，我们的经验是一个被正确监测的投资组合，可以允许管理者更加果断地处置，并在适当情况下，在承担额外风险方面可以更加进取，因为管理者对理解投资组合、如何配置头寸，以及基于他们坚定的信念如何调整敞口有信心。

作为在固定收益市场透明度改善的结果，在正常的市场条件下，用来预测未来风险的误差跟踪模型的精确性正在提高中。我们已经将投资组合的一些风险管理转向了误差追踪，并相信这种趋势会继续下去。然而，采用这种方法的一个注意事项是，随着投资领域的扩大，新的风险会进入投资组合中，风险管理者应该积极地拓展风险管理框架，以确保新的风险被纳入进来。

用任何一种建立在概率上的模型，都无法理解极端事件的潜在影响，这可能导致极端不幸的结果，因为误差跟踪模型倾向于忽视一些可能发生的极端事件，而这些极端事件不仅有可能发生，也确实发生过大打折扣。压力测试应该成为风险管理体制的一个组成部分，用来测量在非正常的市场条件下的敞口。

尽管没有任何模型可以完全替代判断，但是这种事前的误差跟踪模型，是风险度量和风险管理技术的合乎逻辑的发展进程的下一步。正确使用这种方法，会给管理者提供一个机会，使他们的判断建立在精确的统计数据的基础上，这样的话，管理者就知道什么时候该承担、什么时候不承担各种风险了。

（三）波动率一元模型

波动率是用来描述证券价格、市场指数、利率等在它们均值附近上下波动幅度的术语，是标的资产投资回报率的变化程度的度量。考虑到多元的波动率模型较难理解，我们在此仅介绍一元的波动率模型。股票的波动率是用于度量股票所提供收益的不确定性。股票通常具有 15% ~ 50% 的波动率。股票价格的波动率可以被定义为按连续复利时股票在 1 年内所提供收益率的标准差。当 Δt 很小时，$\sigma^2 \Delta t$ 近似的等于在 Δt 时间内股票价格变化百分比的方差。这说明 $\sigma \sqrt{\Delta t}$ 近似的等于在 Δt 时间内股票价格变化百分比的标准差。用标准差来表述股票价格变化不定性的增长速度，大约为时间展望期长度的平方根（至少在近似意义下）。

由历史数据来估计波动率

为了以实证的方式估计价格的波动率，对股票价格的观察通常是在固定的时间区间内（如每天、每星期或每个月）。

定义

$n+1$——观测次数；

S_i——第 i 个时间区间结束时变量的价格，$i=0$，1，…，n；

τ——时间区间的长度，以年为单位。

令

$$u_i = \ln\left(\frac{S_i}{S_{i-1}}\right), i = 0, 1, \cdots, n;$$ (4-20)

标准差 s 通常估计为

$$s = \sqrt{\frac{1}{n-1}\sum_{i=1}^{n}(u_i - \bar{u})^2}$$ (4-21)

或

$$s = \sqrt{\frac{1}{n-1}\sum_{i=1}^{n}u_i^2 - \frac{1}{n(n-1)}\left(\sum_{i=1}^{n}u_i\right)^2}$$ (4-22)

其中 $\bar{u}$ 为 u_i 的均值。

由于 u_i 的标准差为 $\sigma\sqrt{\tau}$。因此，变量 s 是 $\sigma\sqrt{\tau}$ 的估计值。所以 σ 本身可以被估计，其中 $\hat{\sigma}$

$$\hat{\sigma} = \frac{s}{\sqrt{\tau}}$$ (4-23)

可以证明以上估计式的标准差大约为 $\hat{\sigma}/\sqrt{2n}$。

在计算中选择一个合适的 n 值并不容易。一般来讲，数据越多，估计的精确度也会越高，但 σ 却是随时间变化，因此过老的历史数据对于预测将来波动率可能不太相干。一个折中的方法是采用最近 90~180 天内每天的收盘价数据。另外一种约定俗成的方法是将 n 设定为波动率所用于的天数。因此，如果波动率是用于计算年期的期权，在计算中我们可以采用最近两年的日收益数据。关于估计波动率表较复杂的方法涉及 GARCH 模型与 EWMA 模型，在下文中将进行详细介绍。

隐含波动率

首先对于一个无股息股票上看涨期权与看跌期权，它们在时间 0

时价格的布莱克－斯科尔斯公式为

$$c = S_0 N(d_1) - Ke^{rT}N(d_2) \qquad\qquad (4-24)$$

$$p = Ke^{-rT}N(-d_2) - S_0 N(-d_1) \qquad\qquad (4-25)$$

式中

$$d_1 = \frac{\ln(S_0/K) + (r + \sigma^2/2)T}{\sigma\sqrt{T}}$$

$$d_2 = \frac{\ln(S_0/K) + (r - \sigma^2/2)T}{\sigma\sqrt{T}} = d_1 - \sigma\sqrt{T}$$

函数 $N(x)$ 为标准正态分布变量的累积概率分布函数。式中：c 与 p 分别为欧式看涨期权与看跌期权的价格，S_0 为股票在时间 0 的价格，K 为执行价格，r 为以连续复利的无风险利率，σ 为股票价格的波动率，T 为期权的期限。

在布莱克－斯科尔斯定价公式中，不能直接观察到的参数只有股票价格的波动率。在前文中已经讨论了如何由股票的历史价格来估计波动率。在实际中，交易员通常使用所谓的隐含波动率（Implied Volatility）。这一波动率是指由期权的市场价格所隐含的波动率。

为了说明隐含波动率的计算思路，假设一个不付股息股票的欧式看涨期权价格为 1.875，而 $S_0 = 21$，$K = 20$，$r = 0.1$ 和 $T = 0.25$。隐含波动率是所给期权价格 $c = 1.875$ 时对应的 σ 值。不幸的是，不能通过直接反解式来将 σ 表示成期权价格与其他变量 S_0、K、r、T 和 c 的函数，但是可以用迭代的方法求解所隐含的值 σ。例如，开始时令 $\sigma = 0.20$，对应这一波动率，期权价格 c 为 1.76 美元，这一价格太低。由于期权价格为 σ 的递增函数，我们需要一个较大的 σ 值。再令 $\sigma = 0.30$，对应的期权价格 c 为 2.10 美元，此值高于市价，这意味着 σ 一定介于 0.2 和 0.3 之间。接下来，令 $\sigma = 0.25$，此值对应的期权价格仍太高，所以 σ 应在 0.20 ~ 0.25 间。这样继续下去每

次迭代都使 σ 所在的区间减半，因此我们可以计算出满足任意精确度的 σ 近似值。本例中，隐含波动率 $\sigma = 0.235$，即每年 243.5%。

隐含波动率可以用来测量市场上对于某一股票波动率的观点。而历史波动率是回望型（Backward Looking）的，而隐含波动率则为前瞻型（Forward Looking）的。通常，交易员对于期权所报出的是隐含波动率，而不是期权的价格。这样做会带来许多方便，因为波动率的变化比期权价格变化更加稳定。

估计波动率

定义 σ_n 为第 $n-1$ 天所估计的市场变量在第 n 天的波动率，第 n 天波动率的平方 σ_n^2 为方差率（Variance Rate），在前面已经对如何从历史数据来估计 σ_n 的标准方法进行了描述。假定市场变量在 i 天末的价格为 S_i，变量 u_i 定义为在第 i 天连续复利收益率（第 $i-1$ 天末至第 i 天末的收益）：

$$u_i = \ln \frac{S_i}{S_{i-1}} \qquad (4-26)$$

利用 u_i 在最近 m 天的观察数据所计算出的每天方差率 σ_n^2 的无偏估计为

$$\sigma_n^2 = \frac{1}{m-1} \sum_{i=1}^{m} (u_{i-1} - \bar{u})^2 \qquad (4-27)$$

其中 $\bar{u}$ 为 u_i 的平均值

$$\bar{u} = \frac{1}{m} \sum_{i=1}^{m} u_{n-i} \qquad (4-28)$$

u_i 被定义为市场变量在第 $i-1$ 天末与第 i 天末的价格百分比变化

$$u_i = \frac{S_i - S_{i-1}}{S_{i-1}} \qquad (4-29)$$

$\bar{u}$ 为假设为零，$m-1$ 为 m 所代替。

以上三个变化对计算结果影响不大，但这些变化会使得方差公式简化成

$$\sigma_n^2 = \frac{1}{m} \sum_{i=1}^{m} u_{n-1}^2 \qquad (4-30)$$

指数加权移动平均（EWMA）模型

指数加权移动平均模型是一个特殊形式，其中权重 α_i 随着时间以指数速度递减，具体地讲，$\alpha_{i+1} = \lambda\alpha_i$，其中 λ 是介于 0 与 1 之间的某一常数。

在以上特殊假设下，更新波动率公式被简化为

$$\sigma_n^2 = \lambda\sigma_{n-1}^2 + (1-\lambda)u_{n-1}^2 \qquad (4-31)$$

一个变量第 n 天的波动率估计值（在第 $n-1$ 天估算）σ_n 由第 $n-1$ 天波动率估计值 σ_{n-1}（在第 $n-2$ 天估算）和变量在最近一天变化百分比 u_{n-1} 决定。

EWMA 方法的诱人之处是其仅需要相对较少的数据。对于任一时刻，我们只需要记忆对当前波动率的估计以及市场变量的最新观察值。当我们得到市场变量最新观察值后，就可以计算当天价格变化的百分比，然后利用式 4-31 就可以更新方差估计。旧的方差估计与旧的市场变量可以被舍弃。

（1）GARCH（1，1）模型

接下来介绍 Bollerslev 于 1986 年提出的 GARCH（1，1）模型，在 GARCH（1，1）中，σ_n^2 是由长期平均方差 V_L 以及 U_{n-1} 和 σ_{n-1} 计算得出，GARCH（1，1）的表达式为

$$\sigma_n^2 = \gamma V_L + \alpha u_{n-1}^2 + \beta\sigma_{n-1}^2 \qquad (4-32)$$

式中 γ 为对应于 V_L 的权重，α 为对应于 u_{n-1}^2 的权重，β 为对应

于 σ_{n-1}^2 的权重。因为权重之和仍为 1，所以我们有

$$\gamma + \alpha + \beta = 1 \qquad\qquad (4-33)$$

可以说 EWMA 模型是 GARCH（1，1）模型对应于 $\gamma = 0$，$\alpha = 1 - \lambda$ 及 $\beta = \lambda$ 的特例。

GARCH（1，1）模型的（1，1）表示 σ_n^2 是由最近的 u^2 的观察值以及最新的方差率估计而得出。在更广义的 GARCH（p，q）模型中，σ_n^2 是最近的 p 个 u^2 观察值及 q 个最新方差率估计而得出的，GARCH（1，1）是最流行的 GARCH 模型。

令 $\omega = \gamma V_L$，我们可以将 GARCH（1，1）模型写成

$$\sigma_n^2 = \omega + \alpha u_{n-1}^2 + \beta \sigma_{n-1}^2 \qquad\qquad (4-34)$$

在估计模型的参数时，通常会采用这种形式，一旦 ω、α 和 β 被估算，我们可以由 $\gamma = 1 - \alpha - \beta$ 来计算 γ，长期方差 $V_L = \omega/\gamma$。为了保证 GARCH（1，1）模型的稳定，我们需要 $\alpha + \beta < 1$，否则对应于长期方差的权重会是负值。

（2）GARCH（p，q）模型

由 GARCH（1，1）模型我们可以推广到一般的 GARCH（p，q）模型，即

$$\sigma_n^2 = \omega + \sum_{i=1}^{p} \alpha_i u_{n-i}^2 + \sum_{j=1}^{q} \beta_j \sigma_{n-j}^2 \qquad\qquad (4-35)$$

GARCH（p，q）模型被广泛应用于金融资产收益和风险的预测中，希望读者能牢记 4-31 和 4-32 的公式。

下面选取一般模型实证分析的文章供大家参考。

计算股票的收益率，分析其统计特征：本书收集了中国石油在 2008 年 3 月 31 日至 2014 年 3 月 28 日的收盘价，共 1446 个观测值。接着运用 $r = \ln(Pt/Pt - 1)$ 对收益率 r 进行计算，该序列共有 1446 个

观测值。通过 Eviews 6.0 对收益率 r 进行描述性统计，期望均值和标准差分别为 – 0.000492、0/0017698；Jartque-Beta 统计量为 2399.719，对应的 P 值为 0，意味着收益率并不服从正态分布（见表 4 – 5）。

表 4 – 5 样本统计参数结果

Mean	Std. Dev	Jarque-Bera	Probility	Observations
– 0.00049	0.017698	2399.719	0	1446

利用 EWMA 模型估计股票的条件方差和条件标准差：选择衰减因子 $\lambda = 0.94$，进而得到基于 EWMA 模型计算的该股票条件方差和条件标准差序列，分别为 V_1 和 Std_1。

利用 GRACH 模型估计股票的条件方差和条件标准差：利用 Eview 6.0 中的 GRACH（1，1）模型估计股票的条件方差及条件标准差，结果如表 4 – 6。条件方差的估计结果为：$\sigma2t = 2 \times 45E - 06 + 0 \times 066617\varepsilon2t - 1 + 0 \times 923098\sigma2t - 1$。根据此模型预测其条件方差 V_2 和 Std_2。

表 4 – 6 CARCH 模型样本统计参数结果

GARCH = C(2) + C(3) × RESID(–1)^2 + C(4) × GARCH(–1)				
Variable	Coefficient	Std. Error	z-Statistic	Probility
C	2.45E – 06	4.70E – 07	5.208791	0
RESID（–1）	0.066617	0.007261	9.174816	0
GARCH（–1）	0.923098	0.007795	118.4146	0

把 Std_1 和 Std_2 组成一个 Group 对象，并查看它们的变化情况，结果如图 4 – 5 所示。可见，通过 EWMA 模型和 GRACH（1，1）模型计算的条件方差具有类似的变化轨迹。

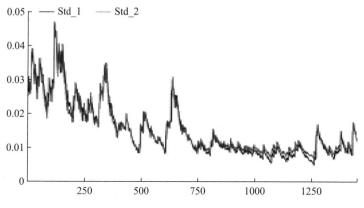

图 4 - 5　两种模型估计的标准差

计算股票的 VaR 值：计算置信水平 C = 0.95 时的 VaR 值，此时，标准正态分布的分位数 α = 1.96。软件分别计算出 EWMA 模型下的 VaR_1 和 GARCH（1，1）模型下的 VaR_2。

比较股票的 VaR 值与股票的实际损失。本书用 Loss = p-p（-1）计算股票的实际损失序列 Loss。"seriensne_VaR_1 = - VaR_1"命令把 VaR_1 值转换为负值，以反映在置信水平为 95% 时的股票的最大损失。同理把 VaR_2 值转换为负值。把 Loss 序列、NE_VaR_1 序列和 NE_VaR_2 序列组成一个 Group 对象，并查看其变化情况。结果如图 4 - 6 所示。

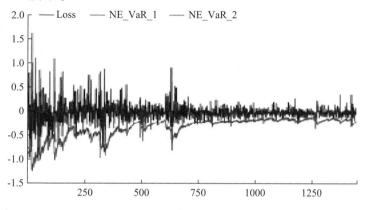

图 4 - 6　两种方法下的 VaR 值

从图 4 - 6 可见，两种方法下的 VaR 值都包括了大部分的实际损失，有少部分实际损失超过了 VaR 的估计结果。根据置信水平为 95%下 VaR 的定义，实际损失超过 VaR 的概率小于 5%，因此，在实际损失的观测值总数为 1445 的情况下，实际损失超过 VaR 的总次数应小于 $1445 \times 0.05 = 72.25$ 次。为计算实际损失超过 VaR_1 的总次数，在主窗口的命令输入栏输入公式 "seriestest1 = （Loss < 0and Loss < ne_VaR_1）"。得到 Test 1 序列对象并对其进行描述性统计，得到 Test 1 的和为 50，即实际损失超过 VaR_1 的总次数为 50 次。同理生成 Test 2 序列，并对其进行简单统计分析，得到实际损失超过 VaR_2 的总次数为 42 次（见表 4 - 7）。因此，相比较而言，GARCH（1，1）模型得到的 VaR 值优于 EWMA 模型下的 VaR 值。

表 4 - 7　两种方法下的样本统计参数结果

	Mean	Std. Dev	Sum	Probility
Test 1	0.034602	0.182833	50	0
Test 2	0.029066	0.168049	42	0

本书以中国石油为例，通过 EWMA 模型和 GARCH 模型分别估计其股价的条件方差及条件标准差，进而计算其 VaR 值。最后将两种方法下的 VaR 值与实际损失进行比较，发现 GARCH 模型下的 VaR 值 GARCH（1，1）模型得到的 VaR 值优于 EWMA 模型下的 VaR 值。

（四）Black-Scholes 期权定价模型

Black-Scholes 模型主要是用来进行期权价格以及收益期望的计算和估计。这个模型的主要研究人员从两个不同的方向研究了期权定价问题，麦伦·斯科尔斯与费希尔·布莱克利用了资本资产定价模型来确定市场对期权所要求的回报与对股票所要求的回报之间的关系。而罗伯特·默顿所采用的方法主要运用了风险中性原则。即在一个很短的时间段内，由股票和期权给出的投资组合的回报率可以看作无风险利率。相对于前面两位研究者，默顿的方法更具有一般性。现在为金融研究者熟知并广泛应用的 Black-Scholes 期权定价模型正是基于默顿的方法和研究推导出来的。

在 B-S 定价模型中，风险中性定价原则是非常重要的，布莱克－斯科尔斯－默顿微分方程不涉及任何受投资者对风险选择影响的变量。股票的当前价格、到截止日期前时间、股票价格波动率和无风险利率这些变量是方程中的所有变量，而它们均与风险选择无关。由于布莱克－斯科尔斯－默顿微分方程与风险选择无关，我们可以利用一种巧妙的方法：如果风险选择在方程中不出现，那么它不会影响方程的解。因此，在计算 0 时刻期权价格 f 时，任何一组风险选择都可以被当作实际情况进行计算，特别地，可以假设所有的投资者均是风险中性的。

在应用风险中性定价计算的过程中，需要假设标的资产的期望收益率为无风险利率，由此用无风险利率对收益期望进行贴现求解。对于风险中性的投资者而言，他们不愿意用额外的风险换取额外的回报，因此在分析时利用风险中性假设可以大大简化分析的过程。

模型假设：

·不存在无风险套利机会；

·模型研究的期权种类假定只为欧式期权；

·股票的价格服从对数正态分布，而同时股票的收益率服从正态分布；

·在期权有效期内，也即到期日前，无风险利率和股票的收益变量是常量；

·无税收和交易成本；

·股票在期权有效期内没有股息。

Black-Scholes 期权定价公式：

$$\frac{\partial f}{\partial t} + rS\frac{\partial f}{\partial S} + \frac{1}{2}\sigma^2 S^2 \frac{\partial^2 f}{\partial S^2} = rf \qquad (4-36)$$

B-S 微分方程的解是关于看涨期权与看跌期权最著名的定价公式，分别为

$$c = S_0 N(d_1) - Ke^{-rT}N(d_2) \qquad (4-37)$$

$$p = Ke^{-rT}N(-d_2) - S_0 N(-d_1) \qquad (4-38)$$

式中

$$d_1 = \frac{\ln(S_0/K) + (r+\sigma^2/2)T}{\sigma\sqrt{T}} \qquad (4-39)$$

$$d_2 = \frac{\ln(S_0/K) + (r-\sigma^2/2)T}{\sigma\sqrt{T}} = d_1 - \sigma\sqrt{T} \qquad (4-40)$$

式中的 $N(x)$ 表示标准正态分布的概率分布函数，也就是说这一函数等于服从标准正态分布的随机变量其值小于 x 的概率。此外，c 表示欧式看涨期权的价格，而 p 则为看跌期权的价格，S_0 表示股票在初始 0 时刻的价格，K 为期权在到期日的执行价格，r 表示连续复利的无风险利率，股票价格的波动率由 σ 给出，T 表示从起始时刻到执行时刻的时长。

考虑最基本的欧式看涨期权，风险中性世界里，期权到期时的期望值是：

$$\hat{E}[\max(S_T - K, 0)] \qquad (4-41)$$

式中 $\hat{E}$ 表示在风险中性世界里的期望值。从风险中性定价方法中可得，欧式看涨期权的价格等于这个期望值以无风险利率贴现后

的现值，也就是说：

$$c = \hat{E}\left[\max(S_T - K, 0)\right]e^{-rT} \qquad (4-42)$$

（五）二叉树定价

二叉树方法是对期权和其他衍生品进行估算而普遍使用的一种数值模拟方法。Cox、Ross 和 Rubinstein 在 1979 年提出的二叉树法是现在较为成熟的二叉树方法的思想基础，是衍生品资产价格在有效期内按一定规律可能遵循的路径，从而更明显地分析真实期权，而且得出的模拟结果与 Black-Scholes 公式得到的结果是等价的，尤其是当二叉树方法的步数足够大的时候，二叉树方法得出的数值解与 B-S 公式得到的解析解基本没有差异。

我们首先来讨论一步二叉树中各节点股票价格以及期权价格，假设初始 0 时刻股票价格为 S_0，股票期权的价格为 f，T 表示期权的有效期，在期权有效期内，股票的价格可能会由 S_0 上涨到 S_{0u}，也有可能从 S_0 下跌到 S_{0d}，其中 $u > 1$，$d < 1$。当股票涨价时，这支股票价格增长的比率为 $u-1$。当股票降价时，这支股票价格下跌的比率为 $1-d$。假设股票价格变到 S_{0u}，相应的期权价格为 f_u；而股票价格变为 S_{0d} 时，期权价格为 f_d。结果如图 4-7 所示。

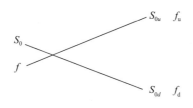

图 4-7 二叉树定价流程

例如，我们将一个 X 股股票的长头寸和一份期权的短头寸组成一个交易组合。我们能够找到一个实数 X 使得当前交易组合不具有任何风险。期权到期时的价值在股票价格上涨时为

$$S_{0u}X - f_u \qquad (4-43)$$

期权到期时价值在股票价格下降时为

$$S_{0d}X - f_d \qquad (4-44)$$

令以上两个值相等，即

$$S_{0u}X - f_u = S_{0d}X - f_d \qquad (4-45)$$

我们得出

$$X = \frac{f_u - f_d}{S_{0u} - S_{0d}} \qquad (4-46)$$

这时的交易组合根据开始的假设应当是无风险的，由此它的收益率一定会等于无风险利率。式 4 - 46 表示，当股票在两个节点之间变动时，X 为期权价格变化与股票价格变化的比率。

如果我们将此交易组合的无风险利率用 r 表示，则此交易组合的贴现值应为

$$(S_{0u}X - f_u)e^{-rT} \qquad (4-47)$$

而当前交易组合在 0 时刻的成本应为

$$S_0 X - f \qquad (4-48)$$

所以

$$S_0 X - f = (S_{0u}X - f_u)e^{-rT} \qquad (4-49)$$

即

$$f = S_0 X(1 - ue^{-rT}) + f_u e^{-rT} \qquad (4-50)$$

将 X 的表达式带入上式并进行简化，则有

$$f = S_0 \frac{f_u - f_d}{S_{0u} - S_{0d}}(1 - ue^{-rT}) + f_u e^{-rT} \qquad (4-51)$$

或

$$f = \frac{f_u(1 - de^{-rT}) + f_d(ue^{-rT} - 1)}{u - d} \qquad (4-52)$$

或

$$f = e^{-rT}[pf_u + (1-p)f_d] \qquad (4-53)$$

其中

$$p = \frac{e^{rT} - d}{u - d} \qquad (4-54)$$

当股票的价格代入如上方法设置的一步二叉树当中时，这一系列式子可以对期权进一步定价。

第五章

金融衍生品

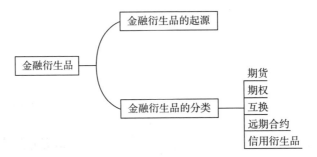

一 金融衍生品的起源

现代期货合约是为了满足谷物农场主（农民）和商人的需要产生的。谷物的价格受下一收获季节谷物收成的影响，如果在谷物生长期或收获期遭遇天灾，收成大减，那么谷物供给不足会造成谷物价格飙升；相反，如果谷物过剩，就会造成谷物价格暴跌，甚至一文不值。因而农民面临着很大的谷物价格风险，谷物加工或储运的商人也同样面临着价格风险。假设一谷物加工商对谷物有长期需求。当谷物丰收、供大于求时，谷物价格下降可以减少加工商的进货成本；而当谷物丰收、供不应求时，加工商人的加工成本急升，甚至导致其生产中断，为了规避谷物价格风险，农民和加工商都迫切需要签订某种在未来收获季节卖出或买入谷物的期货或远期合约。

正是由于农场主和商人的需要，芝加哥期货交易所（CBOT）于1848年创建。最初的芝加哥期货交易所是给农场主和商人提供见面的地点。随着交易的进行，对合约中的谷物质量以及数量标准化的需求日益增加，最终在1851年产生了第一张期货合约——未到期执行合约（Ro-arrive Contrat）。

这一合约的推出很快得到热烈响应，也吸引了大批只对合约本身而非标的物感兴趣的投机客，合约也很快扩张到小麦、大豆等其他农产品，1874年芝加哥产品交易所正式成立，主要交易黄油、鸡蛋等农产品期货。1898年，黄油、鸡蛋合约退出了芝加哥产品交易所，组成了芝加哥黄油和鸡蛋交易所。1919年该交易所更名为芝加哥商业交易所（Chicago Mercantile Exchange，CME）。交易的合约品种逐渐增多，著名的农产品期货合约包括1961年开始交易的猪肉期货，以及后来的生牛期货（1964年）、生猪期货（1966年）等。

1971 年美国放弃了金本位制，导致了国际外汇市场的波动。为适应风险管理的需要，1972 年，芝加哥期货交易所成立了国际货币市场（International Monetary Market，IMM），专门交易外汇期货合约。1973 年，西方国家正式允许汇率自由浮动，外汇期货很快就成为热门合约，IMM 的外汇合约涉及的外汇种类包括英镑、加元、德国马克、日元、瑞士法郎、澳元等。

20 世纪 70 年代初的石油危机导致西方各国经济大幅波动。利率波动率也随之增大，1975 年 10 月，芝加哥期货交易所看准时机推出了第一张利率期货合约——政府国民抵押协会抵押凭证合约（GNMA mortgage contract）。在其后的几年，IMM 相继推出 90 天短期国债期货、90 天欧洲美元期货（1981 年）、90 天银行存单期货（1981 年）。CBOT 在 1977 年开发了 20 年长期国债期货。这些利率期货品种自推出以来长盛不衰。

随着 1981 年《雪得—约翰逊协议》的订立，美国证监会（SEC）与商品期货交易委员会（CFTC）的监管权之争暂告一段落。这为股指期货的推出创造了有利的条件。1982 年 2 月 16 日，堪萨斯期货交易所（KCBT）开始交易第一个股指期货合约——价值线（Value Line）股指期货。紧随其后，1982 年 4 月 21 日，芝加哥商业交易所推出了著名的标准普尔 500 指数（S&P500 Index）期货。1982 年 5 月 6 日纽约商业交易所推出纽约证券交易所指数（NYSE Index）期货。20 世纪 70 年代末 80 年代初，利率期货和股指期货成功上市交易，很快就改变了过去 100 多年的期货交易以农产品为主的格局。金融期货在期货市场中占据越来越重要的位置。

期货市场的快速发展不只局限于美国。20 世纪 80 年代以来，虽然美国在期货品种和交易额上位居世界期货业"大哥大"的位置，但其他国家的期货品种和交易也以非常惊人的速度增长。1985 年，世界最活跃的十大期货合约均花落美国。到 1990 年，东京证券交易所的日本政府债券和法国金融期货交易所（MATIF）的法国政府债券，以及大阪证券交易所的日经 225 指数期货合约跃入世界 10 强。到 2011 年，按成交量排名的十大期货交易所中，来自金砖四国的交易所占半壁江山。自 20 世纪 90 年代以来，美国以外的衍生工具（期货、期权和其他衍生工具）交易市场（尤其是亚太市场）快速成长的趋势一直在延续。至 2014 年底，亚太地区衍生工具成交量占全球总成交量的 33.2%，接近北美地区所占比例（37.68%），远超欧洲所占比例（20.4%）。全球成交最活跃的主要期货和期权合约也花落美国以外的印度、中国、韩国等新兴市场。

互换合约的历史较短。世界上第一个规范的互换合约是于 1981 年 8 月由所罗门兄弟公司为 IBM 公司和世界银行安排的一次货币互换。当时 IBM 公司绝大部分资产由美元构成，为避免汇率风险，希望其负债与之对称，也由美元构成；而世界银行希望用瑞士法郎或德国马克这类绝对利率最低的货币进行负债管理。同时，世界银行和 IBM 公司在不同的市场上有比较优势，于是，世界银行将其发行的 29 亿欧洲美元债券与 IBM 公司等值的德国马克、瑞士法郎债券进行互换，各自达到了降低筹资成本的目的。通过这次互换，IBM 公司将年利率为 10% 的德国马克债务转换成了年利率为 8.15%（以两年为基础）的美元债务，世界银行将年利率为 16% 的美元债务转换成了年利率为 10.13% 的德国马克债务，早期的互换市场成交较为清淡，但对于中介机构来说，互换交易业务收益很高。到了 20 世纪 80 年代后期，互换市场开始出现由投资银行或商业银行担任的专业互换经纪商对交易进行撮合，因此互换市场规模急剧扩大。据国际清算银行的统计资料，至 2015 年第二季度末，全球成交的互换合约的名义价值高达 3450 万亿美元，其规模相当于美国 GDP 的近 200 倍。

现代期权合约最早出现在荷兰。郁金香热在 17 世纪初开始蔓延整个荷兰，美丽的郁金香及郁金香花球被冠以高价。在 1637 年，郁金香泡沫达到登峰造极的程度，一株郁金香叫价高达 6700 荷兰盾，与一座位于阿姆斯特丹运河边带花园的别墅同价。当时，郁金香的种植者采用买入看跌期权和卖出期货的办法来保证他们能以较好的价格卖出郁金香花球；分销商则通过买入看涨期权和期货的方式来保护它们避免受到价格上涨带来的损失；分销商购买看涨期权以保证当有需求的时候它们能够以一个合理的价格收购郁金香。郁金香泡沫在 1637 年 2 月后开始破灭。1637 年 2 月郁金香的价格是 1637 年 5 月的 20 倍。郁金香泡沫事件破坏了期权在人们心目中的形象，直至 100 多年后，伦敦的期权交易仍然被认为不合法。

19 世纪中期，美国开始了以订单驱动方式进行的场外股票期权交易。19 世纪后半叶一种名为特惠权的、主要针对农产品期货的期权交易在芝加哥兴起并盛行起来。由于当时的特惠权交易缺乏监管机构，市场非常混乱，各州政府相继立法禁止特惠权交易。现代期权市场一般被认为是起源于 1973 年芝加哥期货交易所在经过 4 年的研究和计划之后成立的芝加哥期权交易所（CBOE）。这与年轻学者布莱克（Black）和斯科尔斯（Scholes）于 1973 年提出的著名的"布莱克－斯科尔斯期权定价公式"有很大关系。该公式一改此前投资者和交易商只能凭自己的主观推测和判断对期权估价的状况，为期权市场的发展奠定了重要的理论基础。1973 年 4 月 26 日，CBOE 上市交易 16 只股票的看涨期权。在上市首日的 911 张成交量之后，芝加哥期权交易所的交易量迅速增加到平均日成交 20000 张。经过美国证券交易委员会（SEC）的多次推迟之后，看跌期权终于在 1977 年开始交易。为了便于监控，美国证券交易委员会只批准了 5 只股票的看跌期权上市交易。到 1979 年，芝加哥期权交易所的成交量达到了惊人的 3540 万张。此后，期权合约扩展到更广泛的标的资产和国家与地区，并实现了快速发展。特别值得一提的是，起步很晚的韩国、印度、中国台湾等地的期权市场近年来迅猛发展，其中，印度的漂亮 50 指数期权和韩国股票指数期权已经跻身世界最活跃期权合约的前两位，并且其成交量远远超出传统的标普 500 指数期权的成交量。

二 金融衍生品的种类

（一）期货

现代意义上的期货交易起源于 19 世纪中期美国中北部。1848 年，芝加哥期货交易所（CBOT）成立，开始交易远期合约；1865 年，CBOT 在远期合约的基础上进一步推出标准化合约，同时实行保证金制度，向签约双方收取不超过合约价值 10% 的保证金作为履约保障。这些具有历史影响的制度创新，促成了真正意义上的期货产品和期货交易的诞生。

100 多年来，期货交易的对象不断扩大，种类日益繁多。传统的农产品期货品种有棉花、小麦；金属期货品种有黄金、白银；能源期货品种有原油、汽油、电力。20 世纪 70 年代以后，又迅速兴起各类金融期货产品，如外汇、利率、股票指数期货等，金融期货交易量的增长十分惊人。近 10 年来，期货交易从发达国家向发展中国家迅速扩展，几近成为当今经济全球化发展趋势中的标志性特征之一。

1990 年 10 月 12 日，中国郑州粮食批发市场经国务院批准，以现货交易为基础，引入期货交易机制，作为我国开设的首个商品期货市场，迈出了中国期货市场发展的第一步。目前，我国已经初步形成了以期货交易所为核心、以期货公司为交易会员的较为规范的市场组织体系，期货市场功能初步显现，进入了规范发展的新阶段。

同时，随着我国改革开放的深入，期货市场在国民经济中发挥的作用也日益得到人们的认可和重视。

1. 期货合约以及其核心条款

期货合约是由交易所设计，规定缔结合约的双方在将来的某一时间和地点按照合约规定的价格交割一定数量和质量的实物商品或金融产品，并经过国家的监管机构审批后方可上市交易的一种标准化合约。它是基于标的资产未来确定价格的可交易标准化合约。期货合约的持有人可通过交收现货进行对冲交易来履行或解除合约义务。

2. 期货合约的种类

期货经过 100 多年的发展，标的物的范围不断扩大。现在的期货合约根据标的物的不同特点，主要分为以下五类。

第一，商品期货。以商品为标的物的期货合约。

第二，农产品期货。农产品期货是最早处理的期货种类，它诞生于 1848 年的 CBO 标的物，主要包括小麦、大豆、玉米等谷物，棉花、咖啡、可可等经济作物，以及木材、天然橡胶等林产品。

第三，金属期货。最早出现的是伦敦金属交易所（LME）的铜期货，目前已发展成以铜、铝、锌、镍为代表的有色金属期货和以黄金、白银等为代表的金属期货两类。

第四，能源期货。20 世纪 70 年代发生的石油危机直接导致了石油等能源期货的产生。目前市场上主要的能源期货品种有原油、汽油、取暖油、丙烷等。

第五，金融期货。以金融工具作为标的物的期货合约外汇期货。20 世纪 70 年代布雷顿森林体系解体后，浮动汇率制引发了外汇市场的剧烈波动，在人们规避汇率风险的迫切需求下，外汇期货合约最先于 1972 年 5 月在芝加哥诞生，目前在国际外汇市场上，交易量最

大的外汇品种主要有美元、欧元、日元、英镑、瑞士法郎、加元等
利率期货。最早的利率期货是 1975 年 10 月在芝加哥期货交易所上
市的政府国民抵押协会抵押凭证合约，利率期货目前主要有两类，
即短期利率期货合约和长期利率期货合约，其中后者的交易量更大。
随着经济周期和经济全球化的影响，国际证券市场价格常常有较大
的起落波动，因而投资者迫切需要一种能规避风险、实现保值的工
具。在此背景下，1982 年 2 月 24 日，美国堪萨斯期货交易所推出价
值线综合指数期货。现在全世界交易规模最大的股指期货合约是芝
加哥商业交易所的标准普尔 500 指数期货合约。

3. 期货合约的特点

概括地讲，期货合约具有以下特点。

第一，标准化合约。期货合约的标的商品品种、数量、质量、
等级、交货时间、交货地点等条款都是既定的，是标准化的。

第二，交易所交易。期货合约是在期货交易所的组织下成交的，
具有法律效力，而价格又是在交易所的交易厅里通过公开竞价方式产
生的。国外有些市场采用公开叫价方式，而我国均采用电子交易方式。

第三，保证金交易。期货交易实行保证金交易，即交易者只需
按期货合约价格的一定比率（通常为5%～10%）交纳少量资金作
为履行期货合约的财力担保，便可参与期货合约的买卖，并视价格
变动情况确定是否追加资金。这样的交易具有杠杆效应。

第四，中央化结算。期货交易由交易所实行逐日结算。它是指
结算部门在每日闭市后计算、检查保证金账户余额，对所有客户的
持仓根据结算价进行结算，有盈利的划入，有亏损的划出。

4. 期货合约的标准化条款

一般来说，一张期货合约应该包括以下条款。

合约名称。需注明该合约的品种名称及上市交易所的名称，例

如上海期货交易所的铜期货合约的名称为"上海交易所阴极铜期货合约"。

交易代码。为了便于交易，每一期期货品种都有交易代码。例如，大豆期货合约的交易代码是 a，豆粕期货合约的交易代码是 m，阴极铜期货合约的交易代码是 cu，电解铝期货合约的交易代码是 al，天然橡胶期货合约的交易代码是 ru，小麦期货合约的交易代码是 wt/ws，棉花期货合约的交易代码是 cf/cs，燃料油期货合约的交易代码是 fu，玉米期货合约的交易代码是 c。

交易数量和单位条款。每种商品的期货合约都规定了统一的、标准化的数量和计量单位，统称"交易单位"，例如，美国芝加哥期货交易所规定小麦期货合约的交易单位为 5000 蒲式耳（每蒲式耳小麦约为 2724 千克），每张小麦期货合约都是如此。如果交易者在该交易所买进一张（也称一手）小麦期货合约，就意味着在合约到期日需买进 5000 蒲式耳小麦，又如，在上海期货交易所交易的期货品种中，铜、铝、天然橡胶的交易单位是 5 吨/手，燃料油的交易单位是 10 吨/手；在大连商品交易所交易的期货品种中，豆粕、玉米的交易单位均是 10 吨/手；而在郑州商品交易所交易的期货品种中，小麦的交易单位是 10 吨/手，棉花的交易单位是 5 吨/手。

质量和等级条款。商品期货合约规定了统一的、标准化的质量等级，一般采用国际上普遍认可的商品质量等级标准。例如，由于我国大豆在国际贸易中所占的比例较大，所以日本名古屋谷物交易所就以我国所产大豆为该交易所大豆质量等级的标准品。

交割地点条款期货合约为期货交易的实物交割指定了标准化的、统一的实物商品的交割仓库，以保证实物交割的正常进行。

交割期条款。商品期货合约对进行实物交割的月份作了规定，一般规定几个交割月份，由交易者自行选择，例如，美国芝加哥期货交易所为小麦期货合约规定的交割月份就有 7 月、9 月、12 月，以及下一年的 3 月和 5 月，交易者可自行选择交易月份交易。如果交易买进 7 月的合约，要么在到期前平仓了结交易，要么在 7 月进行实物交割。

最小变动价位条款。期货交易时规定买卖双方报价所允许的最小变动幅度，每次报价时价格的变动必须是这个最小变动价位的整数倍。例如，在上海期货交易所，阴极铜期货、铝期货的最小变动价位是 10 元/吨，天然橡胶期货的最小变动价位是 5 元/吨，燃料油期货的最小变动价位是 1 元/吨。在大连商品交易所，大豆、豆粕、玉米期货的最小变动价位均是 1 元/吨。在郑州商品交易所，小麦期货的最小变动价位是 1 元/吨，棉花期货的最小变动价位是 5 元/吨。

每日价格最大波动幅度限制条款，即涨跌停板制度。这一制度是指，每一交易日期货合约的成交价不能高于或低于该合约上一交易日结算价的一定幅度，达到该幅度则自动限制价格的继续上涨或下跌。例如，芝加哥期货交易所小麦期货合约的每日价格最大波动幅度为每蒲式耳不高于或低于上一交易日结算价 20 美分（每张合约为 1000 美元）。

最后交易日条款，即期货合约停止买卖的最后截止日期。每种期货合约都有一定的限制，到了合约月份的一定日期，就要停止合约的买卖，准备进行实物交割。例如，芝加哥期货交易所规定，玉米、大豆、豆粕、豆油、小麦期货的最后交易日均为交割月最后营业日之前的第 7 个营业日。

保证金。交易者只需按期货合约价格的一定比率（通常为 5% ~ 10%）交纳少量资金作为履行期货合约的财力担保，便可参与期货合约的买卖，并视价格变动情况确定是否需要追加资金。所交的这种资金就是保证金。

交易手续费。是期货交易所按成交合约金额的一定比例或按成交合约手数收取的费用。

5. 期货市场的功能

期货市场的主要功能有资产配置、规避风险和价格发现。

(1) 资产配置功能及其原理

随着金融期货的迅猛发展以及大宗商品交易金融化程度的提高，期货产品被越来越多的机构和个人作为资产配置的重要组成部分，从而赋予了期货市场以资产配置的功能。尤其是在金融危机等发生后，期货市场的这一功能愈发得到资本市场和投资者的重视。期货市场资产配置功能的原理在于：①投资者通过套期保值交易能够为现货资产对冲风险，起到稳定收益、降低风险的作用；②期货合约尤其是商品期货，在货币宽松、流动性过剩以及通货膨胀的情况下，具有良好的保值功能，能够在一定程度上抵御宏观经济及相关政策带来的风险；③期货合约成本较低，交易方式灵活，能够借助金融工程的方法与其他资产创造出丰富多样的投资组合，满足投资者的不同风险偏好。

(2) 规避风险功能及其原理

规避风险功能是指期货市场能够规避远期商品交易价格波动的风险，现代期货市场的参与者通过套期保值交易可实现这一功能。套期保值是指在期货市场上买进或卖出与现货数量相等但交易方向相反的期货合约，以期在未来某一时间通过卖出或买进该期货合约进行对冲平仓，补偿因远期现货市场价格变动而带来的实际价格风险，从而在现货市场和期货市场之间建立一种盈亏对冲的机制。期货市场以套期保值实现规避风险功能的原理在于：对于同一种商品，在现货市场和期货市场同时存在的情况下，在同一时空内会受到相同经济因素的影响和制约，因而一般情况下两个市场的价格变动趋势相同，并且随着期货合约临近交割，现货和期货的价格将趋于一致。套期保值即通过利用两个市场的价格趋同关系，通过采取方向相反的交易建立一种相互抵冲的机制，实现两个市场的盈亏互补，从而规避价格波动的影响。

（3）价格发现功能及其原理

价格发现功能是指期货市场通过公开、公正、高效、竞争的期货交易运行机制，形成具有真实性、预期性、连续性和权威性价格的过程。期货市场价格发现功能的原理在于：①期货交易的参与者众多，覆盖面较广，成千上万的买方和卖方有着不同的需求和交易初衷，能够真实地反映市场的供求情况，有助于市场价格的形成；②期货交易中的参与者大多熟悉产品的行情，拥有丰富的产品知识、广泛的信息渠道以及独立的分析和预测方法，并基于自身生产成本和预期利润等基本情况进行报价，由此形成的期货价格能够反映大多数人的预期，确保不会显著偏离商品的真实价格；③期货交易的透明度高，竞争公开化、公平化，有助于形成公正的市场价格。

6. 中国期货市场发展情况

期货交易起源于远期交易，远期交易的集中化和组织化，为期货交易的产生和期货市场的形成奠定了基础。1848 年，82 位美国商人在芝加哥建立了世界上第一家较为规范的期货交易所——芝加哥商品期货交易所（CBOT）。交易所成立之初，采用远期合同交易的方式，帮助生产商、经销商和加工商在交易所寻找交易对手并缔结远期合同。待合同期满，双方进行实物交割，以远期交易方式规避季节性价格波动风险。后期，为了进一步规范交易，芝加哥期货交易所于 1865 年推出了标准化合约，同时实行了保证金制度。随后，在 1882 年，交易所还允许以对冲方式免除履约责任，提高了期货交易的市场流动性。1925 年，芝加哥期货交易所结算公司（BOTCC）成立，成为现代意义上的第一家结算机构。随着交易规则与制度的不断健全和完善，期货交易方式与市场形态发生了质的飞跃。标准化合约、保证金制度、对冲机制与统一结算的实施，标志着现代期货市场的建立。

经过长期的发展，国际期货市场大致经历了由商品期货到金融期货、交易品种不断增加、交易规模不断扩大的过程。商品期货：商品期货是指标的物为实物商品的期货合约，主要包括农产品期货、金属期货和能源化工期货。从 1848 年芝加哥期货交易所诞生至 20 世纪 70 年代，农产品期货在期货市场中居于主导地位。随着生产和生活对农产品需求的增长，农产品期货的种类进一步丰富，除了小麦、玉米、大米等谷物以外，棉花、咖啡、白糖等经济作物，生猪、活牛等畜产品，木材、天然橡胶等林产品也陆续在期货市场上市交易。1876 年，伦敦金属交易所（LME）成立并率先推出金属商品期货，纽约商品交易所（COMEX）也于 1933 年成立，促进了全球金属商品期货的发展。全球主要的金属商品期货包括铜、锡、铅、锌、黄金、白银等。20 世纪 70 年代初的石油危机给世界能源市场造成了巨大的冲击，催生了能源化工商品期货的产生和发展。目前，世界上最具影响力的能源期货交易所主要包括纽约商业交易所（NYMEX）和伦敦洲际交易所（ICE），上市品种主要包括原油、汽油、取暖油、天然气、电力等。金融期货：20 世纪 70 年代，布雷顿森林体系解体，浮动汇率制取代了固定汇率制，随着汇率和利率的剧烈波动，市场对风险管理工具的需求变得迫切，金融期货应运而生。1972 年 5 月，芝加哥商业交易所（CME）率先推出了包括英镑、加拿大元、德国马克、法国法郎、日元和瑞士法郎等货币在内的外汇期货合约。1975 年 10 月，芝加哥期货交易所又推出第一个利率期货合约——政府国民抵押协会债券（GNMA）证期货合约。随后，国债期货、股指期货等金融期货品种的丰富带来了金融期货市场的迅速发展，彻

底改变了期货市场的格局，并对世界经济产生了深远的影响。其他
期货品种：随着市场对期货市场机制和功能认识的不断深化，期货
成了一种成熟、规范的风险管理工具，并被运用到了经济社会的其
他领域。近年来，国际期货市场上陆续推出了天气期货、房地产指
数期货、消费者物价指数期货、碳排放期货等其他期货品种。期权
交易品种：1973 年，芝加哥期权交易所（CBOE）的正式成立，标
志着现代意义上的期权市场诞生。之后经过近 40 年的发展，期权交
易品种从最初的股票期权扩展到大宗农副产品、贵金属以及金融产
品等领域。

期货市场的发展与世界经济的发展和变化紧密相连。随着全球
化发展进程的加速，全球市场逐步形成，国际期货市场的重要作用日
益显现。目前，国际期货市场的发展主要呈现以下特点和发展趋势。

随着资本市场的发展和全球市场的形成，交易规模不断扩大与
期货市场结构的变化，近 20 年来，以外汇期货、利率期货、股票指
数期货以及股票期货为代表的金融期货已成为期货市场的核心品种，
交易量已远超商品期货。2017 年，金融期货和期权成交量在全球期货
和期权市场中占比 76.28%，其中股票期货和期权合约占比 18.87%、
股票指数期货和期权合约占比 29.83%、利率期货和期权合约占比
15.75%、外汇期货和期权合约占比 11.84%。

表 5 - 1　全球金融期货和期权合约指数数量及其占比

单位：张，%

分类	2017 年		2016 年		2015 年	
	合约数量	占比	合约数量	占比	合约数量	占比
股票指数	7515995962	29.83	7117487070	28.22	8342860438	33.67
股票	4754265481	18.87	4557878357	18.07	4927935476	19.89

续表

分类	2017 年		2016 年		2015 年	
	合约数量	占比	合约数量	占比	合约数量	占比
利率	3967995478	15.75	3514907620	13.94	3251257586	13.12
外汇	2984103489	11.84	3077836847	12.20	2784884902	11.24
农产品	1306068499	5.18	2214163491	8.78	1639668492	6.62
能源产品	2171206765	8.62	1931906582	7.66	1407235307	5.68
非贵金属	1740499534	6.91	1877347155	7.44	1280935517	5.17
贵金属	279133944	1.10	312137035	1.24	321272201	1.30
其他	479719598	1.90	616262160	2.44	819713435	3.31
合计	25198988750	100.00	25219926317	100.00	24775761354	100.00

资料来源：公开资料整理。

（1）交易中心日益集中，交易所上市及合并成为趋势

目前，全球约有百余家期货交易所，但国际期货交易中心仍主要集中于芝加哥、纽约、伦敦和法兰克福等地。进入 20 世纪 90 年代，新加坡、中国香港、德国、法国和巴西等国家和地区的期货市场发展较快，具备了一定的国际影响力。近年来，中国的商品期货市场亦发展迅猛，已成为全球交易量最大的商品期货市场之一。此外，为了应对交易所之间日益激烈的竞争以及来自场外交易的威胁，提升交易所的管理和运行效率，提高创新能力并增强市场竞争力，交易所改制上市和交易所之间的合并愈演愈烈。自 1993 年瑞典斯德哥尔摩证券交易所改制并成为全球首家股份制交易所以来，香港交易及结算所有限公司、芝加哥商业交易所以及纽约—泛欧交易所集团（NYSE Euronext）等交易所先后上市。与此同时，各交易所亦通过合并扩大自身规模并提升市场影响力。以芝加哥商业品交易所集团（CME Group）为例，2007 年，芝加哥商业交易所与芝加哥期货交易所合并组成芝加哥商业交易所集团，2008 年又引入纽约商业交

易所（NYMEX）和纽约商品交易所（COMEX），截至目前，芝加哥商业交易所集团已经成为全球最大的衍生品交易所集团。

（2）新兴市场国家期货市场发展迅速

作为与实体经济联系紧密的期货市场，其发展情况与所在国家或地区的经济发展息息相关。长期以来，以欧美为代表的西方国家和地区的期货和期权交易量在全球期货市场中占据优势地位，但是随着中国、巴西、俄罗斯和印度等新兴市场国家经济的快速发展，其期货市场交易量显著上升。至2010年，亚太地区的期货和期权成交量猛增至89.91亿手，首次超过北美和欧洲，成为全球期货和期权交易最为活跃的地区。与此同时，新兴市场国家的交易所也取得了长足发展，交易量显著增长，交易品种不断丰富，国际期货市场影响力逐渐提升。中国、巴西、俄罗斯、印度和韩国的交易所发展迅速，跻身全球主要交易所行列。

（3）期货交易方式不断创新，品种进一步丰富

随着经济的发展，为适应新经济形式下市场需求的新变化，期货市场不断开发出创新的期货品种，使得期货市场的产品体系不断丰富。此外，得益于计算机和通信技术的发展，期货市场的交易方式亦不断革新和发展，由传统的场内公开喊价方式发展为电子化交易方式，显著降低了交易成本，并提高了价格信息的传递速度和交易效率，有利于吸引更多的投资者参与期货交易。

7. 我国期货市场的发展历程

我国期货市场作为新生事物历经了20多年的发展，从无到有，从小到大，从无序逐步走向有序，逐渐发展并走向成熟。随着中国成为世界贸易组织（WTO）成员，我国正在逐渐融入世界期货市场。

（1）起步探索阶段（1988～1993年）

我国期货市场的起步探索阶段可以追溯到20世纪80年代。

1988 年 3 月，第七届全国人民代表大会第一次会议上的《政府工作报告》指出"加快商业体制改革，积极发展各类批发市场贸易，探索期货交易"，确定了在我国开展期货市场研究的课题。同年，国务院发展研究中心、国家体改委、商业部等部门根据中央领导的指示，组织力量开始进行期货市场研究，并成立了期货市场研究小组，系统地研究了国外期货市场的历史和现状，并组织人员进行了考察，积累了大量有关期货市场的理论知识，为中国建立期货市场做了前期的理论准备和充足的可行性研究。1990 年 10 月，郑州粮食批发市场经国务院批准正式成立，标志着中国商品期货市场的诞生。郑州粮食批发市场以现货交易为基础，同时引入期货交易机制。到 1993 年，由于认识上的偏差和利益的驱动，在缺乏统一管理的情况下，全国各地各部门纷纷创办期货交易所。至 1993 年下半年，全国各类期货交易所达 50 多家，期货经纪机构近千家。由于对期货市场的功能、风险认识不足，法规监管严重滞后，期货市场一度陷入一种无序状态，多次酿成期货市场风险，直接影响到期货市场功能的发挥。

（2）治理整顿阶段（1993～1999 年）

针对期货市场盲目发展的局面，1993 年 11 月，国务院发布《关于坚决制止期货市场盲目发展的通知》，提出了"规范起步、加强立法、一切经过试验和从严控制"的原则，拉开了第一轮治理整顿的序幕。在本次治理整顿中，清理前存在的 50 多家交易所中只有 15 家作为试点被保留下来，并根据要求进行会员制改造。1998 年 8 月，国务院发布《关于进一步整顿和规范期货市场的通知》，开始了第二轮治理整顿。1999 年，我国期货交易所再次精简合并为 3 家，即郑商所、大商所和上期所，期货品种亦由 35 个降至 12 个。与此同时，期货代理机构也得到了清理整顿。1995 年底，330 家期货经纪公司经重新审核获发《期货经纪业务许可证》，期货代理机构的数量大大减少。1999 年，期货经纪公司的准入门槛提高，最低注册资本金要求不得低于 3000 万元人民币。此后，为了规范期货市场行为，国务院及有关政府部门先后颁布了一系列法律法规。1999 年 6 月，国务院颁布《期货交易管理暂行条例》，与之配套的《期货交易所管理办法》、《期货经纪公司管理办法》、《期货经纪公司高级管理人员任职资格管理办法》和《期货从业人员资格管理办法》相继颁布实施。2000 年 12 月，中国期货业协会（以下简称"中期协"）正式成立，标志着中国期货行业自律组织的诞生，将新的自律机制引入了我国期货行业的监管体系。至此，规范发展成为中国期货市场的主题。

（3）规范发展阶段（2000 年至今）

进入 21 世纪，中国期货市场正式步入平稳较快的规范发展阶段。这一阶段，期货市场的规范化程度逐步提升，创新能力不断增强，新的期货品种陆续推出，期货交易量实现恢复性增长后连创新高，期货市场服务产业和国民经济的经验也逐步积累。同时，中国期货市场逐步走向法制化和规范化，构建了期货市场法律法规制度框架和风险防范化解机制，监管体制和法律法规体系不断完善。由中国证监会的行政监督管理、中期协的行业自律管理和期货交易所的自律管理构成的三级监管体制，对于形成和维护良好的期货市场秩序起到了积极作用。一系列法律法规的相继出台夯实了我国期货市场的制度基础，为期货市场的健康发展提供了制度保障。2006 年 5 月，中国期货保证金监控中心成立（2015 年 4 月更名为"中国期货市场监控中心"），作为期货保证金的安全存管机构，中国期货市场监控中心为有效降低保证金挪用风险、保证期货交易资金安全以及维护期货投资者利益发挥了重要作用。2006 年 9 月，中国金融期货交易所（以下简称"中金所"）在上海挂牌成立，并于 2010 年 4

月推出了沪深 300 指数期货。中金所的成立和股票指数期货的推出，对于丰富金融产品、完善资本市场体系、发挥资本市场功能，以及深化金融体制改革具有重要意义，同时也标志着我国期货市场进入了商品期货与金融期货共同发展的新阶段。经过 20 多年的探索发展，我国期货市场由无序走向成熟，逐步进入了健康稳定发展、经济功能日益显现的良性轨道，市场交易量迅速增长，交易规模日益扩大。同时，我国期货市场的国际影响力显著增强，逐渐成长为全球最大的商品期货交易市场和第一大农产品期货交易市场，并在螺纹钢、白银、铜、黄金、动力煤、股指期货以及众多农产品等品种上保持较高的国际影响力。2017 年，从成交量的国际排名来看，上期所、大商所、郑商所和中金所分列第 9、10、13 和 31 位，相比于 2016 年，上期所、大商所、郑商所和中金所排名都相对稳定，在世界期货交易市场中占据重要地位。

同时，在监管机构的推动下，我国期货市场呈现众多变化，主要体现在：期货品种逐步丰富。2012 年以来，我国期货市场陆续推出白银、玻璃、油菜籽、菜籽粕、焦煤、国债、动力煤、石油沥青、铁矿石、鸡蛋、粳稻、纤维板、胶合板、聚丙烯、热轧卷板、晚籼稻、铁合金、玉米淀粉、镍和锡等众多期货新品种。此外，上证 50 指数期货和中证 500 指数期货交易于 2015 年 3 月获得中国证监会批复，白糖期权、豆粕期权交易于 2016 年 12 月获得中国证监会批复。之后，豆粕期权于 2017 年 3 月在大商所挂牌交易，白糖期权于 2017 年 4 月在郑商所挂牌交易，棉纱期货于 2017 年 6 月获得中国证监会批复，并于 8 月在郑商所挂牌交易，苹果期货亦于 2017 年 12 月在郑商所挂牌交易。

截至 2017 年 12 月 31 日，我国期货市场上的交易品种如表 5 - 2 所示。

表 5 - 2　我国期货市场交易品种

交易所	品种数量	交易品种
上期所	14 个	铜、铝、锌、铅、镍、锡、黄金、白银、螺纹钢、线材、热轧卷板、燃料油、石油沥青、天然橡胶
大商所	17 个	玉米、玉米淀粉、黄大豆 1 号、黄大豆 2 号、豆粕、豆油、棕榈油、鸡蛋、胶合板、纤维板、聚乙烯、聚氯乙烯、聚丙烯、焦炭、焦煤、铁矿石、豆粕期权
郑商所	18 个	强麦、普麦、棉花、白糖、PTA、菜籽油、早籼稻、甲醇、玻璃、油菜籽、菜籽粕、动力煤、粳稻、晚籼稻、铁合金、白糖期权、棉纱、苹果
中金所	5 个	沪深 300 指数期货、5 年期国债期货、10 年期国债期货、上证 50 指数期货、中证 500 指数期货

资料来源：公开资料整理。

我国期货市场的发展现状呈现以下几个特点。

第一，交易机制不断创新。2013 年 6 月 4 日，上期所发布《上海期货交易所连续交易细则》，并修订了《上海期货交易所交易细则》、《上海期货交易所结算细则》和《上海期货交易所风险控制管理办法》等实施细则，开启了除上午 9：00 ~ 11：30 和下午 1：30 ~ 3：00 之外由交易所规定交易时间的交易。连续交易试点品种为上期所黄金和白银期货，在每周一至周五的 21：00 至次日凌晨 2：30 连续交易（除双休日外的法定节假日前第一个工作日的连续交易不再交易），保证期货公司正常完成日盘结算和覆盖国际主要市场主交易时段，并于 2013 年 7 月 5 日正式上线。2014 年，郑商所、大商所的相关品种也陆续参与连续交易，期货连续交易品种进一步扩容。

第二，投资者队伍进一步扩大。2012 年 2 月，南方基金股指期货交易开户获中金所审批通过，标志着公募基金正式参与股指期货市场。2012 年 10 月，中国保监会发布《保险资金参与股指期货交易规定》及《保险资金参与金融衍生产品交易暂行办法》，允许保险机构以对冲或规避风险为目的参与股指期货等衍生品交易。2012年10月，新修订的《期货交易管理条例》颁布，为境外投资者直接进入期货交易所进行特定品种期货交易预留了空间。此外，中国证监会亦于2016年12月颁布了《证券期货投资者适当性管理办法》并于2017年7月1日起施行，中期协于2017年6月颁布了《期货经营机构投资者适当性管理实施指引（试行）》，并于2017年7月1日起施行，进一步健全和完善了我国证券期货市场投资者保护的法律法规体系。

第三，期货公司的业务范围拓宽，期货市场业务创新步伐逐渐加快。2012年9月1日，《期货公司资产管理业务试点办法》开始实施。2012年11月21日，首批18家期货公司获得资产管理业务牌照。2012年12月21日，中期协发布了《期货公司设立子公司开展以风险管理服务为主的业务试点工作指引》，并于2014年8月26日发布了《期货公司设立子公司开展以风险管理服务为主的业务试点工作指引（修订）》，允许期货公司通过设立子公司的方式为实体企业提供仓单服务、合作套保、定价服务、基差交易等风险管理服务。2014年12月4日，中期协发布了《期货公司资产管理业务管理规则（试行）》对期货公司开展资产管理业务进行自律规范，进一步体现了中国证监会落实简政放权和推进监管转型的精神，将为期货公司的创新发展打开新的空间。

第四，法律法规及监管体系进一步完善。2012年以来，为适应新市场形势下期货行业发展的需要，中国证监会等监管机构颁布或修订完善了《期货公司监督管理办法》、《期货公司风险监管指标管理办法》、《关于期货公司风险资本准备计算标准的规定》和《关于建立金融期货投资者适当性制度的规定》等法律法规，进一步夯实了我国期货市场健康发展的制度基础。

8. 我国期货行业基本情况

经过 20 世纪 90 年代的治理整顿，我国期货行业逐步走向成熟，期货市场和期货行业获得较快发展。2008 年以来，面对复杂多变的国内外经济金融形势，我国期货行业持续保持良好的发展趋势。期货公司的合并及增资扩股，带动了我国期货行业整体资本规模的快速增长。在市场快速发展和资本快速提升的带动下，我国期货行业的业绩表现总体呈上升态势。2017 年，我国期货公司共实现手续费收入 145.90 亿元，净利润 79.45 亿元，较 2011 年分别增长 43.94% 和 244.54%，年均复合增速分别为 6.26% 和 22.90%。

第一，行业竞争集中化。参考国际期货行业的发展经验，金融创新将推动期货公司规模化发展，行业集中度将进一步提升。目前我国期货公司同质化竞争现象严重，行业集中度较低，难以形成规模效应。随着中国证监会推动以净资本为核心的风险监管指标体系，以及对期货公司分类监管思路的贯彻执行，我国期货行业正迎来新的发展阶段。根据《期货公司风险监管指标管理办法》及相关法律法规的规定，期货公司扩大业务规模、经营各类业务的资格条件与其净资本规模挂钩。在新的监管体系下，期货公司的业务规模及业务范围将直接取决于资本规模。期货公司的发展不仅体现在业务规模的快速扩张，而且主要表现为资本实力的快速提升。以净资本为核心的风险监管机制确立了净资本在决定业务牌照和潜在业务规模方面的决定性作用，使得扩充净资本成为期货公司未来发展的当务之急，而行业经营环境的好转也为期货公司通过上市融资、增资扩股、兼并重组等途径扩充资本提供了可能性和必要性。我国期货创新业务一般采取先试点、后推广的推进方式。期货公司获取试点资格通常以分类评级和净资本规模作为硬性条件，优质期货公司具备先试先行、资本、规模、人才等多方面的优势，呈现强者恒强的态势。从发展趋势来看，我国期货行业处于由分散经营、低水平竞争逐步走向集中的演进阶段。市场巨大的发展潜力与机遇、行业内外的压力将促使国内期货公司转变经营理念和模式，提高经营水平和能力，提升产品和服务质量，加快创新步伐，最终将形成少数几家具有综合竞争力的大型期货公司及在某些细分市场具有竞争优势的中小期货公司并存的行业格局。

随着行业内部分公司规模的快速增长，期货公司的规模效应逐渐显现，期货行业的内部分化将会日趋明显，市场集中度也将逐步提升。从保证金分布情况看，2016 年，按客户保证金排名前 20 的期货公司客户保证金总额为 2600.55 亿元，占市场总额的 59.53%；前 50 家期货公司客户保证金总额为 3583.33 亿元，占市场总额的 82.02%。相比 2014 年，2016 年前 20 家期货公司和前 50 家期货公司的客户保证金占有率分别上升 2.83 个百分点和 0.83 个百分点，期货市场集中度稳中有升。在全球最发达、最成熟的期货市场——美国期货市场中，按客户保证金排名前 20 的期货经纪交易商掌握着近 90% 的客户保证金，集中度显著高于我国期货市场。同时，美国、英国、新加坡、日本等国的期货市场均经历过由分散化向集中化发展的过程。随着期货市场规模的增长、创新业务的不断推出，我国期货市场的集中度将会持续提升。

第二，业务模式多元化。我国期货市场的管制在风险可控、规范发展的基础上逐渐放松，监管机构大力推动期货行业发展的思路逐步明确，陆续推动期货产品创新和业务创新。2011 年以来，国务院、中国证监会、中期协颁布或修订了《期货公司期货投资咨询业务试行办法》、《期货公司资产管理业务试点办法》、《期货交易管理条例》、《期货公司风险监管指标管理办法》（2017 年）、《证券投资基金销售管理办法》和《期货公司设立子公司开展以风险管理服务为主的业务试点工作指引（修订）》等规章制度，促进了期货行业的业务创新和发展。2014 年 10 月，中国证监会颁布的《期货公司监督管理办法》明确了期货公司需审批的股权变更事项，以及部分已取消审批事项的备案要求，降低准入门槛，优化期货公司股东条件，完善期货公司的业务范围划分，将期货公司可从事的业务划分为公司成立即可从事的业务、需经核准业务、需登记备案业务以及经批准可以从事的其他业务四个层次，并为未来牌照管理和混业经营预留空间，放松对期货公司的资本管制，鼓励期货行业有序竞争、创新发展。目前，我国期货公司盈利模式单一，收入主要来自期货经纪业务，金融改革为期货公司实现从纯粹的交易通道中介向衍生品金融服务商的转型提供了机遇。近年来，我国期货行业规范程度的快速提升为各类创新业务的推出和开展奠定了坚实的内在基础，监管部门已推出并着手筹备多项期货创新业务。期货公司代理基金销售业务、期货投资咨询业务、资产管理业务及通过设立子公司开展的风险管理服务业务等创新业务已逐步开展。此外，期货公司子公司做市等业务正在积极推进中，期货公司的业务范围有望得到进一步拓展。上述创新业务与其他创新举措的推出将共同推动我国期货行业走向多元。

第三，竞争形态差异化。随着创新业务的不断推出，我国期货公司的特色化经营特点将逐步凸显。各家期货公司将能够根据自身产品和服务优势、股东背景、区域特征等因素确立战略发展重心，打造核心竞争力。期货公司的特色化经营将推动行业内部形成细分市场，改变目前以手续费率为主要竞争手段的局面，推动行业的同质化竞争向差异化竞争转型。我国期货市场正处于转型发展的前期，有利于管理理念先进且制度灵活的期货公司制定科学的差异化竞争战略，打造特色化的核心竞争优势。

第四，业务网点国际化。目前，通过子公司开展境外业务已经进一步放开。随着境外业务的发展壮大，国内期货公司在充分挖掘国内市场潜力的同时，亦会将战略目光投向海外市场，进行海外市场的网点和业务布局。海外市场网点布局主要有两方面的重要意义：一是引领国内投资者"走出去"，在国际期货市场的竞价过程中充分表达中国的价格信息；二是将海外投资者"引进来"，促进我国期货市场投资者背景的多元化，汇聚全球各地的大宗商品价格信息，推动我国国际大宗商品定价中心的建设。

第五，交易品种丰富化。我国期货市场的交易品种数量较少，显著落后于美国等发达国家。从交易品种来看，我国期货市场仍以商品期货为主，随着期货市场的发展，期货品种的扩容和期货市场结构的改善将是我国期货市场的主要发展趋势。近年来，我国期货市场交易品种的扩容开始加速。从扩容品种看，在商品期货持续丰富的同时，金融期货及期权也加快推出步伐。在商品期货方面，扩容主要有两个方向：一是与实体经济密切相关的战略性品种，如原油、焦煤、玻璃和铁矿石等；二是以服务"三农"为导向的农产品期货，如油菜籽、菜籽粕和鸡蛋等。在金融期货方面，上证50指数期货和中证500指数期货于2015年4月16日正式挂牌交易，继2013年重启国债期货后，进一步丰富了金融期货品种。在期权方面，上证50ETF期权已于2015年2月9日正式上市交易。2016年12月，中国证监会已批准郑商所、大商所分别开展白糖期权、豆粕期权交易。期货行业是产品推动型行业，其成长性很大程度上取决于期货交易品种的增长。随着市场中交易品种的增加，交易参与主体的数量和活跃度将会提升，整个期货市场的交易量将随之进一步扩大。

目前，期货公司的利润来源主要是期货经纪业务的利润收入，期货市场交易规模与手续费率的变动将直接影响手续费收入，进而对期货行业的利润水平产生较大影响；除期货经纪业务之外，客户保证金带来的利息收入也是期货行业利润的主要来源之一。2011 年以来，随着国内期货市场交易规模与客户保证金的持续提升，整体期货行业的利润水平有了比较明显的提升。2011 年期货市场整体交易额（双边口径）为 275.03 万亿元，保证金总规模为 1513.70 亿元，至 2017 年期货市场整体交易额（双边口径）提升至 375.79 万亿元，保证金总规模提升至 4016.08 亿元，交易额增长了 36.64%，保证金规模增长了 165.32%。在上述因素的共同影响下，期货行业的整体净利润从 2011 年的 23.06 亿元增长至 2017 年的 79.45 亿元，行业整体利润增长 244.54%。

目前，我国期货公司的业务模式较为单一，手续费收入是期货公司营业收入的主要组成部分。同时，手续费收入与我国期货市场的交易量、交易额高度相关。期货市场的交易规模直接影响我国期货公司的总体利润水平。2011～2017 年，我国期货市场交易规模快速增长。2017 年我国期货市场成交额为 3757928.20 亿元，成交量为 615229.95 万手，较 2011 年分别增长 36.64% 和 191.83%。2011～2017 年，我国期货市场成交额和成交量的年均复合增速分别为 5.34% 和 19.54%。

除手续费收入外，期货保证金所产生的利息收入是我国期货公司的另一项主要收入来源。2011～2017 年，我国期货行业的保证金规模迅速增长，从 2011 年的 1513.70 亿元增长到 2017 年的 4016.08 亿元。我国期货行业利息收入已经成为期货公司的主要利润来源之一。

除交易规模外，期货行业的利润水平也与期货交易的手续费率密切相关。2011～2016 年，尽管我国期货市场的整体交易规模增长迅速，但期货公司收入及利润水平的增速却相对滞后，主要原因在于手续费率的下滑。由于我国期货行业的同质化竞争日益加剧，降低手续费率成为近年来行业内竞争的主要手段。预计随着期货行业创新业务的开展，期货行业将逐步摆脱单一的手续费率竞争，未来我国期货行业的平均手续费率将趋于稳定。

一般而言，期货公司收取的手续费率是在交易所手续费率的基础上上浮一定比例。因此，交易所手续费率水平被作为调节期货市场活跃程度的工具之一。2012 年 4 月，我国四家交易所同时大幅下调交易所手续费水平，各品种降幅从 12.5% 至 50% 不等，整体降幅 30% 左右。下调交易所手续费水平有助于降低交易成本，活跃期货市场投资，带动行业利润水平的提升；但同时，由于期货公司手续费与交易所手续费水平直接挂钩，使得期货公司手续费费率有所下降。后续，交易所多次调整手续费水平，对期货公司的手续费费率造成了一定的影响。

（二）期权

1. 期权的定义

期权，是指一种合约，该合约赋予持有人在某一特定日期或该日之前的任何时间以固定价格购进或售出一种资产的权利。期权定义的要点如下。

期权是一种权利。期权合约至少涉及购买人和出售人两方。持有人享有权力但不承担相应的义务。

期权的标的物。期权的标的物是指选择购买或出售的资产。它包括股票、政府债券、货币、股票指数、商品期货等。期权是这些标的物"衍生"的，因此称衍生金融工具。值得注意的是，期权出售人不一定拥有标的资产。期权是可以"卖空"的。期权购买人也不一定真的想购买资产标的物。因此，期权到期时双方不一定进行标的物的实物交割，而只需按价差补足价款即可。

到期日。双方约定的期权到期的那一天称为"到期日",如果该期权只能在到期日执行,则称为欧式期权;如果该期权可以在到期日或到期日之前的任何时间执行,则称为美式期权。

期权的执行。依据期权合约购进或售出标的资产的行为称为"执行"。在期权合约中约定的、期权持有人据以购进或售出标的资产的固定价格,称为"执行价格"。

2. 期权的分类

从期权买方的权利内容来看,期权可以分为认购期权(Call Options)和认沽期权(Put Options)。

认购期权是指期权买方向期权卖方支付一定数额的权利金后,将有权在期权合约规定的时间内,按事先约定的价格向期权卖方买入一定数量的期权合约规定的标的资产,但不负有必须买进的义务。而期权卖方有义务在期权合约规定的时间内,应期权买方的要求,以期权合约事先规定的价格卖出期权合约规定的标的资产。

认沽期权是指期权买方向期权卖方支付一定数额的权利金后,即有权在期权合约规定的时间内,按事先约定的价格期权卖方卖出一定数量的期权合约规定的标的资产,但不负有必须卖出的义务。而期权卖方有义务在期权合约规定的时间内,应期权买方的要求,以期权合约事先规定的价格买入期权合约规定的标的资产。

按行权时间来看,可以分成欧式期权和美式期权。

欧式期权只允许期权买方在到期日当天行使购买(如果是认购期权)或出售(如果是认沽期权)标的资产的权利。美式期权允许期权买方在到期日或到期日前任一交易日行使购买(如果是认购期权)或出售(如果是认沽期权)标的资产的权利。

按标的资产不同来看,期权可以分为个股期权、股指期权、利率期权、外汇期权和商品期权等。其中,个股期权的标的资产是单只股票，期权买方在交付权利金后取得在期权合约规定的行权日按照行权价买入或卖出一定数量的某一只股票的权利。

按照行权价与标的资产价格的相关关系，期权可以分为实值期权、虚值期权和平值期权。

虚值期权，也叫价外期权，是指行权价与标的资产的当前市场价格相比较为不利（即如果立即行权将会导致亏损）的期权。如果是认购期权，那么行权价大于现行标的资产价格的期权为虚值期权；如果是认沽期权，那么行权价小于现行标的资产价格的期权为虚值期权。

平值期权，也叫价平期权，是指行权价与标的资产的当前市场价格一致的期权。

按照交割方式不同，期权还可以分为实物交割型期权和现金交割型期权。

实物交割是指在期权合约到期后，认购期权的权利方支付现金买入标的资产，认购期权的义务方收入现金卖出标的资产，或认沽期权的权利方卖出标的资产收入现金，认沽期权的义务方买入标的资产并支付现金。现金交割则是指期权买卖双方按照结算价格以现金的形式支付价差，不涉及标的资产的转让。

3. 期权投资特点

（1）以小博大

期权可以为投资者提供较大的杠杆作用。对于买方来说，买入平值期权特别是到期日较短的虚值期权，就可以用较少的权利金控制同样数量的合约。

（2）不想承担太大的风险

买入期权，无论价格如何变化，变化多么剧烈，风险只限于所支付的权利金，但利润可以随着期货价格的有利变动而不断增加。免受保证金追加之忧虑，远离爆仓的噩梦，可以保持良好的交易心态。

（3）延迟交易决策

当投资者对期货价格看涨（看跌），但又不确定时，可以先行支付少量的权利金，买入看涨期权（看跌期权）。风险有限，价格趋势明朗后，再做进一步的判断和交易行动。

期权买方拥有的是权利，可以选择执行，也可以选择不执行。买入期权后，等于下了一个止损订单，最大的损失就是权利金。在行情振荡市场中，当期货价格发生不利变化时，可以等待观察市场变化，当行情发生回转时，期权价格回升。避免了期货交易止损平仓后，价格回转的尴尬境地。

（4）规避期货交易风险

期货交易是一种高风险的投资工具。通过期权，可以有效地将期货交易的风险控制在确定的范围之内。买入看涨期权可以保护期货空头部位。买入看跌期权，可以保护期货多头部位。例如，某投资者买入棉花期货15000元/吨，为了规避价格下跌的风险，买入执行价格为15200元/吨的棉花看跌期权，这样，如果价格下跌，其锁定损失为200元。如果价格上涨，棉花期货盈利，而买入的看跌期权可以择机卖出平仓。

卖出期权的交易策略很多，通过卖出虚值期权，可以巧妙地增加期货交易盈利。如，当前市场棉花期货价格为15000元/吨，投资者认为棉花价格将上涨，但结合各种因素分析，15600元是一个强阻力位。因此，该投资者买入1手棉花期货15000元/吨，同时，卖出执行价格为15600元/吨的看涨期权，获取权利金80元/吨。如其所料，在期权到期日，期货价格上涨到15600元/吨，投资者可以在15600元/吨平仓了结其期货多头，盈利600元/吨；同时，其卖出的看涨期权为平值期权，买方不会提出执行，投资者可以赚取80元/

吨的权利金。等于期货平仓价格为 15680 元/吨，提高了期货交易的盈利。从另一方面讲，如果期货价格涨过了 15600 元/吨，则期权买方会提出执行，该投资者的代价就是放弃 15680（15600 + 80）元以上的利润。

（5）更多的投资机会与投资策略

期货交易中，只有在价格发生方向性变化时，市场才有投资的机会。如果价格处于波动较小的盘整期，做多做空都无法获取投资利润，市场中就缺乏投资的机会。期权交易中，无论是期货价格处于牛市、熊市或盘整，均可以为投资者提供获利的机会。期货交易只能是基于方向性的。而期权的交易策略既可以基于期货价格的变动方向，也可以基于期货价格波动率进行交易。期权上市后，根据不同月份、不同执行价格的期权之间，期权与期货之间的价格关系，可以派生出众多的套利交易策略。

（6）灵活性

期货交易中，只有多和空两种交易部位。期权交易中，有四种基本交易部位：看涨期权的多头与空头，看跌期权的多头与空头。如果投资者不想承担无限的风险，可以买入期权。如果投资者不愿支付权利金成本而能够承担风险，可以选择卖出期权。如果投资者买入期权，认为权利金成本较高，可以选择虚值期权。如果对期货价格有务实的看法，则可以卖出不同执行价格或者不同月份的期权，收取权利金以降低成本。同样，投资者卖出期权后，可以通过买入不同执行价格或者不同月份的期权来降低风险。期权交易的灵活性在于：通过不同的组合交易策略和不断调整，投资者可以获得不同风险收益和成本的投资效果。只要确定你的目标和风险能力，就会有一项投资计划适合你。

4. 决定期权价值因素

期权的价值是由两部分组成：内在价值与时间价值。

（1）期权内在价值与时间价值

内在价值指的是期权立即行使后的价值，是标的资产当前价格以及行权价之间的价差。而期权的最小价值等于 0 和内在价值之间的最大值。对于认购期权，其内在价值 = 标的资产价格 – 行权价，而认沽期权的内在价值 = 行权价 – 标的资产价格。而对于时间价值，则是相对较难评价的一个部分。对于一个价内的美式期权，其买入者的最理想做法是持有期权到到期日，而不是立即执行，所以我们可以说美式期权具有时间价值。一般情况下欧式期权也具有时间价值（但这不一定是最优选择，特殊情况在下一节做详细介绍）。而期权的总价值就相当于内在价值加时间价值。

（2）影响期权价值的因素

凡是能影响内在价值或时间价值的因素，都是影响期权价值的因素。而其中比较关键的几大因素如下。

第一，标的资产价格以及行权价。对于认购期权，随着标的资产价格的上升，其内在价值也会上涨，所以期权的价值也会随之提升。但若其行权价提升，则会降低期权的价值。对于认沽期权，情况则相反。标的资产价格越跌，认沽期权的价值越高，但行权价的降低则会对其产生负面效果。

第二，波动率。波动率衡量资产价格未来走势的不确定性。对于一个股票持有者，更大的波动为他带来的是更大的盈利或更深的损失，所以波动率的增大对于股票持有者而言是把双刃剑，但对于期权持有者来说，高波动率则是他们所追求的。对于认购期权拥有者，标的价格上涨可以为其带来十分可观的利润，而价格下跌，也仅是面临了有限的下行风险，这是由于其最大的损失也仅是权利金而已。与此相似，当标的资产价格下降较多时，认沽期权投资者可从中获利。若标的价格上涨，其所受到的损失有限。所以波动越大，期权价格越高，而波动越小，期权的价格越低。"没有波动性的市场，期权便是多余的!"期权的价格更是无从谈起了。

第三，利率。利率对于期权价值的影响并不那么直观。当利率增加时，标的资产价格的预期增长率也会随之增加，但期权持有者的未来现金流的现值将会缩水，这两种情况对认沽期权十分不利。所以利率上升，认沽期权价值下跌。而对于认购期权，前一种情况将增加它的价值，后一情况则会减少认购期权的价值。但前者的影响占主导地位，所以总体来说利率上升可增加认购期权的价值。但不可忽视的是，上述结果是基于其他因素恒定不变的情况下，当利率上升（下降）时，标的价格有可能出现下跌（上涨），所以随之而来标的价格净效应可能改变上述结果。

第四，存续期。较长的存续期对于美式认购以及认沽期权来说都是好事。从期权的权利来说，假设有两个期权，他们之间的差别仅限于到期期限的长短，那么存续期较长的期权的买入者至少拥有所有短存续期期权持有者的行权机会，或者更多。这给予前者更多的获利机会。所以存续期越长，美式期权的价值越高。

对于欧式期权，存续期越长，标的价格朝期权买入者所设想方向移动的概率就越大，一般来说期权的价值也会越高。但这并不一定是全部的情况，对于股票期权而言，若同一股票的两个欧式认购期权，一个存续期只有 1 个月，另外一个有 2 个月。假设该股票在一个半月后支付大量的红利，那么短期的认购期权就比长期的期权更优，价值也会更高。

第五，红利。对于股票期权，分红也是影响期权价值的重要因素之一。在除息日后，红利将会减少股票的价格，对于认购期权来说是坏消息，而对于认沽期权来讲则是利好消息。所以分红越多，认购期权价值越低，认沽期权的价值越高。

（3）期权基础定价公式以及背后原理浅析

欧式期权定价公式。前面已经提及，权利金是期权沽方的唯一收入，它也是期权买方的最大风险损失。所以，权利金的高低牵扯到买卖方的实际利益。早在 20 世纪 70 年代以前，已经有不少西方学者试图找到一种权利金的定价方法，以确保期权买卖双方的利益。由于权利金与标的资产价格之间存在非线性关系，而且还受时间因素影响，所以权利金的确定问题变得十分复杂。直到 1973 年，该定价难题终于得到解答。美国的费希尔·布莱克（Fischer Black）和马龙·舒尔斯（Myron Merton）利用随机微分方程等数学工具，建立起 Black-Schole 模型，也就是我们如今常用的欧式股票期权的定价公式。该公式也成了期权定价的里程碑。下面是认购以及认沽期权的 B-S 定价公式。

认购期权：

$$c = S_0 N(d_1) - Ke^{-rt}N(d_2) \tag{5-1}$$

认沽期权：

$$p = Ke^{-rt}N(-d_2) - S_0 N(-d_1) \tag{5-2}$$

其中

$$d_1 = \frac{\ln\left(\dfrac{S_0}{K}\right) + (r + \delta^2/2)T}{\delta\sqrt{T}} \tag{5-3}$$

$$d_2 = d_2 - \delta\sqrt{T} \tag{5-4}$$

其中，c 代表的是认购期权的权利金，p 则代表认沽期权权利金；S_0 代表标的资产当前价格，K 代表行权价；T 代表了期权到期日前的剩余的有效期限，也可称为剩余存续期，通常以年为单位。例如，6 个月可表示为 1/2 年。r 代表无风险利率，通常用国债收益率来表示；δ 代表标的资产价格收益的波动率；$N(d_1)$ 和 $N(d_2)$ 代表标准正态分布变量的累计概率分布函数。

此模型在欧式期权定价上面应用广泛，投资者只需输入相应的变量，就可以依据公式计算出期权的理论价值，这对于期权买卖双方都是公平、合理的（由于本书仅为介绍期权的基础知识，所以对于期权公式的数理逻辑并不进行深探）。现在，不少期权买卖代理商或交易所的网站都有给出期权权利金计算器，可以令投资者很快地计算出他们想买的期权的合理价值，省去投资者自己计算的时间。

但对于美式期权，由于可以提前行权，B-S 公式并不能很好地为其定价。为此，不少学者一般会使用其他的数值方法来为美式期权定价。

尽管上述的公式看似十分复杂，但是其基本原理并不难懂。其概念是：假设在风险中性的世界里，我们可以构建一个无风险的组合，该组合由两部分组成：期权和标的资产。在没有套利的情况下，该组合仅能获得无风险的收益。这也是 B-S 公式背后的基本原理。

为什么我们能构建如此一个无风险的组合，原因在于标的资产价格和期权价格都同时受到同一因素的影响：标的价格的变动。在一个很短暂的时间内，期权的价格与标的价格走势是完全一致的。所以当我们以恰当份数的标的与期权构成一个组合，资产头寸的盈利会抵消期权头寸的盈利，因此在短时间内我们总能得到该组合确定的价值。确定价值组合理所当然只能获得无风险的收益。

以认购期权的 B-S 公式为例，我们可看到其价值可以分为两个部分：第一部分是 $SN(d)$，可以理解为股票部分的价值，而第二部分则是投资者需要借入的额外资金。投资者通过卖出期权，可以获得权利金，结合借回来的资金，投资者可以买入 $N(d)$ 份标的资产，并试图得出与期权价值相同的资产值。所以，我们可以构建一个无风险组合：一个认购期权的空头以及 $N(d)$ 份标的的多头。

5. 期权在我国的发展情况

经过 40 年的改革开放，市场经济在国民经济中占据了重要的位置，外贸依存度超过了 75%，国内的经济环境不再保持独立，而是随外界环境的变化而时刻变化；而随着经济一体化、金融自由化的进展，世界经济联系日益密切，经济的不稳定因素有增无减，国际金融市场瞬息万变，利率和汇率的易变性更加突出。期权交易作为市场经济中重要的避险工具，对我国经济个体的吸引力越来越不可抗拒。近年来，频繁有大型涉外企业例如宝钢、中航油等由于原材料或汇率的意外变化招致巨额损失的事件发生；而适当利用期权交易就可以以一定的成本锁定收益或风险。

我国自 2005 年 7 月开始的一系列汇率体制改革，目的是实行浮动汇率制。浮动汇率制的实施，将不可避免地使经济主体面临更大的汇率风险。在金融衍生工具中，货币期权是众多涉外企业在汇率浮动方向不确定情况下控制汇率风险和套期保值成本较小、操作简便的金融工具。目前，在我国银行业务中，有"期权宝""外汇宝"等外汇期权交易品种，但和发达国家相比，品种数量有限。给客户量身定做的期权交易品种更是稀少，而国外货币期权交易主要是场外交易。提高经济主体的风险防范、控制能力和意识，将促进货币期权交易的发展。

我国金融体制改革中一个重要的内容就是利率市场化，届时利率的波动性、易变性就更加突出，利率风险将成为金融机构和借款企业的主要风险之一。目前发达国家控制利率风险的主要工具就是利率期权。利率的市场化，必然促使利率期权等衍生金融工具的出现和交易。

期货合约的期权交易（Option on Futures Contract）市场前景广

阔。期权交易对于增强期货市场的流动性和稳定性，有效规避期货交易风险，完善期货市场机制发挥着重要的作用。成熟的期货市场，一般都有相应的期权交易；期权交易是期货市场的有益补充。

目前，在美国期货合约能做期权交易的有：外币期货、欧洲美元存款期货、90 天短期国库券期货以及长期国债期货、黄金期货和股票指数期货等。而在我国，该类交易尚在研究之中，一旦开展期权交易，对我国期货市场的创新和发展，对期货市场防范金融风险，充分发挥期货市场的功能将产生深刻而积极的影响。

股票期权正在被许多公司因时而用，但股票期权的制定和使用还极不规范，其主要目的是利用股票期权来激励管理层达到一定经营绩效，以做奖励之用，尚不是真正意义上的股票期权交易。我国目前已开发了两种类似于股票期权的产品：可转换债券和认股权证。2005 年，宝钢、武钢等认股权证的发行和交易，是资本市场上的重大创举，开创了我国期权交易在交易所交易的先河，开始了我国期权合约标准化、期权交易规范化的进程。

总之，由于期权交易的特点和作用，期权交易已经成为西方发达国家控制风险、套期保值、获利的重要金融工具，对企业的正常经营和经济的顺利运行起着重要的作用。随着我国市场经济的进一步深化、浮动汇率制的实施、利率市场化的推行、资本市场的完善，各种期权交易必然在资本市场中，扮演着不可缺少的角色。

（1）期权与资产配置

期权在资产配置中主要有两种玩法，第一种很简单，直接买入看涨期权。这样就可以提前锁定股票未来的增持价格，通过杠杆参与股票未来上涨收益（见图 5-1）。

第二种玩法理解起来稍微复杂些。投资者假如看好一只股票，但是又希望能够以更好的价格增持，那么可以先卖出看跌期权。这

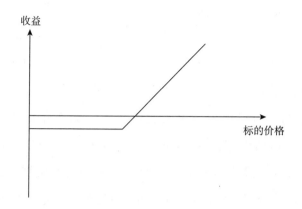

图 5 - 1　买入看涨期权进行资产配置的收益示意

样如果股票上涨，就获取权利金收入，如果股票下跌，就以较低的价格在底部增持。当然，这样做的前提是对于这只股票的价值有充分的研究（见图 5 - 2）。

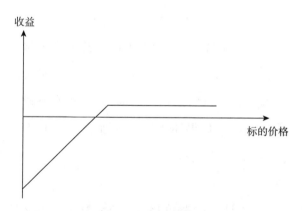

图 5 - 2　卖出看跌期权进行资产配置的收益示意

沃伦·巴菲特投资可口可乐的传奇

沃伦·巴菲特在人们心中往往是一位保守的价值投资者，长期钟情于大盘蓝筹股票，并曾公开将金融衍生品称为大规模金融杀伤性武器，但事实上，他自己却是看跌期权的铁杆玩家，多次利用卖出看跌期权的方式以优质的价格成功完成资产配置。

可口可乐是沃伦·巴菲特持有的最大的一只股票。巴菲特曾表示，他将永久持有可口可乐股票。目前他持有约 4 亿股，而巴菲特1988 年首次买入可口可乐大约 10 亿美元的股票。那时候人们认为太过疯狂。但仅仅两年以后，他的投资就升值了 2.66 倍。

1992 年初，可口可乐公司的股价结束了约 5 年的快速上涨，进入调整阶段。虽然巴菲特在 1988 年买入可口可乐股票后已经获得了约 300% 的回报，但他仍然坚定地看好这家公司的发展。巴菲特曾经评论说，他将永久坐镇可口可乐。最好的情景便是，坐在可口可乐公司里，什么也不做。"如果你给我 1000 亿美元，让我放弃可口可乐在世界汽水饮料行业的领军地位，我会把这 1000 亿美元退还给你，并告诉你，这办不到。"

那么巴菲特是怎样机智地利用期权交易实现心仪股票的底部增持呢？

1993 年 4 月，巴菲特以每份期权 1.5 美元的价格卖出了 300 万份可口可乐公司股票的价外看跌期权合约，这些期权的执行日期为1993 年 12 月，执行价为 35 美元，当时可口可乐公司的股票价格约为 40 美元。在此之后他觉得还不够，又加卖了 200 万份看跌期权合约。这样，通过卖出看跌期权，巴菲特一共拿到了 750 万美元的现金（见图 5 - 3）。

如果在 12 月 17 日，股票价格高于 35 美元，那么巴菲特这些期权费就落袋为安了，如果可口可乐价格低于 35 美元，那么他就必须以 33.5 美元的价格（$35 - $1.5 期权收入）购入可口可乐。但由于巴菲特本身就有不断增持可口可乐的意愿，在他看来，这也是一个非常合理的价格。因此，对他这样的一位长期投资者而言，这是一个双赢的局面。

可口可乐公司的股价走势确实没让巴菲特失望，1994 年初开始了持续的上涨（见图 5 - 4）。

图 5 - 3　可口可乐公司股价 1993 年走势

资料来源：公开资料整理。

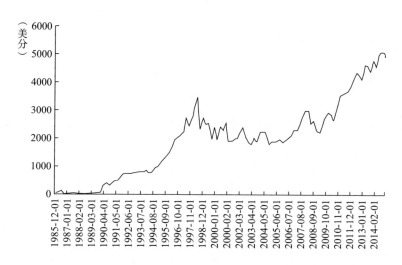

图 5 - 4　可口可乐公司股价 1986 ~ 2014 年走势

资料来源：公开资料整理。

2008 年 9 月，巴菲特在购买柏林顿北方圣塔菲铁路公司的股票时再一次使用了卖出看跌期权。当时伯克希尔·哈撒韦的子公司卖出了

约 550 万份行权价为 80 美元的看跌期权。这些期权都是 2008～2009
年市场剧烈波动时卖出，因此得到了丰厚的期权收入。这些期权收入
为巴菲特后来买入这些公司的股票节省了大量的资金。

需要特别注意的是，这种策略的前提一是投资者希望以低于当
前市价的价格买入股票，二是投资者对后市行情的判断应该是偏中
性，或略微看涨。这样期权到期会变成虚值。

巴菲特是以价值投资闻名的泰斗级人物。卖出看跌期权的股票
标的选择的是他充分研究过，有十足把握股价不会剧烈下跌的可口
可乐和铁路公司。同时长期看好这两家公司的发展。因此，卖出看
跌期权的策略在巴菲特的手中使得他的资产配置如虎添翼。

（2）期权与套期

套期保值。上交所自推出 50ETF 后，对投资组合进行风险转移
又有了新的工具。同卖空股指期货的风险对冲策略不同，利用期权
进行套期保值的玩法更加多样。

第一种玩法是在持有现货的同时买入看跌期权，该策略主要运
用于预期市场可能会大幅下行时。投资者持有现货或标的，通过买
入看跌期权有效锁定标的多头部位的风险，损失不会持续扩大。而
在价格上涨时，可以保持享受更高卖出价格带来的好处，使盈利不
断随着价格的上涨而提升。这样，就相当于给自己的股票上了一个
保险（见图 5-5）。

第二种玩法又称备兑开仓策略，是在持有现货的同时卖出看涨
期权获得期权费收入。当持有的标的价格上涨时，由于看涨期权的
行权，该组合的利润是锁定的，而当标的价格小幅下跌时，由于期
权费用的收入，该组合仍能小幅盈利，但当标的大幅下跌时，该组
合则会出现亏损。因此，该策略主要运用于预期市场可能会微跌或
小幅上涨时。在实际的运用中，为了尽可能地获得上涨的空间，该

策略往往会卖出价外看涨期权（见图5-6）。

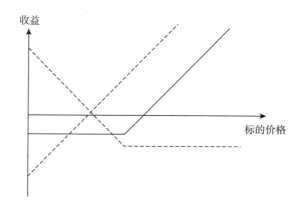

图5-5　买入看跌期权进行资产配置套期保值

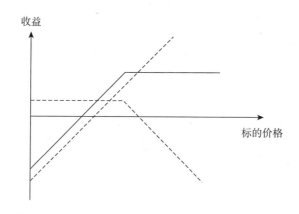

图5-6　卖出看涨期权进行备兑开仓套期保值

通过备兑开仓策略，可以在一定程度上降低投资组合的波动程度，同时也降低了投资组合的收益。以下是对于上证50ETF采用备兑开仓策略得到的备兑开仓指数相对于50ETF的收益情况。比较二者我们发现，备兑开仓指数相对于原始标的波动较小，且在熊市中表现较好，在牛市中则不及原始标的（见图5-7）。

第三种套保策略将第一种和第二种策略相结合，在持有现货的同时卖出看涨期权获得期权费收入，同时买入看跌期权规避现货下

图 5 - 7　采用备兑开仓策略的收益

资料来源：公开资料整理。

行风险。当持有的标的价格上涨时，由于看涨期权的行权，该组合
涨幅有限，而当标的价格小幅下跌时，由于看跌期权的行权，标的
亏损也是有限的。该策略一方面卖出期权获得了期权费用，另一方
面又买入期权进行了下行风险规避，因此费用较低，但获利空间和
亏损均有限（见图 5 - 8）。

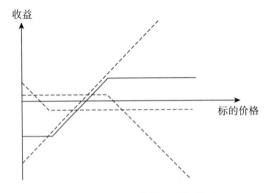

图 5 - 8　双向套期保值策略

西南航空持续盈利的神话

美国西南航空成立于 1971 年，是美国第二大航空公司，也是美国唯一一家自 1973 年以来每年都盈利的航空公司。要知道，近年来国际油价如过山车一般跌宕（见图 5-9），燃油成本占到了航空业成本的 30% 以上，西南航空到底有什么样的撒手锏呢？

图 5-9 2008~2013 年国际油价走势
资料来源：公开资料整理。

仔细分析其财务报表我们会发现，利用衍生品进行套期保值对西南航空多年盈利起了至关重要的作用。西南航空公司的燃油成本的比例远低于同行业平均水平。即使在 2007 年全球油价达到最高点时，西南航空公司燃油所占成本比例也不过 25% 左右。这点归功于对航油套期保值策略长期的毫无差误的执行。

2007 年年报显示，该公司已对 2008 年消耗航油的 70% 进行套期保值，其平均成本仅为 51 美元每桶。2005 年，套期保值收益占税后利润的 114.51%，这说明如果没有套期保值利润，该公司税后同样会亏损（见图 5-10）。

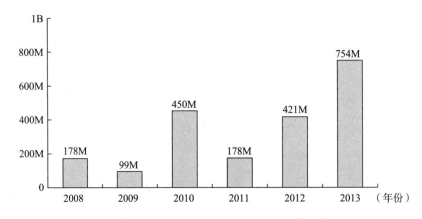

图 5 - 10　2008 ~ 2013 年西南航空年净利润

资料来源：公开资料整理。

那么，西南航空是怎样套保的呢？

一方面，西南航空公司不仅对当前需要的航油进行了套期保值，而且还对未来的航油进行了一定比例的套期保值。而不少航空公司没有像西南航空那样的长期套保规划，只是进行短期高位套保，临时抱佛脚，导致套保收益有限。

另一方面，西南航空采用组合衍生工具，限制了套保风险。西南航空公司的套保组合既有买入期权，同时也包括远期合约期货，形成以买入期权为主、远期合约为辅的套保组合。使用买入期权进行套保的好处是可以将使用衍生工具的风险限制在一定范围内，这样做既可以享受原油价格下跌带来的成本下降，又可以在原油价格上涨时规避风险。

最后，西南航空始终坚持以保值为目的，不进行投机交易。这一点在套期保值过程中起着决定性的作用。过去很多各种各样的失败案例都或多或少有未能坚持保值而转化为投机的因素的影响。在不少套保亏损案中，其套期保值头寸远远超过了需要的套保产品头寸，这样做不仅加大了公司保证金从而扩大了对现金流的需求，而且价格波动所带来的风险也随之放大。

最后要说明的是，套保策略并不能保证不出现亏损。但可以保证的是能够降低收益的波动，使得公司能够规避价格波动所带来的风险。在2008年下半年，受国际原油价格大幅下跌的影响，西南航空的套保业务同样出现了大幅亏损。但是，能够保持心态，始终不做投机，正是西南航空连续几十年来盈利的奥秘。

中信泰富累计外汇期权合约巨亏

中信泰富是中信集团的子公司，在香港联合交易所上市。公司三大主营业务为：钢铁、航空、地产。

由于铁矿石是钢铁产业的主要成本，中信泰富采取了直接在澳大利亚西部经营铁矿的方式以降低成本。同时为了锁定从澳大利亚和欧洲购买的设备和原材料款的外汇开支的成本，中信泰富投资累计外汇期权进行对冲。

合约生效后，当挂钩资产的市价在取消价和行权价之间时，投资者可定时以行权价从对手方买入指定数量的资产，行使买入的权利并获得收益，而且，在投资者获利区间内，挂钩资产的价格越高，投资者收益越大。当挂钩资产的市价高于取消价时，合约便终止，投资者不能再以折让价买入资产以获得资产价格上涨的收益。当挂钩资产的市价低于行使价时，投资者便须定时用行使价买入双倍甚至四倍的资产，直至合约完结为止。

观察累计期权的损益图我们不难发现，该衍生品相当于投资者向对手方卖出看跌期权的同时购买的看涨敲出期权。对手方以行权价相对于市价折扣的形式向投资者买入该衍生品合约（见图5-11）。

2008年10月20日，中信泰富发出盈利预警，称由于澳元大幅贬值，其持有的累计澳元期权合约已经确认155亿港元的亏损。2009年4月8日，荣智健辞去主席及董事职位。澳元兑美元汇率见图5-12。

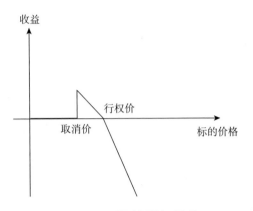

图 5 – 11　累计期权损益

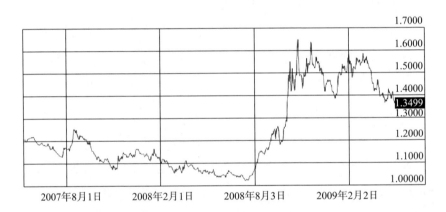

图 5 – 12　澳元竞美元汇率

资料来源：公开资料整理。

那么中信泰富到底失败在什么地方呢？

首先是错误地选择了投机工具。对于中信泰富而言，为了开发澳大利亚西部的铁矿石项目，其目标应是锁定购买澳元的成本。在绝大多数情况下，通过对远期、期货、互换、期权等进行简单的组合，就可以达到企业特定的套期保值需求。中信泰富却选择了复杂的、自己并不精通的累计期权。这类合约，无论是从定价还是到对冲机制上都很复杂，一般投资者根本不知道产品应如何估值、如何选择行使价，不知道如何计算与控制风险，因此，很容易约定过高的行权价，同时低估其潜在的风险。

另一个错误是量的错配。中信泰富在 2008 年 7 月签订了 16 份合约。当澳元兑美元的价格走势对其有利时，中信泰富最少也必须购买 36 亿澳元；而当价格大幅下跌时，则要被迫购买 90 亿澳元。而中信泰富的真实澳元需求却只有 16 亿。其套期保值头寸远远超过了需要套保产品的头寸，这样做不仅加大了公司保证金从而扩大了对现金流的需求，而且价格波动所带来的风险也随之放大。

期权给予了投资者更加多样的套保方式，也对投资者的风险控制以及对新工具的了解提出了更高的要求。我们在利用期权做套保的时候应当吸取历史的教训，充分了解金融工具的使用，才能够达到套保的目标。

（3）期权与投机

由于期权交易的高杠杆性，期权的权利方利用较少的权利金就有可能获得非常高的收益，同时期权的非线性支付结构使得投机的风险可控。因此期权交易成为不少交易员做方向性投机的重要工具。

安迪·克雷格做空新西兰元

能够在世界金融的历史上留下自己的名字是每一位交易员的梦想。年轻的交易员安迪·克雷格正是这样一位幸运者。他原本是宾夕法尼亚大学南亚历史专业的学生，后来转入沃顿商学院学习金融学。虽然在那个年代，很少有交易员听说过期权是什么，但安迪不但表现出了对期权强烈的兴趣，并且在学生时代就在费城股票交易所尝试了刚刚创立不久的货币期权。

1984 年，芝加哥商业品交易所引入了货币期权。但在那个计算机还不普及的年代，几乎没有人知道期权该如何定价。但是安迪·克雷格却不但对 Black-Scholes 公式烂熟于胸，能够用计算机程序快速地计算出期权的定价，同时还十分了解 Black-Scholes 公式的不足之处——不能仅仅利用历史波动率作为未来波动率的预测。

安迪·克雷格的第一份工作是在华尔街的所罗门兄弟公司，并在第一年就为公司赚取了 3000 万美元的利润。他习惯于通过直觉进行单方向的赌注，并很快获得了世界上最激进的交易员的称号。他永远都是买入期权，然后赌标的走势。当然，他会利用计算机对期权做定价，只有在隐含波动率大大低于他的预期时，他才会买入期权。由于期权的高杠杆性，安迪·克雷格所控制的资产价值远远大于其他的交易员。

1986 年，美国信孚银行将安迪·克雷格挖了过去，并给予他史无前例的 7 亿美元的头寸，这大约是那是一家普通银行资本金的四分之一，而一般的交易员大都只有 5000 万美元的头寸。

由于安迪·克雷格对于期权定价公式以及期权之间平价关系的了解，他能够在并不是十分有效的货币期权场外市场中，通过卖空期货的同时买入价格被低估的看涨期权的方式做空标的资产（见图 5-13），并通过这种方式的娴熟运用，赚取不菲的利润。

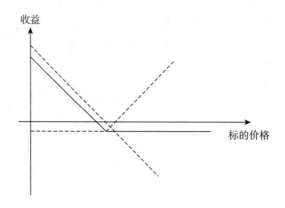

图 5-13 卖出期货同时买入看涨期权

使得安迪·克雷格留名金融史的一役是在 1987 年。当年 10 月 19 日，道琼斯指数下跌了将近 22%。接下来的日子里，全球其他股票市场同步下跌，大部分市场在 10 月末都下跌超过 20%。随后，新西兰元等货币开始相对于美元走强。克雷格相信新西兰元的这种高估是暂时的，因而准备采用极端的手段去攻击新西兰元。克雷格在外汇场外市场买入大量看跌期权，并大量卖空新西兰元建立巨额做空头寸。最后，他的空头仓位所控制的资产数量超过了全新西兰的货币供给，他控制了全新西兰流通中的新西兰元。

新西兰元汇率产生了灾难性的后果。该货币对美元在几小时内即下跌了 5%，这使得信孚银行在一眨眼之间就获得了 3 亿美元的利润。新西兰政府非常愤怒，财政部长打电话给信孚银行的 CEO 要求立刻终止交易，但克雷格也是非常有个性的人，非常傲慢地说道："我们并没有仓位过大，是新西兰太小，没法适应信孚银行的动作。"

在 1987 年，信孚银行外汇交易获得了 59300 万美元的利润，而由于其他部门的亏损，信孚银行的总利润不过 120 万美元。而其中安迪·克雷格贡献的利润超过 3 亿美元。

按照当年信孚银行把安迪·克雷格挖来的工资合同，信孚银行应该给克雷格 1500 万美元的奖金，但最后只给了他 300 万美元，虽然这已经是信孚银行 CEO 奖金的两倍。安迪·克雷格一怒之下把信孚银行告上了法庭，自己则加入了索罗斯的团队。

索罗斯做空日元

在 2012 年日元贬值大行情中，众多的对冲基金加入了这场饕餮盛宴。作为宏观策略方面的顶尖高手，索罗斯基金会在短短 3 个月内狂赚了 10 亿美元。他是如何办到的呢？

2012 年夏，当遭遇 9 级地震的日本开始大量进口原油时，索罗斯便预测日元会贬值并积极寻找机会做空。2012 年 10 月，在得知"渴望"日元进一步量化宽松的安倍晋三当选首相概率最大，同时他发现大量日本资金从澳元高息资产撤回国内后，他感觉时机已经来临。

　　为了筹集巨额建仓资金，索罗斯大量抛售股票。美国证券交易委员会的文件显示，索罗斯卖出通用汽车与通用电气的股份。并且其基金在上一季度售出了110万股LinkedIn、26万股亚马逊以及250万股Groupon的股票。

　　索罗斯基金会的主要策略是大量买进押注日元贬值与日股上涨的衍生品投资组合。据了解，其主要做空的日元头寸，集中在执行价格为90~95区间的日元敲出期权（也称障碍期权，即当日元大幅下跌时才能赚钱，但跌破一定水平时就会作废的期权）。敲出期权收益见图5-14。

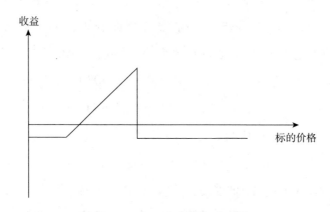

图5-14　敲出期权收益

　　为什么索罗斯要采用敲出期权而非直接卖出外汇期货的方法做空日元呢？因为这些期权的价格极其便宜，使得索罗斯能够在风险有限的情况下，以极高的杠杆率获得高额的收益。当时索罗斯购买这些期权大概只花了3000万美元，这些期权即使全部亏光也不过只占当时索罗斯基金200多亿美元资产总量的0.15%，但其做空日元净赚10亿美元，收益率高达33倍，而同期日元不过下跌10%。

　　除了利用期权大举做空日元外，索罗斯还以杠杆融资买入大量的日股——这也是索罗斯惯用的手法。因为索罗斯认为日本解决经济困局的方法只有一个，就是货币贬值，而货币贬值会引发另一个现象，就是短暂的股指繁荣。当时日本股票占该公司内部投资组合的 10%。2012 年底，日经 225 指数由的低点上涨约 33%，这又让索罗斯大赚一笔。2012～2013 年日元走势和日经指数走势见图 5－15、图 5－16。

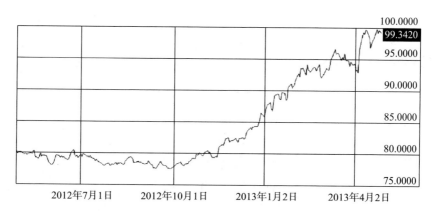

图 5－15　2012～2013 年日元走势

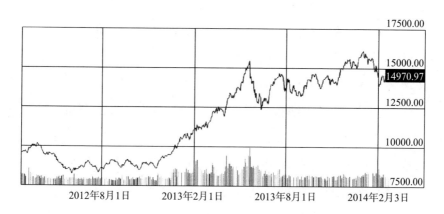

图 5－16　2012～2013 年日经指数走势

资料来源：公开资料整理。

索罗斯做空日元的成功不仅仅是简单的投机，而是基于充分研究之后的审时度势，并且经过了充分的风险考虑。这种投资的眼光和胆量非常值得我们学习。

（4）期权与套利

期权套利原理

根据看涨期权和看跌期权的支付结构，我们发现看涨和看跌期权应当满足平价公式：

$$C + Ke^{-rT} = P + S_0 \qquad (5-5)$$

箱式价差公式：

$$C_1 - C_2 + P_2 - P_1 = (K_2 - K_1)e^{-r(T-t)} \qquad (5-6)$$

凸性价差公式：

$$\lambda C_1 + (1-\lambda)C_3 \geq C_2$$
$$\lambda P_1 + (1-\lambda)P_3 \geq P_2 \qquad (5-7)$$
$$\lambda = \frac{K_3 - K_2}{K_2 - K_1}$$

若不满足，在考虑交易成本和保证金之后，若仍有套利空间，则可以进行无风险套利操作。与无风险套利相对的是风险套利，股票波动率套利便是一种风险套利。我们知道，由于期权定价模型（如 B-S 模型）给出了期权价格与五个基本参数（标的股价、执行价格、利率、到期时间、波动率）之间的定量关系，只要将其中前 4 个基本参数及期权的实际市场价格作为已知量代入定价公式，就可以从中解出唯一的未知量，其大小就是隐含波动率。在其他参数相同的条件下，隐含波动率越高，意味着期权的价格越高。隐含波动率反映了市场对于将来市场波动的预期。若期权隐含波动率同投资者所认为的实际波动的差异较大，则可在对冲标的价格波动之后，通过波动率的低买高卖直接获益。除了这些传统的套利方法之外，海外的对冲基金还想出了其他套利方法。

LTCM 利用权证套利

在美国，非常多的高科技公司为自己的员工建立了股权激励计划。享有股权激励的员工，在一个规定的日期，有权利决定是否以特定的价格买入该公司股票。这样的股权激励计划维持了股东和员工的利益一致性，增加了员工的企业忠诚度。

但是，由于公司希望员工更注重的是公司的长远利益而非短期股价的波动，这些期权的行权日往往距离当前日期较长。由于很多员工希望能够将这些期权尽早变现，他们往往会以远远低于理论价值的价格对外出售这些权证。于是长期资本管理公司看中了这个机会。他们从员工手中购买了大量廉价的股票认购权证。

长期资本管理公司（以下简称“LTCM”）作为一家以套利和对冲而闻名的企业，不愿拿着这些认股权证等他们到期执行来赚钱。受到股指期货期现套利的启发，他们想了一个难度很大但可行的办法。他们通过调整这些被收购的认购权证的股票权重，使其和标普 500 指数的权重相对应。理论上，标普 500 的看涨期权价格应当等于各权重股个股期权的加权平均。由于标普 500 的指数期权属于非常活跃的交易市场，其定价相对正确。当标普 500 的指数期权价格高于 LTCM 低价收购的个股期权的价格加权平均时，LTCM 通过在市场上卖出标普 500 看涨期权，就获得了稳定的套利机会。虽然最终 LTCM 遭受了惨重的损失，但是这项套利业务仍然取得了不错的利润。

LTCM 波动率套利造成巨额亏损

1997 年下旬，亚洲金融危机爆发，全球金融市场都充满了恐慌的气息。长期资本管理公司看准了这个机会，准备利用期权做空股票波动率。

当市场发生大幅波动时，由于投资者的恐慌性避险心理，他们往往不清楚期权的价格是正确的还是错误的，而是不惜代价地购买期权，希望给他们的资产上个保险，图个安心。此时期权的隐含波动率往往会大大高过期权的实际波动率。因而投资者可以以较高的价格卖出期权，相当于卖出过高的隐含波动率，同时在期权行权时只需以较低的实际波动率执行。这种高卖低买波动率的交易方式被称为波动率套利。

亚洲金融危机将 VIX 指数一夜之间推高至 35 以上。在随后的几个月内，市场的波动率又回归到 25 以下。这使得不少在市场恐慌中的期权卖家日进斗金。而当时在长期资本管理公司看来，即使 1997 年下旬，市场上期权隐含波动率回归到 20 左右仍然是不对的，因为在此之前的大部分时间，历史波动率都保持在 15 的低位水平。于是他们开始抛售股票期权，并且抛售的是有效期长达 5 年的期权。他们认为在长达 5 年的时间中，期权隐含波动率一定会回归到历史波动率的。

这种有效期长达 5 年的股票期权并不在交易所进行交易，而是长期资本管理公司以与摩根大通、摩根士丹利、信孚银行这样一些大的商业银行及投资银行签订场外合约的形式。长期资本管理公司认为，由于场外期权的市场流动性相对较差，当市场恐慌时，作为市场上为数不多的期权卖出方，他们就能够以更高的波动率溢价出售期权。

于是长期资本管理公司以 22% 左右的隐含波动率抛售了大量的期权。为了对冲股价波动的风险，他们不但卖出了看跌期权，还卖出了看涨期权，构建跨式组合（见图 5-17）。这样无论股票是上涨还是下跌，只要上涨和下跌的幅度比较小，LTCM 都可以获得稳定的利润。

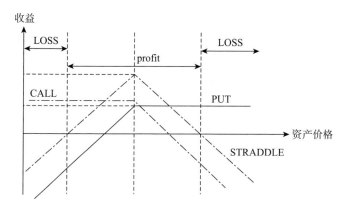

图 5 – 17　卖出期权跨式组合的收益

1998 年初，市场的走势同 LTCM 的预期相同。逐步平静下来，
VIX 指数暂时回归到了 20 （见图 5 – 18）。可是不久，意想不到的事
情发生了。1998 年 8 月 17 日，俄罗斯政府宣布卢布贬值和延期偿付
到期债务，投资者的信心受到严重打击，大幅推高标普 500 的隐含
波动率。VIX 指数创下 44.28 的新高。而根据期权的定价公式，市
场管理公司在美国和欧洲市场上的损失就会各增加 4 亿美元。这个
数字，占到了全球市场全部损失的 1/4。而长期资本管理公司必须每

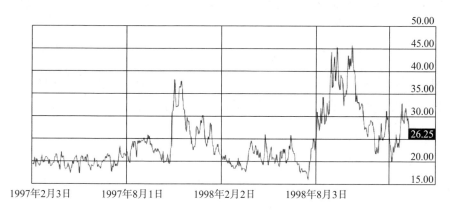

图 5 – 18　1997 ~ 1998 年 VIX 指数走势

资料来源：公开资料整理。

天根据股票期权的价格走势对保证金进行现金清算。这意味着该公司必须保有相当大的现金支付能力。1993～1998 年长期资产管理公司资产净值见图 5-19。

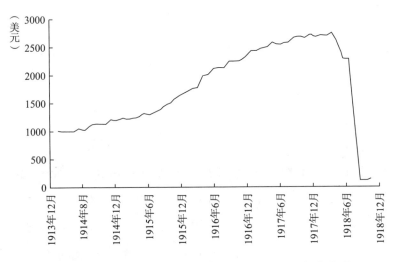

图 5-19　1993～1998 年长期资产管理公司资产净值
资料来源：公开资料整理。

此时的长期资产管理公司再也支撑不下去了。大量的头寸被强行平仓，波动率交易的最终亏损高达 13.14 亿美元，占到了 45.05 亿美元的总亏损的近 1/3。

其实即使长期资本管理公司的现金足够，在卖出期限为 5 年的期限内，也很难通过这种方法获利。在 1998 年后的近 5 年时间内，VIX 指数始终在 25 左右，再也没有回归到 15 的历史水平（见图 5-20、图 5-21）。

那么 LTCM 的波动率套利策略到底错在哪里呢？

最重要的一点就是 LTCM 用历史波动率去估计未来的实际波动率。期权的隐含波动率反映了投资者对于未来的预期。历史波动率并不能够作为未来波动率的有效预测。虽然历史波动率很低，但在金融危机发生之后，国际金融市场的内外环境都发生了深刻的变化，历史波动率再也回不到过去了。

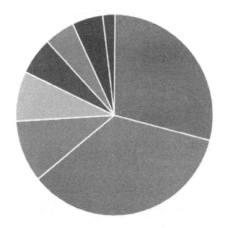

- 波动率交易
- 互换
- 新兴市场（包括俄罗斯）
- 趋向性交易（发达国家市场）
- 配对交易
- 收效率曲线套利
- 标普500股票
- 垃圾债套利
- 并购套利

图 5 – 20　长期资产管理公司损失占比

资料来源：公开资料整理。

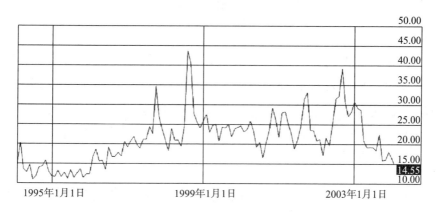

图 5 – 21　1994 ~ 2003 年 VIX 指数走势

资料来源：公开资料整理。

　　再有，LTCM 的投资活动往往采用了极高的杠杆。这使得在套利的过程中，如果资产价格没有及时收敛，LTCM 就面临着很大的资金管理的压力。如果 LTCM 不采用那么高的杠杆率，完全可以支撑到 VIX 指数回归到 20 左右。这样虽说不能盈利，但可以尽量减少损失。

最后就是 LTCM 为了获得更高的波动率溢价，采取在流动性不好的场外市场进行交易。这使得当环境不利时很难及时平仓止损。

6. 总结

期权作为新型的金融衍生工具，具有权利与义务不对等的特点。

在这篇报告中，我们回顾了历史上著名的期权投资案例。期权在资产配置、套期保值、投机以及套利方面具有重要的作用。资产配置方面通过卖出看跌期权一方面能够获得期权费用的收入，另一方面则可以在股票下跌时实现资产的底部增持。套保方面，通过买入看跌期权对标的资产进行套保，能够有效规避资产价格大幅波动的风险。持有资产的同时进行备兑开仓，则可以在规避资产价格大幅上行的同时获得一定的期权权利金的收入。套利方面，不同行权日期，不同行权价格的期权合约则为期权的套利提供了丰富的操作空间。

但是，想要通过这些交易赚钱，则必须对标的资产有系统而详尽的研究，同时有良好的资金管理和风险控制系统。未经充分的思考而进行的投机交易往往会带来灾难性的后果。

（三）互换

互换是一种双方商定在一段时间内彼此相互交换现金的金融交易。这种交易的渊源是背对背贷款。比如说，一家法国公司向一家美国公司贷出一笔为期 5 年的法国法郎贷款，利率为 10%，而这家美国公司反过来又向这家法国公司贷出一笔等值的同样为期 5 年的美元贷款，利率为 8%，通过这一过程，这两家公司就交换了本金和利息支付，这就等于法国公司按固定汇率以一定量的法郎换取一定量美元。从本质上来说，这是一种远期外汇交易。这种背对背的贷款在 20 世纪 70 年代很盛行。1981 年，出现了货币互换，接着又出现了利息率互换及通货利息率相混合的互换。

1. 互换的种类

利率互换：是指双方同意在未来的一定期限内根据同种货币的同样的名义本金交换现金流，其中一方的现金根据浮动利率计算，而另一方的现金流根据固定利率计算。

货币互换：是指将一种货币的本金和固定利息与另一货币的等价本金和固定利息进行交换。

商品互换：是一种特殊类型的金融交易，交易双方为了管理商品价格风险，同意交换与商品价格有关的现金流。它包括固定价格及浮动价格的商品价格互换和商品价格与利率的互换。

其他互换：股权互换、信用互换和互换期权等。

2. 互换的主要参与主体及动机

（1）政府

政府利用互换市场开展利率风险管理业务，在自己的资产组合中，调整固定与浮动利率债务的比重。大多数有赤字的政府其大部分的债务融资是固定利率，一些国际主权债券是浮动利率票据。欧洲及欧洲以外的许多政府利用互换市场将固定利率债券发行从一种货币互换为另一种货币或者从中获取更便宜的浮动利率资金。

（2）政府机关与市政府

许多政府机关、国有企业、城市与市政机构利用互换市场降低融资成本，或在投资者对其债券需求很大而借款人本身并不需要那种货币的市场上借款。借款人可以利用互换市场将融资决策与货币风险管理决策分开。外币借款会产生债务总成本高于或低于利率的可能性，因为所借货币的价值变动会改变融资成本。

（3）出口信贷机构

出口信贷机构提供价格有竞争力的融资以便扩大该国的出口。

出口信贷机构利用互换降低借款成本，使资金来源多样化。通过信用套利过程节省下来的费用，分摊给当地借款人，它们构成出口信贷机构的客户群。一些出口信贷机构特别是来自北欧国家的，一直是活跃在国际债券市场上的借款人。有些成功地创造了融资项目从而能够按优惠利率借款。互换市场使它们能够分散筹资渠道，使借款币种范围更广，再互换回它们所需要的货币。互换也使借款人能够管理利率及货币风险。

（4）超国家机构

超国家机构是由一个以上政府共同所有的法人，由于有政府的金融扶持，通常资产负债表良好，有些超国家机构被一些机构投资者认为是资本市场最佳信用之一。超国家机构通常代表客户借款，因为它们能够按十分优惠的价格筹集资金，能把节省的费用与客户分摊。

（5）金融机构

使用互换市场的金融机构范围很广，包括存贷协会、房屋建筑协会、保险公司、养老基金、保值基金、中央银行、储蓄银行、商业银行、商人银行、投资银行与证券公司，商业银行与投资银行是互换市场的活跃分子，它们不仅为自己的账户，同时也代表自己的客户交易。银行将互换作为交易工具、保值技术与做市工具。

（6）公司

许多大公司是互换市场的活跃分子，它们用互换保值利率风险，并将资产与负债配对，其方式与银行大抵相同。一些公司用互换市场交换它们对利率的看法，并探寻信用套利的机会。

互换市场还有其他参与者，它们包括各种交易协会、经纪人、系统卖方与出版商。

3. 互换交易的优缺点

互换与其他衍生工具相比有着自身的优势。

①互换交易集外汇市场、证券市场、短期货币市场和长期资本市场业务于一身，既是融资的创新工具，又可运用于金融管理。

②互换能满足交易者对非标准化交易的要求，运用面广。

③用互换套期保值可以省却对其他金融衍生工具所需头寸的日常管理，使用简便且风险转移较快。

④互换交易期限灵活，长短随意，最长可达几十年。

⑤互换仓库的产生使银行成为互换的主体，所以互换市场的流动性较强。

互换交易中的缺点如下。互换交易本身也存在许多风险。信用风险是互换交易所面临的主要风险，也是互换方及中介机构因种种原因发生的违约拒付等不能履行合同的风险。另外，由于互换期限通常多达数年之久，对于买卖双方来说，还存在互换利率的风险。

4. 互换交易的风险

（1）互换交易风险的承担者

互换交易风险的承担者如下。

①合同当事者双方。在互换交易中他们要负担原有债务或新的债务，并实际进行债务交换。

②中介银行。它在合同当事人双方的资金收付中充当中介角色。

③交易筹备者。它的职责在于安排互换交易的整体规则，决定各当事者满意的互换条件，调解各种纠纷等。它本身不是合同当事者，一般由投资银行、商人银行或证券公司担任，收取（一次性）一定的互换安排费用，通常为总额的 0.125%～0.375%。

（2）互换交易风险的类型

互换交易风险的类型包括以下五种。

①信用风险。信用风险是指因交易的一方不能履行或不能全部履行责任而致使对方遭受损失的可能性。产生信用风险的原因在于：

一是当事人一方的履约能力受到了限制；二是其履约意愿发生了偏差。根据金融互换的定义，互换双方可能是互换活动的当事人也可能涉及金融中介机构，还可能通过银行并在同一笔互换活动中充当买方与卖方。可以说上述相关利益主体构成了互换业务的当事人群体，只要某一方出现违约，信用风险将会发生。

②政府风险。国家风险也称政策风险，是指当一个国家因某种特殊原因发生政策性的波动致使对手不履约，或因该国实施外汇管制，从而无法得到对手资金的风险。在金融互换业务中，因政策性因素具有不可抗拒的特点，甚至有时可能无法预知，所以此种风险难以防范与控制。

③市场风险。金融互换的市场风险是指由于汇率或利率的变动，使当事人的某一方的互换价值变成负数的可能性。因金融互换可以分为货币互换和利率互换，相应的，其风险可就分为货币互换市场风险和利率互换市场风险两种。在实际工作中，一般运用风险敞口等值法予以测定。

④收支不对应风险。

⑤结算风险。结算风险是指互换的各方在资金的支付时间上存在差异导致的风险。由于汇率或利率在时间上可能存在较大的波动，互换当事人在结算的资金也可能相应地发生差异。

（四）远期合约

金融远期合约又称为金融远期、金融远期合约、金融远期交易，是指交易双方分别承诺在将来某一特定时间购买和提供某种金融工具，并事先签订合约，确定价格，以便将来进行交割。

在作为衍生金融工具的远期合约中，目前最常见的是远期外汇合约。金融远期合约与金融期货较为相似，二者的区别在于：标准化和灵活性不一样；场内场外交易、二级市场发展不一样。

1. 现汇交易与现汇汇率

现汇交易指在外汇买卖成交后，在两个工作日内办理交割的外汇交易。买卖现汇所用的汇率称现汇汇率或即期汇率。

2. 期汇交易和期汇汇率

期汇交易指在外汇买卖成交后，由买卖双方签订合约，规定外汇买卖的数量、交割期限及汇率，在合约约定日再办理交割的一种外汇交易。

3. 远期升水或远期贴水

远期升水或远期贴水指某一时点的期汇汇率与现汇汇率的差额。在直接标价下，期汇汇率高于现汇汇率的差额称升水或溢水，期汇汇率低于现汇汇率的差额称贴水或折价。

金融远期合约的主要类型。按目的不同可将作为金融工具的远期合约分为三大类：投资、套期保值和投机。

远期合约与期货等其他衍生工具比较，具有以下特征。

①合约的规模和内容按交易者的需要而制定，不像期货、期权那样具有标准化合约。

②合约代表了货币或其他商品的现货交付，不像期货、期权那样只需在交割日前进行反向交易即可平仓了结。远期合约 90% 以上最终要进行实物交割，因此其投机程度大大减少，"以小搏大"的可能性被降至最低。

③合约本身具有不可交易性，即一般不能像期货、期权那样可以随意对合约进行买卖。远期合约一般由买卖双方直接签订，或者通过中间商签约。合约签订后，要冲销原合约，除非与原交易者重新签订合约或协议且订明撤销原合约。因此，远期合约流动性较小。

④合约交易无须交易保证金。金融远期主要在银行间或银行与

企业间进行，不存在统一的结算机构，价格无日波动的限制，只受普通合约法和税法的约束，因此无须支付保证金。

金融远期合约的确认和计量，涉及以下几项新准则：《企业会计准则第22号——金融工具确认和计量》、《企业会计准则第23号——金融资产转移》、《企业会计准则第24号——套期保值》和《企业会计准则第37号——金融工具列报》。现以这些准则的相关规范为依据，结合具体会计实践，讨论金融远期的确认、计量原则与列报方法。

1. 传统的会计确认原则的突破

在传统的会计理念下，对会计要素的确认均立足于"过去的交易和事项"，我国现行规范会计行为的法律、法规中层次仅低于《会计法》的《企业财务会计报告条例》（2001年1月1日起施行），对资产与负债进行定义的前提也都是"过去的交易、事项"，并预期会导致经济利益的流入或流出。金融远期合同的签订，实际交易尚未发生（合同尚未履行），但合同一旦生效，在双方当事人之间就自然形成现实或潜在的债权债务关系，并预期会导致经济利益的流入或流出。因此，第22号准则明确规定"企业成为金融工具合同的一方时，应当确认一项金融资产或金融负债"。这一规定，是对传统的以"过去的交易和事项"为依据的确认原则的一项重大突破。

2. 金融远期的确认、计量与列报

根据以上原则，金融远期应在承诺日而不是清算日确认为金融资产或金融负债。但是，金融远期具有衍生工具的通常特点，即不需要初始净投资或只需要很少的初始净投资。当企业成为金融远期合同的一方时，其权利与义务的公允价值有时相等，这样该金融远期的公允价值净额为0，如果这是以净额列示，就无法在资产负债表中反映其存在；即使在后续计量时体现为净资产或净负债，在资产负债表中以净额列示也远不能恰当地反映作为金融合同一方的权利和义务。因此，以净额列示，与按"过去的交易和事项"确认原则几乎相同。

（五）信用衍生品

自从 20 世纪 90 年代末以来，信用衍生产品是衍生产品市场中一项重要的发展。在 2000 年，信用衍生产品合约的总面值仅为 800 亿美元，而到 2009 年 12 月，总面值已增至 32 万亿美元。信用衍生产品是指收益与一个（或多个）公司或国家的信用有关的合约。在本章里我们将解释信用衍生产品的运作和定价方式。信用衍生产品能够使公司对信用风险就像对市场风险一样进行交易。在过去，银行或其他金融机构一旦承受了信用风险后只能被动地等待（而只能寄希望于发生最好的结果），而现在金融机构可以主动地管理自己的信用风险组合，在保留一部分信用风险后，将其余的信用风险利用信用衍生产品加以保护。银行是最大的信用保护买入方，而保险公司一直是最大的信用保护卖出方。

信用衍生产品可以被分类为"单一公司"（Single Name）产品，或"多家公司"（Multi Name）产品。最流行的单一公司信用衍生产品是信用违约互换（Credit Dfault Swap，CDS）：该产品的收益依赖于某家公司或某个国家的信用质量。在 CDs 合约里有两方，即信用保护的卖出方和买入方。当某个指定的实体（某公司或国家）对其债务违约时，信用保护的卖出方要向保护的买入方提供赔偿。最为流行的多家公司信用衍生产品为债务抵押债券（Collateralized Debt Obligation，CDO）：在 CDO 中，首先需要阐明一个债券组合，然后将债券组合的资金流以一种约定的方式分配给若干类投资者。

在传统上，银行的业务是进行放贷，然后承担借款人的违约风险。但多年来银行不愿将货款留在自己的资产负债表上，因为如果把将监管机构所要求的资本金考虑在内后，贷款的平均收益要逊色于其他形成的资产。如前文所述，通过构造资产支持型债券（Aset-backed Securities），银行可以将这些贷款（及其信用风险）转移给投资者。在 20 世纪 90 年代末和 21 世纪初，银行还大量地利用了衍生产品将自身贷款组合的信用风险转移给金融系统的其他参与者。

以上所讨论的种种原因造成了最终承担贷款信用风险的金融机构，与最初检测贷款人信用质量的机构往往是不同的。2007 年的金融危机证明了这种现象对整个金融系统的健康是没有好处的。

1. 信用违约互换

信用违约互换（Credit Default Swap，CDS）是国外债券市场中最常见的信用衍生产品。在信用违约互换交易中，违约互换购买者将定期向违约互换出售者支付一定费用（称为信用违约互换点差），而一旦出现信用类事件（主要指债券主体无法偿付），违约互换购买者将有权利将债券以面值递送给违约互换出售者，从而有效规避信用风险。由于信用违约互换产品定义简单、容易实现标准化，交易简洁，自 20 世纪 90 年代以来，该金融产品在国外发达金融市场得到了迅速发展。

对于投资者而言，规避信用风险的方法一种是根据信用评级直接要求信用利差，另一种就是购买诸如信用违约互换等信用衍生品。如果投资组合中企业债券发债体较多、行业分布集中度低，则直接要求每只债券一定信用利差即可有效降低组合整体信用风险损失；但如果组合中企业债券数目不多、行业集中度高，不能有效分散信用风险，购买信用违约互换即成为更现实的做法，将产生与通过分散资产来降低组合风险的同等作用。

由于在购买信用违约互换后，投资者持有企业债券的信用风险理论上降低为零，我们可以因此认为企业债券收益（y）、信用违约互换点差（s）和无风险利率（r）存在等式关系 $s=y-r$。在具体交易中，国债收益率以及利率互换（Swaprate）收益率都可用作无风险利率，而交易商对具体企业债券市场报价则简单表述为在同期限无风险利率基础上加上信用违约互换点差水平。

2004 年，信用违约互换，当时在全球进行交易的国家也仅仅限于美国和欧洲，但由于它发展迅速，仅仅 3 年时间就已经位列全球信用衍生品交易量的第二位，英国银行家协会出版的 *British Bankers' Association——Credit Derivatives Report* 2006 显示信用违约指数产品已经成为信用衍生产品中的第二大类，成为信用违约掉期市场上的热门投资点。

2. 信用违约互换结构图

信用违约互换是将参照资产的信用风险从信用保障买方转移给信用卖方的交易。信用保障的买方向愿意承担风险保护的保障卖方在合同期限内支付一笔固定的费用；信用保障卖方在接受费用的同时，则承诺在合同期限内，当对应信用违约时，向信用保障的买方赔付违约的损失。对应参照资产的信用可是某一信用，也可是一篮子信用。如果一篮子信用中出现任何一笔违约，信用保障的卖方都必须向对方赔偿损失，其结构如图 5-22 所示。

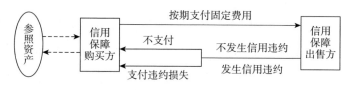

图 5-22 信用违约互换结构

（1）国内信用违约互换设计

目前国内的企业债券几乎都有银行或者有实力的机构进行担保，偿付的风险基本没有，但是这不代表国内就彻底没有信用违约互换出现。以下两种情况可促使信用违约互换出现。

第一，目前的企业债券大多是长期债券，横跨不止一个经济周期，企业信用状况不一定会恒定良好。一旦发债企业出现偿付问题，企业债偿付将转由担保机构完成，此时企业债券即由可交易流通的债券转变为失去流动性的担保机构债务。投资者将失去资产组合操作的灵活性，并将调整资产组合的风险价值或其他风险指标。一旦市场利率环境发生变化，投资者也不能通过买卖该企业债券来获得收益或规避利率风险。所以说，发债企业的信用风险仍会导致投资者损失，尽管它并不带来投资者本金或预期票息收益的损失。

第二，在国内机构投资实践工作中，风险控制较严的机构往往设有内部评级，内部评级不高的企业债券该类机构也不会轻易投资，此时如果有信用违约互换的支持，该类机构投资行为可能将有所变化。

因此说，尽管目前企业债券本息偿付基本不存在问题，但信用风险仍然会影响机构的投资收益和行为，这为信用违约互换的产生提供了基础。国内实力雄厚的大型机构完全可以出售信用违约互换给企业债券投资者，通过创造信用衍生产品增进其他业务合作，并实实在在形成一笔表外收入，而购买信用违约互换的机构则可以增加资产组合灵活性和资产组合品种多样性。

短期融资券是另一个信用违约互换可以出现的领域。虽然短期融资券期限较短，但在如此短时间内发债企业出现偿付风险的可能性不大，国外对商业票据市场的长期跟踪研究也表明这类品种信用风险很小。但随着发债企业数目迅速增多，极少数发债企业突然出现兑付危机的概率还是存在的。因此说在短期融资券领域信用违约互换仍有创造与应用的价值。

在国内市场交易大量应用信用违约互换之前，信用违约互换在国内的应用价值可能会在投资银行领域。随着企业债券及短期融资券市场规模的扩大，债券发行体将不仅仅限于实力雄厚的大型企业，中小企业也将成为发行主体。由于国内信用评级机制发展滞后，市场还不能对信用风险进行有效甄别和定价，承销商为中小企业进行投资银行服务可能会遇到市场需求瓶颈。此时如果主承销商实力雄厚，完全可以通过向投资人出售信用违约互换的方式为发债主体进行信用增强，并进而吸引更多的投资者。特别是在短期融资券发行领域，商业银行通过出售信用违约互换方式可以有效增强中小企业信用水平，从而使规模略小一些的企业成为发债主体，丰富信用市场品种范围。

在债券市场经历连续多月的上涨后，国债、政策金融债等无信用风险债券收益率愈来愈低，机构普遍开始寻找新的投资方向和利润来源，金融创新逐渐成为机构关心的领域。作为一种金融创新，信用违约互换有其存在发育的土壤，在银行间市场这种柜台市场中，机构间完全可以签署协议，通过表外业务创新获取收益或者规避风险。当然，创新的初始阶段市场交易不会频繁，但不断坚持创新思路、不断坚持实践创新应是低收益率环境下市场成员的工作重点之一。

（2）信用违约互换的优点

第一，信用违约互换自身流动性强。首先，其交易效率高、交易成本低。标准化的特点使交易商可迅速实现大规模的交易量，而其交易成本更只有一个基点的二分之一，远远小于单一标的资产信用违约互换的交易成本，因此，更受信用市场参与者的青睐。其次，市场接受程度高。信用违约互换是公认的整体市场信用风险的一个关键性指标，能够比单一标的资产信用违约互换更迅速地反映市场的基本情况，并有化解系统风险的作用，获得经销商和业界的广泛支持。

第二，可以增强信用衍生品市场的流动性。信用违约互换不仅自身的流动性高，还对整个信用衍生品市场流动性的增加有显著的推动作用，这主要体现在两方面。首先，信用违约指数其样本仅有125种，交易者可以通过复制信用违约互换在信用衍生产品市场上做多头或者空头的交易。在市场价格发生暴跌或者暴涨时，交易者就可以在两个市场上做对冲交易来回避风险，于是信用衍生产品整体市场的流动性就增加了。其次，指数交易本身就是增强市场流动性的特征之一，当能够通过信用违约指数基点的变化来对冲信用风险后，机构投资者就能够迅速地针对整个市场信用风险状况来调节信用风险头寸，从而促进了信用衍生品市场的交易量的增加。

第三，可以平抑对冲信用风险，化解系统性风险。信用违约指数交易发展迅速而且吸引了大量的交易者，这主要是因为信用违约指数为交易者提供了低廉的成本来快速分散、购买或出售信用风险。信用违约指数的交易者可以通过购买或者出售信用违约指数来管理信用风险头寸，从而化解系统风险。

第四，定价具有一定的透明性。信用违约互换指标的定价是每天免费提供的，投资者可以清楚了解其定价过程，便于投资者自己判断指标的定价公正与否，这实际上相当于向社会提供了一个监督的窗口，增加人们对信用违约互换产品的信赖。众所周知，定价的透明、精确是风险管理功能有效发挥的重要条件之一，相较其他金融衍生品，信用违约互换在这方面的表现是比较突出的，这就保证了信用违约互换在交易过程中更具有可靠性，也促进了市场的优化。

3. 信用违约期权与信用违约互换的区别

信用违约期权与信用违约互换的区别并不大，因为在信用事件发生后，期权的购买方总会执行期权以获得补偿。不同的是，在信用违约互换中存在相当于名义贷款本金转移的问题，即信用保险买方可以以贷款本金为基数按双方商定的基点支付费用，而信用违约期权不存在这个问题。另外，在支付方式上，信用违约互换是在合约有效期内，定期的多次支付，而信用违约期权为一次性的支付期权费。

信用违约互换的近 10 年发展情况如下。

自 20 世纪 90 年代初建立以来，直至 2007～2009 年全球金融危机爆发，CDS 市场实现了快速稳定增长。出于对 CDS 规模过快增长的担忧及考虑到其在金融危机中扮演的角色，要求增强 CDS 透明度和弹性的呼声高涨。

金融危机后，CDS 市场经历了一系列重要的变化，市场参与者降低了风险敞口并缩减了冗长的合约。这一变化始于金融危机爆发前，并在金融危机爆发后快速强化。金融危机后的改革举措包括合约标准化、扩大报告要求，以及对衍生产品的强制集中清算和保证金要求。本书基于国际清算银行的衍生产品数据，盘点了 CDS 市场从全球金融危机到 2017 年底的发展情况，侧重于 CDS 市场近期和正在发生的变化，尤其是反映交易商间头寸下降和中央对手方增加的变化。

CDS 合同的持有名义金额明显下降，从 2007 年底的 61.2 万亿美元下降至 2010 年之后的 9.4 万亿美元。在全球金融危机期间及之后，持有名义金额的下降是由合同压缩所致，而近年来的下降则似乎是由中央清算的增加驱动。

通过中央对手方进行清算的未清偿金额份额快速增长，从 2011 年中的 17% 迅速增加至 2017 年底的 55%，而交易商间交易份额则从 53% 下降至 25%。

评级为投资级别的 CDS 标的信贷份额在全球金融危机爆发后出现上升，到 2017 年底上升至 64%。主权实体 CDS 份额也有所上升（截至 2017 年底为 16%）。申报交易商仍然是 CDS 保护的净买家（2017 年底为 2580 亿美元）。对冲基金则显著削减了对交易商的保护购买净额，到 2017 年底削减至 160 亿美元。

全球 CDS 市场：快速扩张并平稳下降

国际清算银行通过多组数据集来监测衍生品市场。国际清算银行每半年发布的《场外交易衍生品统计数据》提供了一个针对衍生品市场的定期、全面的全球概述。这些数据涵盖了 12 个国家约 70 家银行和其他申报交易商的综合头寸（即每个交易商申报属于其企业集团旗下的所有实体的头寸）。由于 CDS 市场趋向于集中化，这些数据代表了全球性的活动。而《三年期央行调查报告》则每 3 年提供一个更为全面的市场概览。最新一期《三年期央行调查报告》于 2016 年发布，报告采集了来自 46 个国家的 400 多个申报机构的场外衍生品数据。调查报告数据显示，截至 2016 年 6 月底，上半年度统计数据进行申报的交易商覆盖全球 CDS 市场的 99% 以上。

在全球金融危机的序幕揭开之前，CDS 市场实现了近 10 倍的增长，而在此之后，CDS 市场开始出现持续萎缩。从持有名义金额的角度来看，CDS 市场的持有名义金额于 2007 年底攀升至 61.2 万亿美元左右的峰值，并在之后持续下跌。未清偿头寸总市值也经历了一个类似的模式。鉴于名义金额反映了保护卖方对保护买方的最大潜在交易对手风险敞口，因此总市值表明了当前的信用风险敞口。

全球金融危机后的下跌范围非常广，这一点可从单名和多名合同的同时削减中窥见一斑。在危机爆发前后的数年中，双边和多边投资组合的压缩导致了大部分的持有名义金额下降。压缩是一项技术，通过这一技术，两个或两个以上交易对手销毁现有合同，并采用新合同予以更替。这样一来便减少了合同数量和总名义金额，同时保持净风险敞口固定不变。在金融危机爆发后的一段时间以来，中央对手方之外的压缩并不常见，原因在于中央对手方于 2008 年达到峰值之后开始大幅下降。

与此同时，市场越来越标准化，反映了文件标准（例如 2009 年的"大爆炸"和"小爆炸"倡议）的成功传播。尤其值得一提的是，合同到期期限均集中在 5 年期左右。到期期限为 5 年以上的合同数量在全球金融危机爆发后稳步下降。

中央对手方头寸的增长。持有名义金额的缩减在交易商间头寸中最为显著。尽管交易商间头寸曾一度主导市场，交易商间的未清偿头寸从 2011 年中的 17.7 万亿美元左右缩减至 2017 年底的 2.3 万亿美元。交易商间头寸近年来的下降速度超过整体市场的下降速度，其在持有名义金额中所占份额从 2011 年底的 57% 下降至 2017 年底的 25%。到 2017 年 12 月底，申报金额达到持有名义金额的 55%，尽管这一比例可能高估了已清算的未清偿合同的实际份额。全球金融危机期间，非代理商银行的头寸份额占 30% 左右，且在此后持续下跌。

这一点表明中央对手方可能是推动交易商间头寸和持有名义金额持续下降的关键驱动因素。从理论上来说，交易商间头寸和持有名义金额的下降可能受到以下因素的推动：一是中央对手方作为交易商之间的交易对手进行介入（"合同更替"）；二是通过中央对手方的多边净额清算削减名义金额；三是潜在交易商间活动的收缩。

合约更替采用交易商与中央对手方之间的两项抵消交易代替单一的对应交易商间交易。这样一来便机械化地减少了交易商间交易的份额。然而，这一影响仅能解释少部分交易商间头寸的下降（2011 年底至 2017 年底，名义金额总额下降 86%，而这一影响能够解释其中的 13%）。

中央对手方净额清算可能能够解释剩下的大部分持有名义金额下降。中央对手方对交易对手的相抵头寸进行净额清算，从而减少申报的总持有名义金额——与全球金融危机前后合同出现的压缩的作用原理类似。净额清算降低了保证金要求并放宽了杠杆率限制，从而为交易商提供了监管激励。

交易活动也可能导致持有名义金额的整体下降，但其影响程度可能比较小。基础交易活动，尤其是指数产品，似乎并未出现大幅下跌。此外，其他指标也表明市场活动能够持续开展：流动性有所改善，且反映市场成交清淡等特征的定价异常（例如 CDS 债券基差）已经消失。

多名 CDS 市场中的清算渗透率最高，主要由 CDS 指数构成。截至 2017 年 12 月底，采用中央对手方进行清算的所有单名合同（以名义金额计）的份额为 44%，而多名合同的比例为 65%。多名合同更为标准化，因此更容易进行清算。此外，在美国和欧盟等主要司法管辖区中，CDS 指数产品清算已成为强制性要求。在美国，单名 CDS 产品通常不属于金融危机后改革范围之内。金融危机后改革旨在增加中央清算，例如针对双边未清算交易的中央结算要求和保证金要求。

CDS 合同的清算高度集中于少数几个主要的中央对手方。首先是位于英国的伦敦洲际交易所欧洲清算所（ICE Clear Europe），其次是位于美国的伦敦洲际交易所信用清算所（ICE Clear Credit），主导以欧元计价的合同。伦敦 CDS 清算所也于近年进军这一领域。伦敦洲际交易所信用清算所反过来又主导了美元市场。部分中央对手方专注于以特定货币计价的合同美元，而日本证券结算机构（JSCC）则专注于日元。

风险转移至何处？

全球未清偿 CDS 合同的整体下跌与风险敞口的组分显著变化同步发生。CDS 涉及两种类型的风险敞口：参考实体的潜在信用风险和 CDS 保护买方面临的交易对手风险。总的来说，这两种类型的风险都有所减少。潜在信用风险已转向整体信用评级更佳的主权债券和标的参考证券组合。中央对手方的增加和 CDS 市场标准化的提高促进了对风险敞口的净额清算。这反过来又有助于降低交易对手风险。尽管发生了上述结构性变化，信用风险并未集中在特定交易对手类型之上。

基础参考实体

主权实体持有名义金额在全球金融危机之后和欧元区危机期间从 2007 年中的 1.6 万亿美元左右（市场份额为 3.4%）大幅上升至 2013 年中期的 3.3 万亿美元左右（市场份额为 13.3%）。这一增长实际表明了 2011 年底和 2012 年上半年对欧元区日益增加的偿付能力担忧所发挥的作用。此外，由德国于 2010 年 5 月推出并由欧盟于 2012 年 11 月通过的针对欧洲主权债务的卖空禁令可能推动了投资者通过购买 CDS 合同来复制这些风险敞口。尽管总名义金额下跌，但主权参考实体在整体市场中所占份额持续上升，于 2017 年底达到 16%。尽管主权实体 CDS 有所增长，但非主权实体仍然占据大部分市场。在非主权市场中，指数产品的增加将信贷风险敞口从个人金融和非金融企业转移至他处。

全球金融危机后向主权和指数产品的风险转移与标的参考实体的信用质量的整体改善齐头并进。投资级别的标的信用持有名义金额份额从 2007 年底的 42% 上升至 2017 年底的 64%。

对手风险：标准化、中央对手方和净额清算

推动指数产品上升的一个重要因素是在全球金融危机后通过标准化推动减少对手风险。标准化增加了交易对手持有 CDS 头寸的可能性，并且恰好抵消了现金流量，而这有助于净额清算。由此导致的主要 CDS 交易商的信贷净额风险敞口缩减程度可能会尤为明显，因为根据这些交易商的业务性质，他们的总敞口往往较大，但净敞口较小。通过中央对手方进行的清算可以实现跨不同交易对手的净额清算，因此进一步扩大了净额清算的范围。

CDS 合同的净市值与总市值之比揭示了净额清算的发生率。净市值对总市值进行调整，已开展可合法执行的双边净额清算（不考虑任何公布的抵押品）。净市值与总市值之比越低，净额计算程度越高。

中央对手方和交易商拥有最低比率——也就是最高净额清算隐含率。对于并非中央对手方清算会员的其他交易对手的双边交易而言，净额清算似乎明显较低。事实上，中央对手方的出现似乎减少了（非申报）银行和证券公司在一段时间内的净结算活动。

总之，中央对手方和标准化有助于减少信贷和交易对手风险。随着已清算和标准化合同的跨交易对手净额清算的范围得到扩大，总风险敞口已经缩小。尽管交易对手风险目前已被中央对手方吸收，但为减少这些风险，若干安全缓冲措施已经得到落实，例如针对中央对手方的违约基金、多级保证金要求以及权益和准备金要求。

跨交易对手信用风险转移

尽管市场出现了上述结构性变化，跨交易对手的风险敞口分布仍然相当稳定，并未集中于特定的交易对手类型。申报交易商继续作为保护的净买家，这一点可能反映了交易库存，以履行做市作用，但同时也有助于保护他们免受信用事件带来的不利影响。随着单一险种保险公司退出 CDS 市场，其他金融机构——尤其是非申报银行——已经吸收了大部分信用风险。然而，购买的净保护与总 CDS 头寸之间的比例相对而言较小。非金融交易对手也是信用风险的重要净吸收者；但他们的 CDS 市场份额要小得多（2017 年底为 2%）。

对冲基金继续作为交易商保护的净买家，尤其是单名 CDS。这可能与全球金融危机和欧元区危机前后产生的套利机会有关。由于近年来基差收窄，与申报交易商相比，对冲基金显著削减了其对 CDS 保护的净购买交易额。

第六章

互联网金融风险及监管

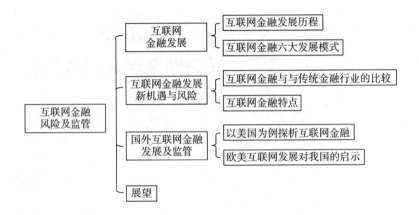

随着社会和科学技术的发展，金融行业作为经济的重要组成部分也发生了巨大的变化。随着互联网技术的高速应用和发展，传统金融行业也随时代发展而升级转型，互联网金融正是在此大背景下应运而生。互联网金融的产生和发展给生活带来相当的便利，同时也伴随着风险，给金融界里带来了前所未有的冲击与挑战。本章从"e租宝"案例出发引出互联网金融所带来的风险，接着从互联网金融的发展历史背景出发，对互联网金融发展模式进行研究，以中美发展互联网金融的异同点为切入点，对互联网金融未来发展趋势进行深入探讨，讨论了互联网金融发展的预期前景，最后，分析欧美国家对于互联网金融的监管模式得出对中国互联网金融监管方式的启发。

一 互联网金融发展

互联网金融（ITFIN）是指传统金融机构与互联网企业利用互联网技术和信息通信技术实现资金融通、支付、投资和信息中介服务的新型金融业务模式。互联网金融不是互联网和金融业的简单结合，而是在实现安全、移动等网络技术水平上，被用户熟悉接受后（尤其是对电子商务的接受），自然而然为适应新的需求而产生的新模式及新业务，是传统金融行业与互联网技术相结合的新兴领域。

（一）互联网金融发展历程

互联网金融起源于欧美，蓬勃发展于中国。近年来，互联网金融的蓬勃发展加快了传统金融机构的转型升级，而云计算、大数据等愈来愈先进的互联网技术为互联网金融发展提供了技术支持。以下从互联网金融发展历史出发，对互联网金融的发展趋势进行初步分析并具体把握互联网金融未来的发展前景。

20世纪60年代至80年代，第三次科技革命的不断发展促使计算机的诞生与繁荣。而由此产生的计算机联机应用使得各个金融机构增强其相互联系的紧密程度，各个营业点的相互融通促使存贷等金融业务变得频繁而富有生机与活力。20世纪80年代以来，金融电子化时代随着银行网点大规模使用计算机而到来。传统银行的人工服务性工作逐渐被自动柜员机（ATM）、销售终端系统（POS）等代替。互联网金融的发展也正处于飞速前进中。初级的互联网金融的高速发展给人们带来了便捷、及时的好处。而互联网金融随着科技的进步依然在不断地完善自我。20世纪90年代以来，随着互联网技术的高速进步以及中国改革开放的深入发展，我国的互联网金融业也处于发展迅猛的初级阶段。至今中国互联网金融大致可以分为三个发展阶段。

第一个阶段是1990~2005年的传统金融行业互联网化阶段。各大银行开始纷纷建设网上银行、1998年"一网通"推出"网上企业银行"，为互联网年代银企关系进一步向纵深展开构筑了全新的高科技渠道。2003年淘宝网的出现解决电子商务中付出方式单一、买卖双方不信任的问题，而2004年推出支付宝的"担保交易"，使得电子商务在国内作为全新的商业运作方式产生，标志着国内全面进入电子化时代。

第二个阶段是2005~2011年第三方支付蓬勃发展阶段，2007年互联网金融的一个标志性业务形态——P2P网贷诞生。中国第一家P2P网络借贷平台"拍拍贷"成立。2011年央行向27家第三方支付公司发放支付牌照，正式标志着互联网与金融开始结合。2012年，平安陆金所推出P2P网贷业务，网贷平台迅速发展，互联网金融进入一个新的发展阶段。

第三个阶段是2011年至今的互联网实质性金融业务发展阶段。2013年6月，支付宝联手天弘基金，推出余额宝业务，推动互联网基金方式展开。随后12306网站正式支持支付宝购票，全国各家便利店也支持支付宝条形码支付。而 P2P、第三方支付等各类互联网金融业态均飞速展开。至今，大数据时代推动互联网金融的蓬勃发展，互联网行业与金融业开始进行大规模融合发展。对于互联网的监管，政府也没有落下。2014～2018 年，互联网金融连续 5 年被写入政府工作报告，从 2014 年首次提到"促进互联网金融发展"到 2016 年的"规范发展"，再到 2017 年的"高度警惕互联网金融风险"，直到 2018 年的"健全互联网金融监管"，可以看出政府正极力规范互联网金融的发展并促进其又好又快发展。

从三个互联网金融的发展阶段并结合中国互联网金融发展现状，互联网金融是历史发展的必然要求和不可逆转趋势。随着科学技术的不断深化进步，互联网 + 金融模式将会成为社会发展的重要发展动力。近年来，伴随着人们思想观念的转变，互联网金融逐步进驻中国人的日常生活，科学技术助推互联网产业的蓬勃发展，而与其相联系的金融行业也逐步跟上互联网技术的脚步为其注入新的发展动力。互联网金融的发展，是传统与创新结合的必然产物。

（二）互联网金融六大发展模式

1. 第三方支付

第三方支付有狭义与广义两方面的理解。狭义是指通过第三方支付平台，买方选购商品后，使用第三方平台提供的账户支付货款，由第三方通知卖家货款到达，进行发货。买方检验物品后，就可以通知付款给卖家，第三方再将款项至卖家账户；而广义上的第三方支付指非金融机构作为收、付款人的支付中介所提供的网络支付、预付卡、银行卡收单以及中国人民银行确定的其他支付服务。而为我们所熟知的第三方支付有支付宝、财富通等。

第三方支付的产生是为迎合同步交换的市场需求，因而第三方支付的特点有如下几点。其一，快捷便利。第三方支付所提供的平台整合了银行卡支付，将其归于一个界面从而简化了操作和支付流程。其二，操作简便成本低。较于程序复杂的 SET 而言，第三方支付不用 CA 进行各方的身份认证而显得更为简便快捷。第三方支付的认证由除商家和用户之外的第三方完成，这大大减少了支付的时间与成本。

2017 年，我国移动支付的交易规模达到了 120.3 万亿元，同比增速为 104.7%。由图 6 – 1 可以看出近年来中国第三发移动支付规模不断迅猛增长，2017 年，我国移动支付的交易规模达到了 120.3 万元，同比增速为 14.7%，相校去年 381.9% 的同比增速有所回落。2017 年 1~4 季度的交易规模和增速来看，各季度交易规模稳步上升，其中 1 季度和 4 季度分别因春节和 "双 11"、"双 12" 影响，环比增速高于其他季度。而对于中国所特有的文化而言，在某一特定时期，第三方支付显得尤为特殊，表现为大范围的购物，商家与第三方支付的合作已经逐渐成为促进第三方支付发展的重要源泉。

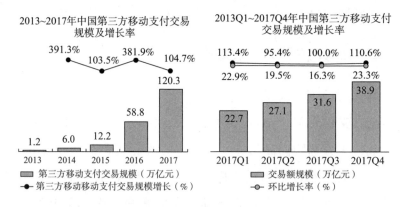

图 6 – 1　中国第三方移动支付交易规模及增长率

注：①自 2016 年第 1 季度开始计入端用户主动发起的虚拟账户转账交易规模，历史数据已做相应调整。

②统计企业中不含银行，仅指规模以上非金融机构支付企业。

③瑞根据最新掌握的市场情况，对历史数据进行修正。

资料来源：艾润咨询。

2. P2P 小额信贷

P2P（Peer to Peer）小额信贷是一种个人对个人的直接信贷，就是有资金并且有理财投资想法的个人，通过中介机构，借款人发布借款信息，出借人了解后使用信用贷款的方式将资金贷给有借款需求的人并及时得知借款人还款进度从而获得投资回报。

2005 年 11 月，美国 PROSPER 将这一思想进一步提炼和创新，创办了 PROSPER 网络小额贷款平台，让资金富余者通过 PROSPER 向需要借款的人提供贷款，并收取一定利息。2005 年 3 月在英国伦敦开始运营一家名为 ZOPA 的网站同样是目前最热门的 P2P 网络金融平台之一。这些网络 P2P 金融平台的成功让 P2P 金融真正开始在世界范围内获得认可和发展。对于中国而言，P2P 金融在国内发展仍处于初期阶段，并无明确的立法，国内小额信贷主要靠"中国小额信贷联盟"主持工作。随着社会的进步，中国 P2P 金融、展现出强劲的发展后劲，此种金融服务的正规性与合法性正逐渐加强并完善。

优势：P2P 小额信贷因出借人与借款人直接签署个人对个人的借贷合同，一对一地互相了解对方的身份信息与信用信息，并且在之后的日期中出借人及时获知借款人的还款进度和生活状况的改善，因此 P2P 小额信贷具有透明性。与此同时，出借人将资金分散给多个借款人对象，同时提供小额度的贷款，风险得到了最大程度的分散。由此可以看出 P2P 具有分散风险的特点。正是因为这个原因，P2P 模式也为越来越多人所选择。

3. 大数据金融

大数据金融是利用大数据技术发展传统金融理论、创新金融技术和金融模式的一种全球性趋势。大数据金融利用其海量数据进行实时分析，通过互联网技术掌握客户全方位需求信息，挖掘客户潜在的消费信息，掌握客户消费习惯从而预测客户的心理需求并为此提出具体的方案促进客户的消费。大数据金融是一个通过数据来分析每个人潜在的金融潜力的有力工具。

大数据金融扩充了传统金融行业的服务范围，创新了金融产品的同时扩大了潜在客户的数量，从而降低了企业的经营成本，为企业后期的工作展开节约了一定数额的资金，这有利于企业的长远发展。而后期大数据金融趋向于服务业，其利用大数据分析消费者行为从而提出更为个性化服务。

4. 众筹融资

众筹（Crowdfunding），是指项目发起人通过利用互联网和 SNS 传播的特性，发动公众的力量，集中公众的资金为小企业、艺术家或个人进行某项活动或某个项目或创办企业提供必要的资金援助的一种融资方式。

众筹的兴起源于美国网站 Kickstarter，该网站通过网络平台面对公众筹资，让有创造力的人可以获得他们所需要的资金，这打破了传统融资方式，使得每一位普通人都可以通过该种模式获得需要活动的资金。随着全球化的到来，众筹模式在欧美逐渐成熟并推广至亚洲、中南美洲、非洲等开发中地区。

和传统的金融融资方式相比较，众筹具有低门槛、多样性、创意性等特点。普通民众可以通过众筹平台为小企业、艺术家或个人进行某项活动或某个项目或创办企业提供必要的资金援助。而现代众筹方式更为开放，能否获得资金也不再是由项目的商业价值作为唯一标准。只要是大众所喜欢的项目，都可以通过众筹的方式获得项目启动的资金，这样一来，鼓励更多的小本经营以及创作的人的发展。

5. 信息化金融机构

信息化金融机构，是指通过采用信息技术，对传统运营流程和服务产品进行改造和重构，使银行、证券和保险等金融机构实现经营、管理全面电子化。目前信息化金融机构主要运营模式有以下三类：传统金融业务电子化模式、基于互联网的创新金融服务模式、金融电商模式。金融信息化是金融业发展的趋势之一，而信息化金融机构则是金融创新的产物。互联网金融时代，信息化金融机构的运营模式相对于传统金融机构运营模式发生了重大变化。

金融信息化是金融业务发展趋势之一，而信息化金融机构则是金融创新的产物。目前金融行业正逐渐由金融机构信息化向信息化金融机构转变。总体来说，信息化金融机构有以下两个特点。第一，快捷高效。先进技术投入传统金融行业，促使传统金融行业的运营流程、服务产品有了重大改造及重构从而产生更为高效的信息化金融。第二，资源整合能力加强。信息化的建设使得金融机构能够实现业务的整合。完整的 IT 建设实现各系统的互联互通。通过信息化建设内部统一的管理系统，使得金融机构运作空间更为广阔。

6. 互联网金融门户

互联网金融门户是指利用互联网进行金融产品的销售以及为金融产品销售提供第三方服务的平台。"搜索＋比价"的金融产品在线搜索方式，即采用金融产品垂直搜索方式，将相关金融机构各类产品集纳到网站平台，用户通过对比选择合适的金融产品。互联网金融门户采用多元化的创新发展投资理财平台，是为消费者提供高端理财投资服务和理财产品的第三方理财机构。提供保险产品咨询、比价、购买服务的保险门户网站等。

互联网金融机构的特点有如下三点。

其一，搜索方便快捷，匹配快速精准。"搜索＋比价"的金融产品在线搜索方式有利于客户通过对各类金融产品的价格、收益、特点等信息进行对比，自行挑选适合其自身需求的金融服务产品。互联网金融门户还可以通过网络用法挖掘，将客户在网络交互过程中的网络行为数据抽取出来，进行智能分析，以便于更好地了解客户的需求倾向。

其二，以顾客导向为主，注重用户体验。互联网金融门户的另一核心竞争优势是顾客导向型战略，即通过对市场进行分析来确定目标客户群，根据其特定需求提供相应服务。其宗旨是提升客户在交易过程中的用户体验度，通过产品种类的扩充和营销手段的创新，动态地适应客户需求。同时，金融机构为其设计特定金融产品，更好地满足客户特定需求，使得互联网金融门户进一步扩大市场份额，赚取更多的利润。

其三，占据网络入口，凸显渠道价值。从产业链角度分析，互联网金融门户的上游为金融产品供应商，即传统金融机构，下游为客户，而作为中间桥梁的互联网金融门户，其最大的价值就在于它的渠道价值。联通上下游的供应商与客户，促进产品的销售。但是，互联网金融分流了银行业、信托业、保险业的客户，这加剧了行业的竞争，同时也促使行业的转型升级。

二 互联网金融发展新机遇与风险

与传统金融行业有所不同的是，现代金融发展是依托先进互联网技术的产物，其具有时代发展的显著特征。下文通过对互联网金融的一种发展方式——余额宝的发展剖析互联网金融的发展特征。

余额宝于 2013 年 6 月推出，是蚂蚁金服旗下的余额增值服务和活期资金管理服务产品，天弘基金是余额宝的基金管理人。余额宝的特点是操作简便、低门槛、零手续费、可随取随用。除理财功能外，余额宝还可直接用于购物、转账、缴费还款等消费支付，是移动互联网时代的现金管理工具。目前，余额宝依然是中国规模最大的货币基金。

"1元起购，定期也能理财"，2013年余额宝的出现被认为是开创了中国"互联网理财元年"，同时余额宝被认为是普惠金融最典型的代表。上线一年后，余额宝不仅让成千上万未曾接触过理财的人萌发了自我理财意识，同时激发了金融行业的技术与发展模式的创新。与此同时，市场利率化的进程加快。华夏银行发展研究部研究员杨驰表示："余额宝的出现，一方面满足了居民日益增长的资产配置需求，对现有的投资产品是一个很好的补充，不仅提高了理财收益，降低了理财门槛，更唤醒了公众的理财意识。"中国人民大学金融与证券研究所所长吴晓求说道："余额宝的核心贡献在于确立了余额资金的财富化，确立了市场化利率的大致刻度，有利于推动利率市场化进程。"由此看出，余额宝的产生，是互联网金融的衍生物品，它正悄然地改变人们投资理财方式。

余额宝运用广泛，在多地已有其身影。它已不仅仅简单运用于国民理财，还在不断进入各种消费场景。2014年以来，余额宝先后推出了用户能特殊享受的优惠权益，如：零元购手机、余额宝买车等项目，而这些让大家看到了余额宝在消费领域的强大能力。2015年3月余额宝推出的关于买房的用途，买房者通过淘宝网支付首付后，首付款将被冻结在余额宝中。在正式交房前或者首付后的3个月，首付款产生的余额宝收益仍然归买房人所有。这意味着，先交房再付款，首付款也能赚收益。互联网金融的余额宝在房地产上的运用不仅是消费场景的一个重大突破，也是房地产行业与互联网金融完美结合的产物，为未来房地产行业开辟了新型通道。余额宝的横空出世，拓展了大众理财的渠道，优化了我国互联网金融行业的进一步发展。而余额宝基金投资结构中，投资银行存款占比为92%，投资债券占比为 7%，其他投资占比为 1%。其中，余额宝投资银行存款的结构中，主要以定期存款为主，1 个月以内、1～3 个月和 3 个月以上定期存款分别占 29%、48% 和 23%。活期存款仅占 0.05%。

余额宝作为互联网金融的衍生物，其盈利模式如下。①余额宝通过互联网积小成大，将小笔资金汇聚成超大额资金，然后通过协议存款方式获得较高的存款收益率，再返还给用户。余额宝起到银行与储户之间的中介作用，并由此盈利。②余额宝类业务的收入实现，主要是通过"寄生"来完成的，自身并不具有和具备价值增长的实力和基础。据相关部门统计，余额宝类业务与基金公司合作，平均90% 的资产投向了银行存款或保险理财。无风险溢价和从超额利润对象（主要是商业银行）转移收入，是其主要特征。

数据表明，截至 2017 年 1 月 31 日，余额宝用户总计达到了 4.74亿人，个人投资者持有额占比为 99.94%，平均每个人持有 3329.57元。在 2017 年这一年之中余额宝实现了 524 亿元利润，收益率达到了3.92%，平均每天赚 1.44 亿元。截至 2018 年第一季度末，余额宝利润为 166.36 亿元，规模为 16891.84 亿元。

"e租宝"是金易融（北京）网络科技有限公司平台以 A2P 融资租赁债权转让，"A"即指的是融资租赁，"P"指的是投资者，"e租宝"期限分为 3 个月、6 个月和 12 个月，年化收益在 9.0%～14.2%不等，赎回方式有 T＋2 和 T＋10 两种。其具体运营方式为：公司在了解"e租宝"的相关项目并参与投资，在二者签署相关合约后，融资以债券转让形式发布于网络平台。投资者在了解其基本信息后投入资金参与融资。网络发布平台在接收到融资后公司向租赁公司支付租金，租赁公司在获得收益后将利息分红发放给投资人。

"e租宝"成立之初以异于同行业的高回报吸引投资者，并通过初期利息实时进账和自由提现等方式欺骗消费者进行投资。后期"e

租宝"平台为获得超高收益只能将部分平台所集资金用于违法犯罪活动，其相关行为涉及非法走私。最终警方调查介入，导致其资金链断裂从而平台倒闭，投资者最终也无法收回其投资资金。

在正常条件下，该平台通过以项目利差盈利是没有法律问题的。但在2015年12月16日，"e租宝"公司涉嫌犯罪，被立案侦查。2016年1月警方公布"e租宝"公司非法集资500多亿。"e租宝"问题的发生，看似是第三方投资中介公司业务的开展，但其实是一场极大的庞氏骗局。"e租宝"的违法首先是由于负责人与融资企业售卖企业或注册空壳公司在平台上伪造其融资项目，紧接着把钱转给承租人并给予承租人一定的好处费，最后将租金转入自身的关联公司。其中，注册公司工作运用一系列假项目、假保证来骗取投资者的资金。尽管公司高管对于这些骗取投资者资金的行为都有所了解，但他们选择的却是置之不理并从中谋取利益。截至2015年10月，"e租宝"平台宣称一共有309家公司参与融资，而事实是这些融资公司中有292家在借款之前早已经发生了注册资本金变更。该平台还采用虚假项目包装、更改企业注册金等方式大范围欺骗投资者，从原本企业的平均借款资金154万元变更到2714万元，并且，"e租宝"无视行业规范，未曾告知投资者其可能存在的投资风险，其欺骗投资者行为，已经触犯法律。如此一来，对投资者产生极大的误导，造成该企业的加速灭亡。

"e租宝"是互联网金融行业的衍生物，由它可以看出互联网金融业给人们生活带来可喜变化的同时也会带来巨大的风险。"e租宝"的案例给予我们巨大的启示，对于新兴的互联网金融行业，我们又当以什么样的态度去面对？互联网金融所产生的金融风险是否可以控制呢？国家对于此类互联网金融应该采取什么样的态度和措施对其进行监管防控？以下将会通过对互联网金融发展历史以及其发展模式对互联网金融的概况进行描述。联合外国互联网金融发展的态势以及我国互联网金融发展现状进行对比分析，最后对欧美国家互联网金融的监管模式进行一定的分析得出对中国互联网金融监管方面的一些建议，以及我们又该如何应对金融风险。

（一）互联网金融与传统金融行业的比较

> 这几十年银行创新唯一做对的是发明了 ATM 机。
>
> ——保罗·沃尔克

1. 传统金融

传统金融，是指存款、贷款和结算三大传统业务的金融活动。广义的寿命周期成本还包括消费者购买后发生的使用成本、废弃成本等。简单来说，金融就是资金的融通。金融是货币流通和信用活动以及与之相联系的经济活动的总称，广义的金融泛指一切与信用货币的发行、保管、兑换、结算、融通有关的经济活动，甚至包括金银的买卖。狭义的金融专指信用货币的融通。

2. 我国互联网金融发展现状

起步晚，发展快，暗藏风险大。与美国互联网金融相比，我国互联网金融起步较晚，中国发展的商业模式是在模仿美国的互联网金融模式上，对传统金融业进行的一些带有自身元素的创新与进步发展。我国互联网金融发展阶段也拥有三个历史发展阶段。第一个阶段是 1990～2005 年的传统金融行业互联网化阶段，各大银行纷纷建设网上银行、"一网通"推出"网上企业银行"等，这些标志着国内全面进入电子化时代。第二个阶段是 2005～2011 年的第三方支付蓬勃发展阶段，其标志之一为 2007 年 P2P 网贷的诞生，而第三个阶段是 2011 年至今的互联网实质性金融业务发展阶段。P2P、第三方支付等各类互联网金融业态均飞速展开表现了我国互联网金融的繁荣发展。

中国互联网金融"井喷"式发展带来机遇的同时也存在极大的风险，如法律法规的不健全导致消费者利益得不到保障；互联网科技创新发展速度与风险控制能力不能以同等速度发展。这些问题都是中国互联网金融在近年高速发展中存在的严峻问题。参差不齐的互联网金融准入门槛也为其发展增加了负担。

3. 互联网金融较传统金融对比

随着互联网经济的繁荣与发展，云计算、大数据等越来越多的互联网技术为人所熟知。而成熟的互联网技术更是为传统金融业务发展提供了技术方面的支持。互联网金融也是传统金融行业与互联网相结合的新兴领域，传统的金融业务借助于大数据、移动互联网等新技术，使传统金融行业有了更透明、更快捷方便的新效益，由互联网发展催生的新金融平台如第三方支付、互联网金融门户等更是扩展了传统金融行业的业务范围。由此可见，互联网金融与传统金融行业存在以下的一些异同。

（1）运营方式

传统金融融资方式主要是股票和债券的资本市场进行直接融资以及商业银行的信贷作为间接融资。传统银行的这两种融资方式为当时社会经济资源合理配置起到了基础性作用，为社会经济发展起到了良好的调节作用。

而互联网金融是依托互联网行业的发展应运而生的，因此在互联网模式下，用户大都使用新互联网技术进行融资、投资等金融活动。对于传统金融行业而言，金融机构的作用显得比较微小。互联网金融运用新技术为用户提供网络上便捷的交易方式为越来越多的用户所使用。而对于互联网金融而言，其发展依托传统金融行业的优势并有所创新，但其行业规范也应当如同传统金融行业一样遵循法律法规合理运作。

（2）服务体验

在传统金融行业下，金融机构需要花费大量人员及时间来获得企业用户的认可。而在获得认可后，金融对所获得数据进行再一次分析来得出适合其发展的方式。人员对于数据信息整理方面又具有个人的主观意识，这样使得信贷风险大大增加。

对于互联网而言，自第三次科技革命，中国改革开放深入进行以来，人们的生活越来越受互联网的影响。通过互联网可以支付、购物、学习等。而在社交网络平台，用户也留下大量自我信息，正是这些信息使得其成为大数据的一部分。商家企业根据你所浏览信息、消费记录等进行新一轮的数据分析，从而为你提供更为完备的服务体验。而运用大数据的时代，商家在信息获取中节约成本，在信息分析中运用大数据有效提高决策效率。

（3）业务多样性

传统银行在互联网金融的促使下也进行了大量的改革发展，银行的业务水平也大大提升，而银行也逐渐结合互联网发展模式退出网上银行、手机银行等业务。尽管传统银行业针对其自身进行了一定数量的变革，在投资理财和存取方面也提供了一定的便利性。但互联网金融发展的高速性使得传统银行的发展大受打击。而互联网金融的模式多样化，针对不同领域发展恰当运用其大数据优势给予了现代行业强大的技术支持。

传统金融行业是互联网金融发展的基础，二者相辅相成。尽管互联网金融发展的速度高于传统金融，但对互联网金融的研究离不开传统金融的基础。从传统角度出发对金融行业的研究有助于抓住互联网金融的本质，了解互联网金融风险隐患的产生根源。同时，从传统金融行业和互联网金融行业的对比可以得出互联网金融的优劣并对其将来发展趋势进行有效预测。互联网金融的产生伴随着巨大的风险，例如，个人隐私数据的被盗用、网络安全监管不严格等问题总是层出不穷并引发争议。互联网金融的规范发展在借鉴传统金融行业管理的基础上又要进行进一步创新监管。

（二）互联网金融特点

1. 互联网金融的发展带来的机遇

（1）简洁便利

近年来，随着智能机的普及化发展，各类 App 软件也出现于人们的视野，网络支付已成为人们日常生活的一部分。而作为理财工具的余额宝所展现的是互联网金融的便捷性，余额宝通过其独特的理财方式吸收大量的资金并用于融资从而得到收益回报。人们可以不用对理财产品的简介仔细钻研，就可以通过智能机操作剩余资金存入余额宝此类便捷性理财产品获得收益，这无疑是一举双赢。

（2）成本低廉

互联网因其自身所特有的不受时空约束的优势，用户可以随时进行投资理财。不用在银行柜台排队等待，也不用纠结于对理财知识的不了解而盲目选择。互联网金融也因其可以有效地节约时间空间成本从而节省了大量的人力物力资源。因此互联网金融有成本低廉的特点。

（3）流动性强

小额投资，大范围的用户对象是互联网金融的又一优点。就余额宝而言，它推出时的口号是即时赎回，余额宝资金可以随时转出或用于各种网购支付，转出金额实时到达支付宝账户。这种实时产生收益，实时可以赎回的互联网金融产品无疑加速了资本的快速流动，促进了社会经济的发展。

（4）门槛较低

对余额宝而言，没有最低限额即可存入的投资方式降低了投资的门槛也激发了群众投资理财的热情。没有最低限额的存入使得群众有参与感，而每天可以看到收益的互联网平台也更好、更充分地调动起群众的投资热情与信心，此类低门槛的投资方式愈来愈为大众所接受和认可。

2. 互联网金融带来的风险

（1）收益不确定

互联网金融所产生的一些新兴行业存在收益未知的风险。以余额宝为例，其相对于银行的活期存款而言还是有一定的区别。看似用户将支付宝的金额转入余额宝且每天收益可以看到，但是实际上是用户利用自己的现金购买余额宝基金。基金的价格受市场供求关系变动的影响，如果市场供求关系受到波动，那么收益也就会产生不确定的因素。

（2）安全无保障

随着互联网技术的深入发展，智能手机的大范围普及，网络安全问题的日益凸显等问题的暴露，互联网金融的隐患也为人所担忧。接连爆出的某理财产品的公司人去楼空、账户莫名借款几十万等负面的信息使得用户的担忧接连上升。信息被盗用，不知名的金融机构利用互联网进行大规模诈骗等行为使得互联网金融存在信息、资金的安全隐患问题。

（3）政策不健全

由于互联网金融发展的高速导致相关法律法规的不完善。而对类似余额宝这种新兴的产业而言，针对其出台的具体法律法规从制定到颁布实施都还有一个极其漫长的过程。而这段漫长的过程又包含许多不确定因素在其中，例如市场经济发展的不确定性以及人们心理预期受多种因素的影响而导致利率的变动，而无法及时跟进的法律法规就会导致不合法行为的泛滥。

（4）使用人群不一

互联网金融因其有着低门槛的优势同时也会存在低门槛的劣势。过低的门槛使得参与投资理财的用户受教育层次不一，而有时用户又只会注意到高额的投资回报并未考虑其风险因素，从而导致亏损甚至是全额被卷走的恶性后果。互联网金融面向大众化是历史发展趋势所在，而使用人群的受教育程度层次不一也是不可避免的过程之一，只有提高群众对风险的考虑意识才能更好地促进互联网金融的发展。

当今互联网金融的发展是机遇与挑战并存的时代，尽管互联网因自身而有着收益不确定、安全无保障、政策不健全、使用人群不一等劣势，但就其本身而言，互联网金融对于时代发展总体而言是存在进步性的，它简洁便利的操作性以及低门槛的投入使得广大用户可以适当选择合适自我的理财方式，更好地利用闲置资金，这有助于资金的流动，同时促进经济社会的进步以及国家的长远发展。

三 国外互联网金融发展及监管

上文所讲到中国互联网金融时代已经是高速发展阶段，金融民主化的浪潮已经席卷整个中国。人们的生活习惯、社会习俗也因互联网时代的到来而改变。但由于发展速度过快，互联网金融也有着喜忧参半的不良后果。违法乱纪、鱼目混珠的现象屡见不鲜，而目前对于互联网金融人们的态度也逐渐从盲目转为理性。中国还在不断探索互联网金融的规范发展的新形式新方法。其中，美国互联网金融发展历程对中国而言具有一定的借鉴意义,欧美国家对互联网金融的监管模式也值得我们深究。

(一) 以美国为例探析互联网金融

1. 美国金融发展的历程

美国是互联网技术应用于金融行业的先驱,同时美国也是互联网金融的发源地。作为拥有高度发达的金融体系的国家,其互联网科技以及金融发展都是走在世界前列。三个阶段的发展历史使得美国互联网金融逐步走上正轨,而美国的互联网金融发展过程中的许多做法对中国互联网金融的现状都有十分重要的历史借鉴意义。以下对美国互联网金融历史发展及其面对危机所采取措施进行具体分析,得出美国互联网金融发展的优势所在。互联网金融发展历程见图 6-2。

图 6-2 互联网金融发展历程

20 世纪 90 年代以来,互联网技术在美国的普及使得传统金融业务开始转型,其率先利用互联网技术开展金融业务,这就是互联网金融的雏形。而当今的互联网金融在美国已经成为新型的金融模式,其发展历经三个历史阶段。

第一阶段起源于 20 世纪 90 年代,在 1998 年 12 月,美国电商巨头 eBay 在加州圣荷西市成立了子公司 PayPal,PayPal 被视为互联网金融的"鼻祖",也是当今基于互联网的最大第三方支付公司,其功能定位为"跨国交易中最有效的支付工具"。1999 年,PayPal 推出的货币市场基金,一举走红。但是 2000 年之后,随着美元利率大幅下降,原有的收益难以维持,PayPal 只好不时采取放弃管理费甚至补贴的方式来维持货币基金的收益率。

第二阶段是从 2005~2010 年,2005 年之后,美联储加息,美元利率大幅回升,2007 年 PayPal 规模达到 10 亿美元。但随着次贷危机爆发,美联储"量化宽松"导致整个货币市场基金行业再陷困境。这段时期美国互联网金融发展最为显著的特点是出现了互联网业务向金融化发展的趋势,以 Prosper、Lending Club 为代表的 P2P 借贷平台的建立以及以 Kickstarter 为代表的众筹模式的建立,标志着互联网金融时代的全面到来。而正是采用了这种模式,美国金融业的资源得到重新整合,使金融行业得到进一步发展。

美国互联网金融正处于发展的第三阶段,从 2010 年至今,美国金融科技投资领域极其热门,这带动了大量金融科技产品的创新以及促进了一些传统行业的转型升级。大数据、人工智能等高新技术的逐步完善与发展更是加速了美国互联网金融的前进。而美国的创新技术仍然在继续,金融与互联网的结合也是美国金融创新的主要发展方向。

从美国的发展历史中可以看出,互联网金融既是传统金融行业的转型,也是互联网技术不断创新的结果。

2. 美国互联网金融发展特点

按照业务性质,美国互联网金融行业的商业模式大致可以划分为 P2P、众筹、第三方支付及其货币市场基金、网络银行、网络券商和网络保险 6 种主要模式。其中,网络银行、网络券商和网络保险是传统金融产品为适应互联网化的发展而产生的改进,P2P、众筹、第三方支付及其货币市场基金，是在互联网形态下对金融业务进行创新发展的产物，是互联网与金融行业中的一个重大突破，也是新的互联网经济形态。

如今，美国的互联网金融行业的市场规模庞大。数据显示，2018年美国科技金融市场的交易金额已经达到12804.04亿美元，约占美国GDP的6.5%。从美国互联网金融的发展现状来看，美国的互联网金融从萌芽到成熟有其一定的规律性。

第一，以科技进步为依托。美国在近代长期处于科技高速发展时期，无论是电子技术还是服务行业，美国的互联网技术总是处于世界领先地位。其传统金融行业也正是依托强大的技术，适时跟进互联网的更新，以传统金融行业强大的资金运作力加上与时俱进的自我适应能力的不断加强使得传统金融行业在互联网的大背景下成功转型升级适应时代的进步。除此之外，大数据的使用标志着技术先进的同时也向世界人们展示了互联网金融可以将信息的处理运用于居民日常生活，这无疑增进了互联网金融在人们日常生活中的使用频率。

第二，互联网金融模式受该国经济周期波动的影响。在20世纪90年代，在经济全球化以及信息技术革命蓬勃发展的时代，经济也处于高速发展阶段。因而居民收入水平有了大幅度提升，而稳步上升的经济情况给予居民以巨大的信心从而增加投资。这样的良性循环推动了互联网金融不断适应经济快速增长的需要。李思卓（2018）也对于此进行了论证研究，就第三方支付而言，在经济萧条以及衰退时期，信贷收紧会导致活跃用户以及活跃信息数量的减少，而此类数据的减少表明社会失业率的上升，这将会导致居民可支配收入的减少从而影响其对理财产品的购买，与此同时，物价的不稳定会引起居民的恐慌，他们会偏向于将资金投入较为安全的地方储蓄，如银行、基金等。由此可以看出，互联网金融的发展和传统金融发展也存在相似之处，它们都受经济周期波动的影响。

第三，市场规模庞大，参与者众多。美国经济市场庞大，包括传统金融业、IT行业、互联网企业以及互联网金融行业等。它们之间存在相互合作与竞争的关系。传统金融行业尽管技术落后但拥有最基础的金融知识供使用者使用。IT行业和互联网拥有高新技术，有助于效率的提升。参与者众多是互联网金融的一个普遍特点，就美国而言其繁荣的经济和科技为互联网金融提供了强大的市场支持。

第四，信用评价体系的高度发达。美国金融行业拥有较长的发展历史，信用评价体系的高度发达为美国金融行业的迅速发展奠定了良好的信用基础。目前，美国有上千家地方级的征信服务公司，主要隶属独立经营的Experian、Equifax、TransUnion这三大征信公司。这三家公司拥有北美98%以上家庭的数据资料，每天产生约200万份信用报告。正是如此完备的社会信用体系的建立，美国互联网金融行业才能更好地运用大数据处理用户信息并为其提供个性化服务。正是引入了此类信用评价体系，用户违约风险才大大降低，这也有利于美国金融行业的稳定发展。

3. 美国互联网金融发展存在的问题

尽管美国互联网金融行业起步早发展速度快，但不可避免其互联网金融行业也存在极大的风险弊端，主要包括以下几个方面。

第一，互联网安全问题显著。无论是国内还是国外，互联网金融都是互联网与金融共同作用的结果，因而互联网金融就会不可避免地存在一些关于互联网本身所固有的问题。比如，互联网的安全问题就是其中之一。在美国，病毒入侵、黑客攻击电脑的事情会经常出现在人们面前，而这些互联网所产生的问题在互联网金融产生后也随之带入其中。网络支付是互联网金融的一部分，就网络支付而言，支付者必须填写相关私密必要信息才可获得支付资格，而这种支付所填写的信息一旦暴露于不法分子的手中，消费者的个人隐私就会受到极大的威胁。

第二，市场饱和困境难解决。互联网金融收入来源单一，且面对趋于饱和的市场关系，如果互联网金融不继续推出新产品，其终将面临被淘汰的命运。例如 Lending Club 在美国市场占有率已经超过75%，但是它90%的收入都来自经济佣金收入，由此可见，互联网金融所产生的收入来源单一，在市场趋于饱和的情况下，若互联网金融不持续推出新产品进行创新，市场的饱和将会使得互联网金融行业举步维艰。

第三，金融监管面临新挑战。由于互联网金融发展的高速性以及其概念的模糊性，许多互联网金融企业大都选择逃避相关的监管，一些有意逃避监管的行为无疑增大了监管的难度。互联网金融同时也拥有去中心化特点，因此互联网金融不如传统金融一般拥有固定场所进行管制，特别是经济全球化的发展，网络技术下的跨境交易已经是司空见惯的现象，而这种跨国交易的行为无疑也给美国执法与监管带来了一定程度上难以解决的问题。

第四，法律法规的不完善。互联网金融面临的法律风险来源于互联网金融相关法律滞后于互联网金融的创新力度从而导致市场监管等方面带来的乱象。监管部门没有可以依据的相关法律且监管部门监管方式单一、法律法规出台较慢，因而美国互联网金融产生的法律问题也较传统金融的问题多。

4. 美国互联网金融监管方式

美国在互联网金融发展的长时间里，拥有着众多的监管机关，形成了复杂的监管体系网。美国的立法为州和联邦共同立法，但随着互联网金融的飞速发展导致美国对互联网金融的监管与立法采用的是临时添补布局的手法。在美国，没有专门负责互联网金融监管的机构，对互联网金融的监管仅仅是由各类相关部门进行。

其一，对于网络银行，美国的监管是依据网络银行特点，根据金融创新的需要补充新的法律法规，使原有监管规则适用于互联网为大背景的金融行业环境。在监管政策、执照申请、金融消费者保护等方面，网络银行监管遵循传统银行的要求对其进行类似的监管，但互联网金融的监管在监管措施方面则采用的是审慎宽松的政策来维护银行的平稳运行以及保障网络和用户交易安全。

其二，美国没有专门针对第三方网络支付业务的法律法规，而是使用现有法规以及增补条文法律对第三方网络支付的业务进行行业规范。1999 年，克林顿政府颁布《金融服务现代化法》，将第三方支付机构明确界定为非银行金融机构，并对其采取功能型监管的方式。由于第三方支付被看作对传统支付服务的延伸的一种货币转移业务，因此不需要银行许可证。由于其与银行传统业务有着极大的相似之处，因此美国采用州和联邦分管的监管体制，联邦存款保险公司（FDIC）负责监管第三方支付机构，通过提供存款延伸保险实现对沉淀资金的监管。

其三，网络信贷方面，美国将其归入证券业监管。而证券业也主要侧重于它的市场准入和信息披露，联邦证券交易委员会（SEC）要求互联网信贷平台在注册成为证券经纪商后，认定互联网信贷平台出售的凭证属于证券。除在联邦证券交易委员会登记之外，网贷平台还需在相应州证券监管部门登记。SEC 重点关注网贷平台是否按要求披露信息，一旦出现资金风险，只要投资者能够证明发行说明书中关键信息有遗漏或错误，就可以通过法律手段追偿损失。2012 年伴随着美国《JOBS 法案》的通过，众筹变得合法化。次年，美国证券交易所为了更加规范众筹行业的发展，在《JOBS 法案》基础上又出台了一个关于众筹股权以及保护投资者利益方面的新提案，旨在使小型企业在满足美国证券法规要求的同时，更容易吸引投资者并获得其投资，解决美国当前面临的失业问题。

其四，美国对 P2P 网络借贷的监管。美国主要从 P2P 现有相关法律中寻求有用的监管措施，对 P2P 网络借贷行业的监管需要联邦政府和州政府的配合完成。2010 年，美国《多德—弗兰克法案》出台并提议设立美国金融消费者保护局（Consumer Financial Protection Bureau，CFPB），才将 P2P 模式明确纳入该局的监管。美国证券交易委员会通过信息披露、反欺诈和其他相关责任的方式来规范 P2P 互联网贷款行业，以此保护贷款人的利益。此外，美国联邦贸易委员会可以对 P2P 网络贷款公司采取执法行动。近年来，美国在金融消费领域对金融消费者权益保护的力度也处于不断增大的趋势。

PayPal 是一款全球性国际贸易支付工具，其是 1998 年在美国加州成立的一家非银行第三方支付公司，它业务范围覆盖包括美国在内的100 多个地区。因其账户全球通用，可以在任何地方接受多种付款方式而为全球众多用户所使用，并且，PayPal 在注册完全免费的基础上集国际流行的信用卡、借记卡、电子支票等支付方式于一身。PayPal 覆盖 200 多个国家与 100 多个币种。在跨国交易中超过 90% 的卖家和超过 85% 的买家认可并正在使用 PayPal 电子支付业务。

PayPal 的经营模式：PayPal 货币市场基金的经营模式，是由 PayPal 公司第三方中介平台，将同意签约投资货币市场基金的客户账户上的余额转移支付至持有券商牌照的第三方基金销售代理公司 Funds Distributors，然后由该公司将其募得的"基金"投向另一家名为 Money Market Master Portfolio 的投资公司，而该投资公司又将资金主要投于流动性较好的货币基金产品。

由此可以看出，PayPal 不直接持有股票债券等，而只是负责联结 Funds Distributors 和 Money Market Master Portfolio 公司作为第三方的中介机构。PayPal 此运营模式的选择与当时美国的监管环境有着密切的关系。由于美国对券商执照的申请人的要求较高，且办理过程手续烦琐，同时成为券商面临的监管要求也与货币支付业务的监管强度大不相同，所以 PayPal 企业选择以第三方支付公司的地位登上历史舞台，也并不是全无道理。

而对于美国来说，PayPal 是互联网金融衍生的新兴产物，对其的监管又和以前大不相同，对于 PayPal 的监管，美国又是如何做的呢？

首先是对主体的监管。PayPal 公司有第三方支付平台、货币转移支付的功能。美国对于货币支付机构的管理规则，主要由各州州法构成，每个州对其监管的细则各有不同之处，但有些监管条例大致相同。一是货币支付机构必须取得营业许可证，其必须采取注册制的主体管理制度。二是货币支付业务资格必须设定标准，不能无门槛进入混乱金融市场秩序。在美国，券商受到一系列的监管，但是 PayPal 发展方式是"联结基金"的商业模式，并不属于券商的发展模式，因此，PayPal 回避了针对券商的监管要求。正是因为对 PayPal 无法进行明确定位，因而对于互联网金融的衍生物 PayPal 的监管产生了一定的争议。首先是消费者保护问题上，美国在《监管指令 Z》中明确了对信用卡消费者权益的保护，但 PayPal 公司声称自己不是信用卡机构，所以并不会承诺《监管指令 Z》完全一致的条款，但是也会明确自己版本的消费者权利和纠纷解决机制条款。但在《监管指令 Z》中关于未经授权交易损失，PayPal 承诺用户最高只需赔付 50 美元，并且在隐私保护方面，PayPal 自愿遵守相关条款。此外，作为第三方支付机构，PayPal 公司还必须遵守反洗钱原则，除了电子邮件外，对于客户身份信息的确认还必须由客户提供信用卡或者是银行账户的信息；如果交易可疑，PayPal 有权对其进行随时冻结，除非客户有充足的理由说明资金的流向等相关信息，否则 PayPal 将立即关闭其账户。除此之外，PayPal 还明确规定，信托机构不能持有 PayPal 账户。由这些条例可以看出，PayPal 公司在发展过程中也要受到大量的监管，尽管 PayPal 不是银行机构，但也要受到《联邦银行法》的关于一些公司治理、资本充足率等方面的监管。

美国的监管不是一蹴而就的，以 PayPal 为例，其在发展过程中存在一系列的问题以及从美国和 PayPal 公司为适应时代发展的需要所设立的关于第三方支付的条例的修正可以看出，美国对于互联网金融的监管，正在不断完善中发展。

5. 欧洲国家的一些监管政策

对于网络银行，欧洲中央银行则是对国内网络银行制定统一的实施标准，并且采用一致性的监管原则，重点在于对监管银行服务技术、信誉风险以及跨境交易活动等。其中，欧洲中央银行从消费者角度出发，始终坚持以保护消费者的利益为主要原则，为互联网金融的发展提供良好的法律以及社会环境，以此促进互联网金融行业整体的发展进步。

欧盟将第三方支付机构纳入金融类企业监管，从事该业务的机构必须取得银行业执照，需要具备 100 万欧元以上的初始资本金且持续拥有该资金。这些资金受到严格监管，限制第三方支付机构将其挪作他用，并且资金机构的运行必须定期接受检查如定期提交财务报告和审计报告等。

为了各国众筹的良性发展，欧盟也做了一定的监管措施。如法国的众筹有法国金融审慎监管局（ACPR）和法国金融市场监管局（AMF）两个监管部门的监管。法国在 2014 年颁布针对众筹的法律法规——《参与性融资法令》，其在 10 月 1 日正式实行。作为首个拥有众筹法规的国家，在众筹行业的监管方面有着不可逾越的借鉴意义。而英国和意大利则规定一年融资规模在 500 万欧元以上的融资项目都需要公布融资说明书，并且英国的众筹融资借贷模式以及股权模式都需要受金融行为监管局的监督。而德国对于众筹的要求更为严格，其融资规模在 10 万欧元以上的就要公布融资说明书。

互联网金融蕴含的风险比传统金融更为复杂，对于监管的要求也更高。在欧美各个国家针对互联网金融的监管都不缺乏。监管部门也都采取多样化的监管方式对互联网金融的不同方面进行强有力的监管。各个国家针对其具体国情对互联网金融进行了各自监管措施的制定。相反，如果采取相同的管理方式只会使得金融行业发展前景灰暗。因此，互联网金融的发展不论是在欧美还是在中国，因时而变的监管体系都显得尤为重要。政府如若简单粗暴的一刀切式监管方法将会扼杀金融行业的生产积极性，这也不利于社会经济的长远发展。

（二）欧美互联网金融发展对我国的启示

通过对美国和一些欧洲国家的互联网金融监管方式和中国互联网金融发展过程中的一些异同点进行比较，发现互联网金融发展的一般规律，最后提出有利于中国互联网金融监管的有效意见。

1. 我国互联网金融监管模式

2018 年 6 月 16 日，P2P 行业突发变故——自称央企背景、号称交易量达 800 亿元的网贷平台唐小僧出现"爆雷"，其母公司资邦金服被警方查封。

6 月 21 日，四大高返利平台（钱宝网、雅堂金融、唐小僧和联璧金融）之一的联璧金融遭投资人挤兑，警方对其进行立案侦查。7 月 13 日，深圳投之家平台传出逾期的消息。7 月 14 日，深圳南山公安微信公众号发布了"投之家平台"涉嫌集资诈骗已立案侦查的公告，据统计，6月19日至6月26日仅一周时间，全国共计有42家网贷平台出现问题；7月1日至7月18日两周多时间，当月共有183家平台出现问题，其中73家提现困难，79家平台失联，1家为争议平台，2家暂停发标，2家平台跑路，5家存在平台诈骗，5家终止运营，7家良性退出，9家警方介入。

P2P网贷行业雷潮在年中大规模爆发，爆雷倒闭、逾期现象连片发生。

雷潮之中，还有人传播谣言恶意抹黑，试图通过攻击平台达到逃避还款的目的。为净化P2P行业环境，8月8日，互联网金融风险专项整治工作领导小组办公室下发《关于报送P2P平台借款人逃废债信息的通知》，要求各地根据前期掌握的信息上报借本次风险事件而恶意逃废债的名单。下一步，全国整治办将协调征信管理部门将上述逃废债信息纳入征信系统和"信用中国"数据库，对相关逃废债行为人形成有力制约。

随后银保监会召集四大资产管理公司（AMC）高管开会，要求四大AMC有所作为来帮助化解此次P2P的爆雷风险。8月中旬，全国P2P网络借贷风险专项整治工作领导小组办公室向各省市网贷整治办下发了开展网贷机构合规检查工作的通知以及《P2P合规检查问题清单》（包含108条），这表明P2P合规规查在全国范围内的统一展开。

由中国对此次P2P爆雷风险的态度可以看出，尽管互联网金融行业存在风险，但中国也正在逐步完善其治理方案。P2P的爆雷存在其发展的偶然性，但也展现出我国互联网金融发展中存在一些不足。

其一，监管立法滞后。此次的P2P爆雷事件展现出我国互联网金融的缺陷在于我国互联网金融立法监管的滞后性。对于突发的金融事件我国只能采取事后完善的方式对此类事件进行处理。监管行业无法在事故发生之前对其进行有力的预防，而是在事件后的补充，这样不利于互联网金融行业的长远发展。

其二，传统银行监管与时代不符。传统金融业对金融行业的多种违规操作、惩罚措施都作了具体的规定，但直接将此类监管方式强加于互联网金融行业是行不通的。由于我国创新发展的时代背景以及日新月异的思想观念转变，若我国当代互联网金融监管的措施与传统金融行业始终一致，那会造成严重的不良后果。

其三，金融监管范围力度难以确定。由于我国互联网金融业实时变化的数据等，所以对于互联网金融监管的范围难以界定，并且我国立法的不完善性对于互联网金融行业行政监管也有一定的难度，若监管力度过大也可能会抑制其发展，过松可能会导致市场乱象等。

2. 欧美与我国互联网金融的发展异同

第一，互联网金融发展依赖网络技术革新。无论是在欧美各国还是在中国，互联网技术都是其发展的基础。美国互联网金融的发展得益于计算机的普及和万维网的发展，其主要表现为传统业务的电子化，而我国互联网金融的快速发展则得益于以智能手机为代表的移动通信设备的普及。移动终端碎片化的金融服务提高了普通民众的参与度，使得互联网在我国的发展趋于日常化。除此之外，大数据、云计算等技术的进一步发展大幅度降低了信息不匹配的风险，这也都为互联网金融发展推波助澜。

第二，互联网金融发展历史文化差异。受传统儒家思想的熏陶，中国对于资金的处理与欧美国家有所不同。欧美各国是发达国家，其具有完善的医疗、教育、保险制度，这些都为其居民解决了后顾之忧，因而大部分人用于储蓄的资金相对来说较少。而中国并非如此，我国仍处于社会主义初级阶段，社会保障制度仍存在缺陷。并且受传统思想影响，中国偏向于将所得资金用于储蓄来进行养老、子女教育等环节，但是近年来随着经济发展人们思想观念开始转变，像余额宝此类金融产品较好地满足了中国人所需要的小额、随时可以存取的消费投资观念，满足了大众投资者的碎片化投资需求。

第三，金融机构应对挑战能力不同。欧美国家因其自身发展的历史原因会产生不同应对挑战的对策，美国传统金融机构在面对利率市场化以及金融脱媒的冲击后，抵御金融风险实力加强。金融机构在顺应互联网发展态势下，能积极主动改变自我发展状态，从而适应时代潮流的趋势，采取创新的方式对自身机构进行整改，从而达到积极应对外部生存挑战。而对中国而言，中国传统金融机构尤其是商业银行，在主导支付结算业务后才开始布局互联网金融战略，传统金融机构的被动接受，使得中国互联网金融在发展过程金融创新并不是产生于有强大背景的传统金融机构。再者，受制于传统金融行业的监管，我国的互联网金融行业也存在创新动力不足的缺陷。

3. 欧美国家互联网监管带来的启示

金融生态系统主要特点应该是开放。监管过度会让生态系统变成一个农场，想种什么种什么，不想种的永远进不来，但真正的生态系统一定是开放的，百花齐放。

——马云（阿里巴巴集团董事局主席）

上文对欧美与中国互联网金融进行了简单的对比，其中欧美国家因历史以及国情的不同从而产生不一样的监管方式，而对于其不同的监管方式产生的经验来说，我们应当在学习的基础上进行创新，找到适合国情的发展经验，制定符合我国历史发展潮流的监管体系才是应对互联网风险的有效措施。

第一，规范行业准入，发挥市场作用。建立健全互联网自身行业的建设，依据《关于促进互联网金融健康发展的指导意见》进行行业规范建设。首先，发挥市场在资源配置中的决定性作用，尊重市场的作用，发挥市场的主导地位。对于互联网发展的历史趋势，应当充分遵循市场为主体，政府不应当过度干预互联网经济在市场中的发展态势。其次，推进中国互联网行业、金融行业以及互联网金融行业，制定相关企业标准与制度来规范相关行业工作的有序进行，如网络安全制度、金融消费交易规则、从业资格标准等来规范互联网金融行业的具体发展态势。

第二，完善政府监管，防范金融风险。由美国对互联网金融的不同监管方式可以看出，互联网金融是一种新兴发展的行业并且快速发展的互联网金融行业导致其相关的监管是由各个部门分别进行，法律法规的不健全也致使监管难度加大。中国的互联网金融行业也不可避免地存在这些问题。相对"独立"的互联网和金融行业规范使得互联网金融发展中存在大量的盲区，其在发展过程中只能依靠不断增补的条例进行进一步的完善。而高速发展的互联网金融行业日新月异，滞后的监管条例和政策法规只会约束它的发展。因此，政府监管应当适时而变，针对互联网金融行业现有的问题就事论事地提出解决方案和制定相关的行业业务标准，而不是一味地在互联网和金融行业原有的法律法规上进行增补。互联网金融行业主动邀请政府监管机构进行信用评级以及行业规范审查，这样有助于企业的长远发展，不会因为后期发展偏离轨道导致该企业花费大量人力物力去整改。

第三，支持稳步创新，避免过度监管。科学技术是第一生产力。美国互联网金融行业能持续保持高速增长的原因之一在于美国每年投入大量的资金运用于科技创造与发明。创新是一个国家发展的不竭动力，我国互联网金融行业也需要不断投入科技创新的资金与力度。除此之外，政府部门也应当避免过度监管，美国成熟的"双重多头"模式使得互联网金融行业之间无须过度地进行竞争，在金融风险预防方面也起着积极的作用。随着金融行业的创新发展，监管重叠问题比比皆是，重叠监管浪费大量资源，降低了社会总体生产效率，不利于社会经济的发展。因此，相关政府部门要整合互联网金融行业的监管机构，制定具体有效的监管方案让互联网金融有序发展。与此同时也应当不断鼓励支持互联网金融的科技创新，推动互联网金融行业的又好又快发展。

第四，健全法律建设，规范操作流程。法律的完善有助于推进互联网监管的实行，互联网金融行业立法执法的完善不仅对参与互联网金融活动的人员有着约束作用，还对互联网金融机构的法律地位有一个明确的规定。在互联网金融相关法律颁布前拥有一定前瞻性，接着不断完善补充其相关法律条文以规范互联网金融行业的发展。再者，在法律的规范下，由于互联网金融行业的跨行业性，所以互联网金融从业应当规范其操作流程，运行过程中建立信息技术风险评估、监管和预测机制，还需要规范管理业务运作流程和资本管理控制体系和一系列风险防控机制等以此规范互联网金融行业的有序发展和进步。

第五，加强平台建设，完善征信体系。依据美国监管体系，美国金融行业发展迅速的原因之一也在于其完善的征信体系。因此在我国，应加快央行主导的个人征信体制的完善，加强与各个行业的征信信息的合作从而推动我国征信体制的全面覆盖，为互联网金融的发展保驾护航。例如，将第三方支付、P2P等的信用体系与大数据相结合贯穿互联网金融行业发展的各个方面，这有利于规范互联网金融行业的制度并且较好地规范消费者的行为。与此同时，大数据、云计算等第三方信用评级机构也应当不断完善自我建设，拥有自身的一套评级体系以此加速征信体系的建设进程。

四　展望

21 世纪以来，互联网已经彻底改变了人们的传统生活方式。互联网拉近了人与人之间的距离，其对政治、经济、文化都产生了深刻的影响。金融领域自古以来是人们生活中不可缺少的一部分，随着时代的进步与发展，金融行业也逐步和互联网这类新兴行业结合产生与时代相符合的互联网金融行业。互联网金融行业发展模式由第三方支付、P2P 小额信贷、大数据金融、众筹融资、信息化金融机构、互联网金融门户等组成，各有优缺点。

互联网金融给广大民众带来了便利，同时降低了金融行业融资投资的门槛，给普通民众带来更多理财方式的选择，随着互联网金融的蓬勃发展，带来的是投资理财进入门槛的金额降低、投资理财借助的便利工具使得投资趋于日常化，传统银行的理财产品也不是民众的唯一选择。这样一来居民将会把闲置资金充分利用，与此同时中国稳步发展的经济给投资者也带来了信心，运用看得见回报的方式投资理财，变为人们日常生活中触手可及的一种投资。互联网＋金融的模式，无疑有利于全社会资金的流转，促进社会资源的有效配置。

尽管如此，伴随互联网金融而生的也有一定的风险性。上文以余额宝为例，体现了互联网金融行业存在网络信息安全难以保障、相关法律法规依旧不够健全等问题。

对于美国的互联网经济来说，其起步较早，发展较快，这和中国起步晚发展快有所不同。美国互联网金融发展的三个阶段是伴随着科技进步的产物，尽管美国互联网金融发展速度较为迅猛，但其后期发展动力却不足。其中的原因之一在于美国对于互联网金融监管的相对较为宽松，宽松的市场监管导致美国互联网金融行业一些不良现象泛滥，但是总的来说美国金融监管在对消费者方面的改革却值得借鉴。

中国的互联网金融发展还有待完善，从美国对互联网金融的监管中我们可以得到一些有利于中国互联网金融发展的建议。首先在法律法规层面，法律的完善无疑是互联网金融发展的强大支撑，美国互联网的成功经验也向我们展示国家支持科技的创新无疑也是对互联网金融创新长远发展的支持，互联网金融是科技发展到一定时期的产物，其不断进步依然需要依靠大力支持创新。其次是征信体制的完善，中国人口众多，互联网金融监管职能又会产生大量的重复，因此，完善征信体制建设有利于保护消费者权益，防范系统性风险同时维持金融市场的秩序。

总而言之，中国互联网金融正处于高速发展阶段，其法律法规、监管体系的完善有待政府、企业、个人等多方面的努力。如何在新的时代背景下让中国互联网金融脱颖而出，仍然需要多方面的努力和改善。

参考文献

［1］〔美〕彼得・F. 克里斯托弗森，2015，《金融风险管理》（第一版），金永红、章琦、罗丹译，中国人民大学出版社。

［2］曹喜山，2018，《完善商业银行内部控制的探讨》，《经贸实践》第 24 期。

［3］陈涔，2016，《中美两国互联网金融的比较探析——基于金融功能理论的视角》，《长沙大学学报》第 11 期。

［4］陈岱孙、厉以宁，1992，《国际经济学说史》，中国金融出版社。

［5］陈颖，2008，《"互联网＋"时代电子货币发展与政府监督研究》，《科技经济导论》第 24 期。

［6］丁洪，2009，《中信泰富外汇衍生品投资亏损案例分析与启示》，《南方金融》第 3 期。

［7］董晶晶，2018，《基于金融创新条件下的金融风险管理》，《商情》第 36 期。

［8］段世德，2013，《论国外金融创新的内涵、特征及对我国的启示》，《武汉金融》第 1 期。

［9］〔美〕菲利普・乔瑞，2011，《金融风险管理师考试手册》，王博译，中国人民大学出版社，第 6 版。

［10］高永、朱健明，2017，《美国互联网金融发展模式对我国的启

示》，《时代金融》第 12 期。

[11] 郜怡璇，2018，《美英互联网金融监管对我国的启示》，《财务金融》第 11 期。

[12] 郭广宝、陈峰，2017，《美国信用制度建设的启发及建议》，《中国物业管理》第 3 期。

[13] 郭培霖，2018，《互联网金融经济学解析——基于阿里巴巴的案例分析》，《财会探析》第 38 期。

[14] 韩国文，2004，《演化经济学视野下的金融创新》，博士学位论文，武汉大学。

[15] 郝文静，2018，《互联网金融产业对传统商业银行的影响》，《财经界》第 2 期。

[16] 胡潇予，2018，《中国外汇衍生品市场现状、问题及发展建议》，《西南金融》第 9 期。

[17] 黄砚，2018，《金融创新条件下的金融机构风险管理探析》，《中国市场》第 31 期。

[18] 黄益平，2018，《美国如何监管 P2P》，《中国品牌》第 9 期。

[19] 季经伟，2018，《基于金融创新的金融风险控制研究》，《环球市场》第 26 期。

[20] 蒋晓云，2017，《论电子货币的风险防范》，《长春金融高等专科学校学报》第 1 期。

[21] 李杭敏，2015，《美国互联网基金销售的监管经验及借鉴——以 PayPal 货币市场基金为例》，《第三届长三角金融法研究生论坛暨第十七届上海市高校经济法商法研究生学术沙龙论文集》。

[22] 李晶，2017，《中国金融衍生工具市场的发展》，《当代化工研究》第 5 期。

[23] 李茂生，1999，《关于金融工程及其在我国的运用问题》，《东

北财经大学学报》第 1 期。

[24] 李瑞，2018，《网络金融时代商业银行财务管理的创新策略》，《现代营销》第 11 期。

[25] 李思卓，2018，《美国互联网金融发展分析》，硕士学位论文，吉林大学。

[26] 李心丹，2013，《金融市场和金融机构》，中国人民大学出版社。

[27] 林洁然，2017，《浅谈我国互联网金融的发展历史和前景》，《现代经济信息》11 期。

[28] 刘山恩，2017，《从竞争角度看黄金金融创新》，《中国黄金报》11 月 21 日，第 5 版。

[29] 刘振友，2017，《新货币战争》，新世界出版社。

[30] 马红，2017，《巴林银行倒闭事件的反思》，《科技风》第 14 期。

[31] 倪金合，2018，《黄金：至高无上的财富》，《中国黄金报》4 月 13 日，第 8 版。

[32] 年四伍，2018，《对加强黄金市场洗钱风险防控的思考》，《金融纵横》第 2 期。

[33] 宁红泉，2018，《P2P 平台信用风险分析与思考》，《经贸实践》第 23 期。

[34] 彭慧娟，2011，《金融创新系统的自组织演化机理——以次贷危机为例》，硕士学位论文，东华大学，2011。

[35] 钱宇、锁罗曼、段铸，2018，《京津冀协同发展背景下河北省科技创新发展战略研究》，《经贸实》第 4 期。

[36] 乔鹏程，2018，《回归金融本质：互联网金融创新与"e 租宝"案》，《财经理论与实践》第 1 期。

[37] 饶余庆，1987，《金融创新与金融业革命的涵义和影响》，《中山大学学报》（哲学社会科学版）第 1 期。

［38］深圳金融电子结算中心有限公司课题组，2015，《促进黄金产业发展的金融工具创新》，《南方金融》第 9 期。

［39］生柳荣，2000，《当代金融创新》，中国发展出版社。

［40］施建准，2005，《中国资本自由化的战略》，《国际经济评论》第 6 期。

［41］宋鸿兵，2017，《货币战争》，中信出版集团。

［42］孙圣雪，2015，《从历史的角度看互联网金融的发展趋势》，《阜阳职业技术学院学报》第 26 卷第 4 期。

［43］孙应敏、张慧姝，2018，《僵尸企业银行债务风险化解之道》，《现代商业银行》第 9 期。

［44］孙勇军，2018，《美国互联网金融数字化创新启示》，《中国外资》第 1 期。

［45］孙中原，2018，《基于余额宝发展视角下互联网金融的探究》，《时代金融》第 5 期。

［46］孙竹，2007，《基于系统动力学理论的经济增长与金融刨新的关联性研究》，硕士学位论文，武汉理工大学。

［47］汪尚，2018，《中美个人信用档案管理体系比较研究》，硕士学位论文，安徽大学。

［48］王芳、席云霄，2016，《黄金国家战略，要加快》，《产经》第 7 期。

［49］王凌云，2018，《金融创新视域下对金融风险管理的研究》，《商情》第 40 期。

［50］卫平，2015，《金融发展与全要素生产率增长？——基于中国省际面板数据的实证分析》，《经济理论与经济管理》第 8 期。

［51］〔美〕沃尔特·V. 小哈斯莱特，2017，《风险管理》，郑磊译，机械工业出版社，第 2 版。

[52] 吴敬琏，2006，《金融创新是实现经济增长方式转变的关键》，《2006 中国担保论坛》10 月 26 日。

[53] 吴晓求、王广谦，2013，《金融理论与政策》，中国人民大学出版社。

[54] 夏步刚，2016，《互联网金融风险案例分析及防范机制研究》，《海南金融》第 9 期。

[55] 谢圣姬，2008，《中国金融衍生品市场发展研究》，硕士学位论文，复旦大学。

[56] 徐润、金环，2018，《浅析金融创新在互联网金融的发展》，《时代金融》第 8 期。

[57] 徐文佳，2013，《我国个股的 VaR 度量与实证检验——基于 EWMA 及 GARCH 两种模型的比较》，《财政金融》第 27 期。

[58] 杨镇源，2009，《我国金融衍生品市场存在的问题及对策研究》，《商场现代化》第 9 期。

[59] 伊纳基·阿尔达索罗、托尔斯滕·埃勒斯、杨健健等，2018，《信用违约互换市场：十年间的变化》，《金融市场研究》第 9 期。

[60] 佚名，2018，《实业不实 资金链断 钱宝网"赢利神话"真相调查》，《中国防伪报道》第 6 期。

[61] 余永定，2008，《美国次贷危机：背景、原因与发展》，《当代亚太》第 5 期。

[62] 喻平，2004，《金融创新与经济增长的关联性研究》，博士学位论文，武汉理工大学。

[63] 张江涛，2016，《"西金东移"与中国黄金定价权战略》，《价格理论与实践财经篇》第 12 期。

[64] 张平，2017，《我国影子银行风险助推了地方政府债务风险

吗？——风险的传导机制及溢出效应》，《中央财经大学学报》第 4 期。

[65] 张伟超，2018，《黄金：至高无上的财富》，《中国黄金报》7 月 13 日，第 8 版。

[66] 张颖，1998，《美国对冲基金巨额亏损的原因、影响和教训》，《国际金融研究》第 10 期。

[67] 张玉霖，2018，《互联网金融创新性分析》，《商清》第 43 期。

[68] 张兆玉，2017，《上海自贸区金融创新问题研究》，硕士学位论文，黑龙江大学。

[69] 赵喜仓，2008，《金融创新推动经济增长——基于中国实证分析》，《江苏大学学报》（社会科学版），第 2 期。

[70] 甄思宇，2017，《我国互联网金融风险分析及监管研究——以"e 租宝"为例》，《现代经济信息》第 12 期。

[71] 周伯成、苏恩宇，2012，《水利工程清单计价模式下如何做好工程结算》，《水利建设与管理》第 5 期。

[72] 周汉君，2017，《海外发达国家互联网金融监管的经验及启示》，《时代金融》第 8 期。

[73] 周禹，2018，《互联网金融对商业银行盈利模式的影响及应对策略》，《中国战略新兴产业》第 40 期。

[74] 朱淑珍，2002，《金融创新理论述评》，《东华大学学报》（自然科学版）第 3 期。

[75] 朱淑珍，2015，《金融风险管理》，北京大学出版社。

[76] Allen and Gale. 1991. "Financial Innovation and Arbitrage Pricing in Frictional Economies." *Journal of Economic Theory* 59：1041 – 1068.

[77] Altman, E. I. and Saunders, A. 2001. "An Analysis and Critique

of the BIS Proposal on Capital Adequacy and Ratings. " *Journal of Banking and Financial* 1.

[78] Tadese. 2006. "Stock Market Openings: Experience of Emerging Economies. " *The Journal of Busniess* 8.

[79] Wilhelm, W. J. 2002. "New Technologies, Financial Innovation, and Intermediation. " *Journal of Financial Intermediation* 11: 2 – 8.

后　记

本书作者水平有限，书中存在很多不足，请专家和读者不吝赐教，今后将进一步完善后续研究。同时，随贺、李有军、陈帝、秦宁伟、赖增益、汤心怡等几位参与了本书的编校工作。感谢"南昌大学青年学者经管论丛"为本书的出版提供了资助。

图书在版编目（CIP）数据

金融风险与创新 / 刘健著. -- 北京：社会科学文
献出版社，2019.6
（南昌大学青年学者经管论丛）
ISBN 978 - 7 - 5201 - 4382 - 0

Ⅰ.①金… Ⅱ.①刘… Ⅲ.①金融风险 - 风险管理 -
研究 - 中国②金融事业 - 经济发展 - 研究 - 中国 Ⅳ.
①F832

中国版本图书馆 CIP 数据核字（2019）第 036675 号

南昌大学青年学者经管论丛
金融风险与创新

著　　者 / 刘　健

出 版 人 / 谢寿光
责任编辑 / 陈　欣
文稿编辑 / 李吉环

出　　版 / 社会科学文献出版社·经济与管理分社（010）59367226
　　　　　地址：北京市北三环中路甲 29 号院华龙大厦　邮编：100029
　　　　　网址：www. ssap. com. cn
发　　行 / 市场营销中心（010）59367081　59367083
印　　装 / 三河市尚艺印装有限公司

规　　格 / 开本：787mm × 1092mm　1/16
　　　　　印张：19.5　字数：245 千字
版　　次 / 2019 年 6 月第 1 版　2019 年 6 月第 1 次印刷
书　　号 / ISBN 978 - 7 - 5201 - 4382 - 0
定　　价 / 98.00 元

本书如有印装质量问题，请与读者服务中心（010 - 59367028）联系

▲ 版权所有 翻印必究